汉语进修教育研究

邢红兵 舍世荣 ◎主编

第三辑

本成果受北京语言大学项目（中央高校基本科研业务费专项资金）资助，编号为18YJ080210

中国书籍出版社
China Book Press

编委会

前　言

　　北京语言大学汉语进修学院承担来华留学生汉语言进修教育、汉语言专科教育、留学生汉语和中国问题高级研修生教育、港澳地区及海外华人的汉语普通话培训工作，同时承担汉语国际教育、语言学及应用语言学硕士和博士研究生教育。汉语进修学院有着悠久的历史，学院的前身是著名的北京语言学院来华留学生一系、三系。老一辈汉语进修教育开创者在教学体系创建、大纲制定、教学方法和教材编写方面留下了丰厚成果和优秀传统；新一代汉语进修学院教学团队继承传统，开拓创新，推动学院不断发展。

　　受益于北京语言大学项目（中央高校基本科研业务费专项资金）的资助，学院于2014年和2015年将学院科研报告会以及研究生学术论坛的优秀论文结集，出版了《汉语进修多角度研究》和《汉语进修教育理论与实践》，并分别于2017年、2019年出版了《汉语进修教育研究》系列论文集第1辑、第2辑，鉴于学校科研经费稳定持续的资助，学院计划此后每年出版一辑，争取将这一系列论文集办成汉语进修教育研究的重要阵地和交流平台。

　　2018年11月1日至2日，为进一步推动汉语进修教育研究的发展，凝练教学研究成果，发展和壮大学术团队，北京语言大学汉语进修学院组织举办了首届汉语进修教育研讨会。首届汉语进修教育研讨会是一次全国性的学术会议，2018年7月起开始面向全国师生发起征稿，经专家匿名评审，最终共收录参会论文49篇，论文作者均为汉语国际教育一线教师及青年学者，论文内容涵盖了汉语进修教育的各方面热点问题。

　　为分享、交流首届汉语进修教育研讨会的成果，《汉语进修教育研究》编委会于参会的49篇论文中，择优选取了25篇，结集出版，即《汉语进修教育研究》系列论文集第三辑。

本论文集的论文内容涵盖汉语国际教学研究、汉语言本体研究、对外汉语教材研究、汉语教学相关的文学及文化研究、来华留学生现状及汉语教学管理研究等。这些研究紧密结合了理论与实践，既有理论的深度，又有实践的价值。它们来自教学实践，又以解决教学的实际问题为目标，具有极强的应用性和实践性，这样的研究对于汉语进修教育的一线教学具有直接的指导和启示作用，将会有力地促进汉语进修教育的发展。

汉语进修学院的学术委员会为本论文集的编选做了大量认真、细致的评审工作，学院教师白浩、姚路宁，助教李竹为论文的整理和编校付出了大量的心血，在此向他们的辛勤劳动表示感谢。同时，还要诚挚地感谢北京语言大学项目（中央高校基本科研业务费专项资金）经费的支持，感谢中国书籍出版社提供了出版论文集的宝贵机会，感谢本书责任编辑王星舒先生所做的细致的编辑工作。

北京语言大学汉语进修学院

《汉语进修教育研究》编委会

2019年4月29日

目 录

对外汉语教材研究

与汉语教学相关的文学及文化研究

来华留学生现状及汉语教学管理研究

汉语国际教学研究

谈谈"了"的教学

丁险峰

摘　要　本文在"了"的最新研究成果的基础上提出了对外国留学生进行"了"的教学的新思路。以动词词尾"了"的教学为切入点，介绍其最基本的用法，然后导入句末"了"。着重指出句末"了"在话语环境中的主观性并提出结合语境进行教学的设想。

关键词　动词词尾"了"　句尾"了"　主观性语境

现代汉语的"了"是汉语教学与研究中的老大难问题，学界讨论很多。一般说动词后的"了"表示动作的"完成"或"实现"，句末的"了"是"肯定事态出现了变化"或"出现了新的事态"。传统教材一般先教句末"了"，然后再出词尾"了"。并且强调"我吃了饭"是个不完整的句子，须在句子后边加一个句尾"了"才是合法的。由于过分强调句尾"了"的成句作用，学生就在叙述过去的每个句子后都加上"了"，造成了"了"的过度使用。学生常常搞不清楚词尾"了"跟句尾"了"到底有什么不同，他们把"了"跟母语中的"过去时"等同起来。其实"了"的用法很复杂，由于"了"出现的高频性和时体上的多变性，使得"了"的属性变得模糊。根据近几年的研究成果，在初级阶段我们可以先教词尾"了"，再教句尾"了"，并且只把两者基本的核心意义教给学生。

一、关于词尾"了"的教学

王媛（2011）认为"了"最重要的和最基本的语法意义是表示"结束完成"，在此基础上衍生出表示"变化"和"肯定语气"的意义。屈承熹

（2013）认为"事件的发生"是动词后的"了"最基本的语义。如果从篇章组织的角度来看，动词词尾"了"具有将两个事件或情状做先后排序的功能。王媛（2011）提出可以从单动词、单事件入手，再引入双动词、双事件，这跟屈承熹的主张不谋而合。屈承熹（2013）认为在现代汉语的语法教学中，动词词尾"了"可以以"过去时"为切入点，先行介绍其最基本的两种用法：一种是事件发生在过去，另一种是对发生的事件进行排序。结合两位学者的观点，我们设计了这样的导入环节：

（1）小云吃了两个苹果。
（2）大卫点了三个菜。
（3）丁力喝了很多酒。

以上三个句子都是没有时间词的单事件句，发话时间在事件发生时间之后。虽然没有表过去的参照时间，因为有"了"，我们知道事件已经发生并完成。

（4）安妮昨天在商场买了一件毛衣。
（5）上星期他在网上订了火车票。
（6）上个月我给妈妈寄了生日礼物。

以上三个句子都是有时间词的单事件句，发话时间在事件发生时间之后。因为有表过去的参照时间，我们可以清楚地知道事件发生在过去并已结束。

（7）我下了课就去食堂。
（8）她放了假就回国。
（9）你到了北京就给我打电话。

以上三个句子都是双事件句，发话时间在事件发生时间之前。例（7）的事件"下课"发生在"去食堂"事件之前。例（8）的事件"放假"发生在

"回国"事件之前。例（9）的事件"到北京"发生在"给我打电话"事件之前。"了"在双事件句的作用就是将两个事件做先后排序。

如果想表示双事件发生时间在发话时间之前，就要用句末"了"。

（10）他说了几句就走了。
（11）我洗了澡就睡了。
（12）小云下了班就去买东西了。

二、关于句尾"了"的教学

当一个事件处在已经出现或发生的状态时，我们把这个事件所处的状态叫作"已然体"。表达"已然"这个语法意义的典型形式就是用在句子后面的"了"。已然体从实现或发生的实质来看，是经历了从一个状态到另一个状态的过程，这就是变化的过程。这个变化是由背景状态和当前状态的对比决定的。否定句的使用必须有一个背景，这就是原来知道的一个情况，而现在有一个与之不同的新情况。句尾"了"就是表示一种新状态的起始，这个状态可以被默认为是没有终止点的。

（13）他学会用筷子了。
（14）结婚后她不工作了。

例（13）表示他当前的状态是会用筷子，背景状态是不会用筷子，从不会到会，是一个变化。例（14）表示她原来的情况是有工作，不工作是现在的一个新情况。新状态的起始点可以跟发话时间一致，例（13），这个状态可以被默认为没有终止点的。新情况的出现也可以在发话时间之前，如例（14），"不工作"是她结婚后出现的新情况，一直延续到现在。这个状态可以有终止点，也可以没有终止点。

吕文华（1992）认为句尾"了"在话语环境中有信息提示的功能，提请听话人注意，并进而表达说话人的某种意向，其表达意向由语境决定，如愿望、评论、判断等。沈家煊（2011）认为句末"了"可以分为"表示新事态出现"的"了"和表示"新言态出现"的"了"。"言态"是言者和听者之间的交流状态，总是跟言者的态度、情感、立场有关。跟一般的事态相比带有较强的主观性。何文彬（2013）认为句尾"了"表达事态变化意义时，它有某种客观性，当它表示说话人的某种观点时，就有了某种主观性。综合这三位学者的观点，我们可以得出这样一个结论：话语环境中的句尾"了"表示说话人的某种观点感受时，它就有了某种主观性，说话人的表达意向由不同的语境决定。

（15）（情景：妈妈叫孩子起床）都七点了！

（16）（情景：水果摊摊主叫卖）苹果便宜了！

（17）（情景：老师走进教室，对学生说）上课了！

（18）（情景：公共汽车上一名乘客对另一名乘客说）天安门了！

（19）（请景：博物馆讲解员对观众说）这件文物有八千年的历史了！

例（15）妈妈想表达"该起床了"的意思，例（16）摊主想表达"你们快来买苹果"的意思，例（17）老师想表达"安静安静，准备上课"的意思，例（18）乘客想表达"准备下车"的意思。例（19）讲解员想提醒观众注意文物的悠久历史。以上句子中说话人分别把"七点""苹果便宜""上课""天安门""八千年的历史"作为新信息或需要肯定的事实提请听话人注意，是为了进一步表达说话人的意向。

为什么句尾"了"在不同的语言环境中可以表达不同的意向呢？这是因为句尾"了"是表示一种新状态的起始，这种状态可以是没有终止点的。换言之，说话人将这种状态置于一条没有终点的轴上。比如例（15），说话人将置于时间轴上的"七点"单提出来，是因为她想强调时间不早了，再不起床就要迟到了。我们可以由此引发很多这样的句子。晚上十二点是睡觉的时间，如果同屋还在学习，你可以说"都十二点了！"来表达"该睡觉了"的意思。比如例（18），说话人将置于空间轴上的"天安门"单提出来，是因为他想提醒同伴注意。再比如例（19），说话人将置于知识轴上的"八千年的历史"单提出来，是想告知观众注意。

三、词尾"了"和句尾"了"的不同

那么词尾"了"和句尾"了"到底有什么不同呢？金立鑫（2002）指出，词尾"了"陈述的是"近时"的一个事实，如果跟表结束的动词结合，说明这一事实已经结束。句尾"了"表示事件实现后出现的新情况，表述的是"到目前为止的最新情况"，听者感觉事件还会有更新的进展。何文彬（2013）认为，词尾"了"是封闭性的，它只是表达某个事实，是一种孤立事实的报道。而句尾"了"是开放性的，将意义置于一条没有终点的轴上，该轴有无数个点，也就提供了多种联系的可能性。叙述性话语中，客观表达时往往用词尾"了"，句尾"了"用在结束点或转折点上，往往与说话人主观轴上的变化有关，与说话人对信息的主观处理有关。结合两位学者的看法，我们设计这样的例句让学生辨别词尾"了"和句尾"了"的不同之处。

（20）小王喝了十瓶啤酒。
（20'）小王喝了十瓶啤酒了。
（21）我等了你半个小时。
（21'）我等了你半个小时了。
（22）大卫学了三年汉语。
（22'）大卫学了三年汉语了。

例（20）只是陈述小王喝了多少瓶酒的事实，例（20'）句可以根据语境的不同推测发话人不同的意思。如果在比赛喝啤酒的现场，告知别人"小王喝了十瓶酒了"，说话人是在报道最新情况并感觉小王能继续喝下去。如果在晚会上看到小王喝了十瓶酒，有点儿醉了，别人还劝他喝，发话人的意思是"小王不能再喝了。"例（21）句只是说明等待的时间，不带什么感情色彩。例（21'）句可以根据语境的不同推测发话人不同的意思。也许说话人打电话跟朋友讲这句话，表明他不想再等的意思。也许看到朋友姗姗来迟说这句话，是抱怨朋友来得太晚的意思。例（22）只是告诉别人大卫学了三年汉语这样的事实。例（22'）句可以根据语境的不同表达发话人不同的意思。如

果大卫汉语学得很好，当别人对大卫能否当翻译产生质疑，发话人的意思是"他做翻译一定没问题"。如果大卫决定放弃学汉语，发话人觉得不理解，说这句话的意思就是"太可惜了，应该学下去"。

（20）（21）（22）句是将意义置于静止的状态下陈说，从事件的发生到结束有一个清晰的界限。而（20'）（21'）（22'）句是将意义置于动态的轴上，我们可以知道这件事的起始，但以后发生的事情就要根据语境的不同而定。正是因为句尾"了"与外界环境密切相关，就有了变化、联系、对比、照应等可能性。离开了上下文语境，我们很难判断它的确切意思。吕文华（1992）举了一个例子，"这本书看了三天了"这个句子根据语境的不同可以表达不同的意向。如果这是借别人的书，说话人的意向是"该还了"；如果觉得这本书很无聊，说话人的意向是"有点儿腻味了"；如果觉得这本书很难，说话人的意向是"我才看出点头绪。"

对于没有汉语语感的外国留学生来说，掌握句尾"了"的用法比掌握词尾"了"的用法难得多，我们在教学过程中一定要结合语境让学生体会句尾"了"可以出现在不同的祈使句中。沈家煊（2011）举了一个很有趣的例子"吃饭了"，由于语境不同，言者的交流状态也就不同。

　　a.吃饭了！（妈妈做好饭了，孩子还在看电视，妈妈这么说是个"催促"）

　　b.吃饭了！（病人不想进食，护士这么说是个"规劝"）

　　c.吃饭了！（在护士的规劝下，病人这么说是个"应允"）

　　（23）别去了！（表示请求）

　　（24）开会了！（表示宣布）

　　（25）小心钱包被偷了！（表示提醒）

　　（26）把房间打扫干净了！（表示命令）

　　（27）再见了，慢走！（表示寒暄）

其实以上句子不加"了"也可以，只是语气生硬一点。表示新言态出现的"了"有舒缓语气的作用。陈前瑞（2012）指出句尾"了"最近将来时的用法是从完成体的用法演化而来。说话人在特定语境中用已然的形式表达未然的事件，可以强化未然事件发生的确定性。如此表达可以给听话人产生许诺或确定的感觉，心理上更容易接受说话人的建议。

（28）我父母马上就要来北京了。

四、结论

综上所述，我们可以先教学生词尾"了"的用法。如果用于单事件句，表示事件发生在过去并已完成；如果用于双事件句，其作用就是将两个事件做先后排序。我们可以用下面的图来表示事件发生时间与发话时间的先后关系。"S"表示发话时间，"R"表示参照时间，"E"表示事件发生时间。

（1）没有时间词的单事件句

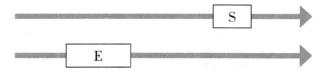

小云吃了两个苹果。

（2）有时间词的单事件句

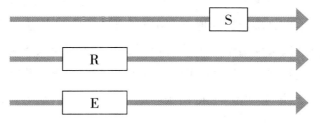

安妮昨天在商场买了一件毛衣。

（3）不带句尾"了"的双事件句

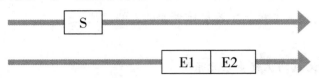

她放了假就回国。

（4）带句尾"了"的双事件句

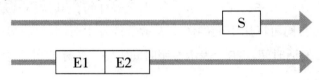

我洗了澡就睡了。

句尾"了"表示一种新状态的起始，这个新状态是没有终止点的。新状态的起始点可以在发话时间之前，比如"他已经睡了"；也可以跟发话时间一致，比如"她念大学了"；还可以在发话时间之后，比如"他明天就要走了"。由于句尾"了"是用在前一个状态的结束点和后一个状态的转折点上，往往与说话人主观意识中的时间、空间知识的变化有关。而说话人的主观感受与外界环境有着千丝万缕的联系，不同的语境决定了说话人不同的表达意向，这也是外国留学生最难把握的地方。在很多带"了"的祈使句中，省略句尾"了"并不妨碍句子的合法性，只是生硬了点儿，不符合人际交往中的礼貌原则。我们只有把句尾"了"的使用环境呈现出来，才能让学生明白，什么时候应该用"了"，并逐步掌握它的用法。

附注：为了紧密结合教学，文中所采用的例句或是自造句或是选自《成功之路·顺利篇》教材。

参考文献

［1］陈前瑞（2012）从完成体到最近将来时，《世界汉语教学》第2期。

［2］何文彬（2013）论语气助词"了"的主观性，《语言研究》第1期。

［3］金立鑫（2002）"着"、"了"、"过"的实体意义、语法难度、使用频率及其教学顺序，第二届国际对外汉语教学语法研讨会论文。

［4］屈承熹（2013）从语法研究到语法教学——以现代汉语完成体标记"了₁"为例，《走向当代前沿科学的现代汉语语法研究》，北京：商务印书馆。

［5］沈家煊（2011）说，还是不说？——虚词研究的一个重要问题，《语法六讲》，北京：商务印书馆。

［6］王　媛（2011）"了"的使用机制及教学策略，《语言教学与研究》第3期。

中高级阶段欧美留学生汉语议论语篇中的话题连贯偏误考察

龚君舟

摘　要　本文通过对中高级阶段欧美留学生汉语议论语篇的考察，将话题连贯偏误分为指称偏误、视角偏误和引入偏误三种，并进行了初步的统计和分析。

关键词　中高级阶段欧美留学生　议论语篇　话题连贯偏误

引言

对留学生语篇衔接连贯方面的研究，前人已取得了不少成果。高宁慧（1996）是较早突破词汇、单句层面，从语篇层面来研究的一篇重要文章。她对留学生在语篇中的代词使用偏误进行了分析，并归纳了语篇中的代词使用原则。其后的一些研究都没有再以代词的偏误作为研究对象，而是以省略、替代、照应等衔接手段上的偏误为研究对象，但研究的实质变化不大，如杨春（2004）。更多的研究是在上述几点之外增加了关联词语的使用、时与体的配合，句式的选择等偏误类型，如何立荣（1999）、陈晨（2005）等等。可以说前人从衔接手段角度来探讨语篇衔接连贯的研究已相当细致，但我们认为这种细致的划分顾全了广度而稍欠深度，而且有的问题仅从这种角度来解释恐怕尚显不足。如陈晨（2005）中提到的例句：

（1）如果一个人一直学习，没有休闲的时间，这些肯定影响你对学习的态度和你的学习成绩。

陈晨认为句中的两个"你"都应改成"他",以保证整个语段以第三人称角度来叙述的一致性,并将这种偏误归结为照应问题,是由于表照应的人称代词与其在语段中所指的人际交际关系角色不一造成的。

我们认为这种"照应"问题,与其列举的其他照应问题似乎并非在同一层面上,可能应该从其他角度来考虑。

此外在留学生作文中,我们还会看到类似下面的表达^①:

（2）父母离了婚后,只有妈妈管他们,而且妈妈忙工作,没时间陪养他们。电视的重要性大,而电视的节目不一定太好。越来越多的孩子也玩电脑,但是这也远远比不上跟父母有很长时间谈的好处。

例（2）单看上去每个句子都没什么大问题,也可以明白作者想说什么,但是句子之间明显缺乏连贯,读起来吃力。前人的研究也基本没有涉及这类情况。

为了更好地对上述问题做出解释,本文尝试从话题连贯角度来分析留学生的语篇问题。需要指出的是,造成留学生作文话题连贯性差的原因是多方面的,比如论点间缺乏联系或例子使用不当等谋篇问题,以及句式杂糅等单句问题,但本文仅考察语篇层面的话题连贯偏误,因此暂不将其上下两个层面的问题作为考查对象,如有涉及,也是因为行文需要而顺带提及。

一、研究材料

以往对留学生的中介语研究,大多基于描述或叙述性语料,议论性语料涉及较少。议论文跟记叙文不同,需要体现逻辑性,因此关联词语多,结构复杂的句子也较多。本文所考察的均为议论性语料,语料来自"HSK动态作文语料库"。该语料库收集了1992—2005年的部分HSK（高等）作文考试答卷。为了减少其他影响因素,在选择语料时对母语类型和作文题目进行了控

---

① 除非特别标明出处,本文所用例句均来自"HSK动态作文语料库"。在举例时,为了不影响语料的完整性和原始性,对书写以外的错误均不予改正。在分析例句时,用下划线标出修改之处。

制，仅选取了母语为英语，国籍为美国、英国、澳大利亚、加拿大，作文题目为"父母是孩子的第一任老师"的语料，并去除了从内容中可以明显看出由华裔作者写的语料。而且由于HSK（高等）作文考试限制时间，没有写完的作文，成绩会受到影响，因此我们也剔除了这部分不完整的语料。

最终本文实际考察英语母语者语料74篇。按照《高等汉语水平考试的性质和等级分数的划分》（刘镰力，1995）中对作文分数的划定，将语料按国别和分数进行了分类，详见表1。

表1　欧美留学生语料统计

国籍 ＼ 等级和分数范围	底线以下 46分以下	底线 46-57	9级 58-69	10级 70-81	11级 82-100	合计	约占总篇数的比例
美国		5	7	4	4	20	27%
英国		1	3	3	3	10	13.5%
加拿大		1	2	10	13	26	35%
澳大利亚	1		7	9	1	18	24.5%
合计	1	7	19	26	22	74	
约占总篇数的比例	1%	9%	25%	35%	30%		

二、确定话题连贯偏误的类型

2.1　相关概念

2.1.1　话题和主语

由于本文研究的是语篇层面而非单句层面的偏误问题，因此在确定相关概念时，主要参考了许余龙（2004）的观点。他认为在小句中，谓词前任何一个与它后面的一个直接句子成分构成关涉关系的名词性短语，都是小句的话题。[①]与谓词距离最近的话题也是主语。如果只有一个话题，那么它既是话题也是主语。例如[②]：

（3）象鼻子长。

---

① "关涉关系"涵盖了"做"和"是"的关系，即参与者和动作过程的关系。笔者按：原文中提到主题又称话题，为了叙述方便本文在引用时统一一改为"话题"，下同。

② 例（3）至例（6）均为许余龙（2004）中的例句。

"象"是第一话题，"鼻子"是第二话题也是主语。

需要注意的是，并不是所有小句的话题都是语篇层面的话题，那些只是用来交代信息或观点的来源，而并非语篇所描述过程的一个直接参与者的小句话题不是语篇话题。例如：

（4）本岛市长被立即送到医院抢救，医生说他尚无生命危险。

这句话来自于一篇报道。"本岛市长"是语篇的主要参与者，整篇没有提及他伤后在医院的治疗情况，小句话题"医生"只是提供了有关市长目前情况的消息来源，所以不是语篇话题。①

2.1.2 指称对象的可及性

许余龙认为指称对象的可及性是指，在理解语篇中使用的一个指称词语时，从记忆系统中提取相应实体的相对难度。就语篇回指来说，指称词语形式的简略度越高，其标示的可及性越高。

2.1.3 语篇中话题的延续和转换规律

基于对叙述性语篇的分析，许余龙归纳出了语篇中话题的延续和转换规律：

在其他条件相同的情况下，如果作者的意图是维持话题不变，那么通常会在同一句的后一小句中用零形式来指称；而在跨句指称的情况下，会较多采用代词来指称。例如：

（5）正在这时候，a出了个汉子叫二郎，b∅高个子，c∅黑红脸，d∅身体又结实有力。本来他就恨太阳太多，……

a小句引入了一个实体"二郎"，后面的b、c、d三个小句都在介绍二郎的情况，所以话题没有变，都用了零形式。第二句延续了第一句的话题"二郎"，由于是跨句，用了代词"他"来指称。

---

① 为了行文方便，下文如无特殊说明，"话题"均指"语篇话题"。

　　而语篇中的话题转换一般采用小句主语/话题位置上的专有名词或有定描述语来提示。例如：

　　（6）a小黄鸟也很懂事，b明子有什么事，总是和它商量。

　　例（6）在原语篇中的上文里已经引入了"小黄鸟"和"明子"两个实体。在a小句中的话题是"小黄鸟"，且没有重新引入"明子"，那么作者想在b句把话题转换成"明子"这一实体时，就使用了专有名词的指称形式，而没有用零形式或代词，反之，轻则需要读者增加注意才能理解，重则交代不清产生误解。

　　高宁慧（1996）对语篇中话题的延续和转换问题也有比较清楚的阐述：如果将汉语的语篇分为小句、话题链和段落三级单位，那么：第一，段落与段落之间趋向于用名词性成分接应；话题链与话题链之间趋向于用代词接应；同一话题链内部的小句之间趋向于用零形式接应。第二，同一段落内部的接应手段有逐步简化、抽象化的趋势，即沿着名词性成分→代词→零形式的方向变换。她还提到了连词和时间词后面的小句主语倾向于用代词，指称对象越多越倾向于用名词性成分，以及"指称距离"对指称形式选择的影响等问题。

　　此外，我们认同廖秋忠（1992）的观点，他认为大多数语篇现象通常只呈现出一种倾向性的规律，因而对于语篇现象的某一种解释人们不应过于自信，往往只能把它认为是一种可能。因此，本文综合许余龙和高宁慧的观点，并结合议论性语篇多结构复杂句的特点，归纳出本研究所依据的"倾向性的"语篇中话题的延续和转换规律：

　　在语篇中如果要延续话题不变，话题延续规律大致有几种情况：

　　（一）在单层线性结构中，一个句子的前一小句里如果没有出现当前话题以外的实体，那么在同一句的后一小句的主语/话题位置上倾向于用零形式来指称。

　　（二）在单层线性结构中，一个句子的前一小句里如果出现了当前话题以外的实体，或者在同一句的后一小句的主语/话题位置前有关联词语或时间词语，那么该小句的主语/话题位置倾向于用代词来指称。

（三）在多层嵌套结构中，嵌套各层的主语/话题位置上，倾向于依照可及性从低到高的顺序（专有名词和有定描述语→代词→零形式）来指称，即内层的指称形式的可及性一般不低于其外层的可及性。

（四）在跨句指称时，后一个句子主语/话题位置倾向于用代词来指称。

（五）如果指称距离较远，倾向于使用可及性低一级的指称形式来指称。

（六）如果上下文语篇中出现的实体较多，且易产生指称错误时，倾向于使用低可及性的专有名词或有定描述语来指称。

话题转换规律：在语篇中如果要转变话题，那么在小句的主语/话题位置上更倾向于用低可及性的专有名词或有定描述语来指称。

2.1.4 论述视角

马岩峰、钟竣琳（2008）认为论述视角是指在文章中作者站在谁的角度来思考问题、评述观点、发表意见。论述视角大体可以分为两类：一类是论述的主体视角，即作者站在谁的角度上来思考问题。在写作时，视角主体总是体现为论述人是第一人称还是第二、第三人称，是单数形式还是复数形式。例如"我认为……""我们中国人……"和"任何一个人……"这三种表达方式就是分别站在自己的角度、大家的角度和第三者的角度来抒发观点的，这就是主体视角的不同。另一类是论述的归属视角，即在作者对事物归属问题的思维处理，在写作时总是表现为物主代词的变化、添加和省略。比如，"请美化我们的环境，美化我们的祖国"这句话，作者认为"祖国"是大家的而不是个人的；而"我爱你！我的人民，我的祖国"这句话暗含着在作者的思维意识当中，"祖国"是属于他自己而不是大家的。这就是归属视角的不同。

2.2 话题连贯偏误的类型

通过对语料进行考察，我们发现在欧美留学生汉语议论语篇中主要有指称偏误、视角偏误和引入偏误3种话题连贯偏误。

2.2.1 指称偏误

指称偏误是指由于指称形式不正确，违反了语篇中话题的延续和转换规律，导致读者误解作者的潜在意图而产生的偏误。例如：

（7）a因为父母跟孩子的时间最长，b父母是唯一最有影响的老师，c不但父母有耐心和真心去教孩子，d父母会为孩子的全部方面关怀。

例（7）有4个小句，父母作为这整句话的话题，没有转换，因此在后三个小句中都用"父母"这一低可及性的有定描述语就会破坏小句间的连贯性。按照话题延续规律（二），由于a小句内引入了话题"父母"以外的另一实体"孩子"，所以b小句应倾向于用代词"他们"来指称父母，c小句和d小句由于各自的前一小句都没有出现父母以外的实体，所以应倾向于用零形式来指称父母，而不应在a、b、c三个小句中都重复使用"父母"这一有定描述语的形式来指称。

这里需要指出的是，跟话题有指称关系的，位于宾语、定语、状语等位置的名词性成分如果出现了指称错误，也会对话题连贯产生影响，将另外讨论。本文研究的指称偏误，范围限制在主语/话题位置上。此外，由于本文使用作文题目为"父母是孩子的第一任老师"的语料，因此指称偏误较多表现为人物指称方面的偏误。

2.2.2 视角偏误

视角偏误是指由于论述视角跳跃，出现自指和他指混用，视角主体在第一人称、第二人称、第三人称间跳跃等情况产生的偏误。例如：

（1）a如果一个人一直学习，b没有休闲的时间，c这些肯定影响你对学习的态度和你的学习成绩。

从a的"一个人"可以看出，作者的主体视角是旁观者，而c中"你对学习的态度和你的学习成绩"，说明作者的归属视角是第二者，作者的论述视角发生了跳跃，导致读者不能连贯理解。

2.2.3 引入偏误

引入偏误是指由于引入一个新话题时非常生硬，与上下文语篇之间缺少明显的联系，造成话题跳跃而产生的偏误，且不是一种修辞行为。例如：

（2）a父母离了婚后，只有妈妈管他们，而且妈妈忙工作，没时间陪养他们。b电视的重要性大，而电视的节目不一定太好。c越来越多的孩子也玩电脑，但是这也远远比不上跟父母有很长时间谈的好处。

a句的当前话题为妈妈，而b句并没有谈妈妈或a句中出现的用"他们"指称的另一实体"孩子"，却是在谈电视和电视节目，与上下文语篇没有关系。c句一开始，话题又回到了孩子。因此，读者只有看到"也玩电脑"的"也"字时，才能返回去理解b句的意思是"孩子没人管就老看电视，电视对他们来说很重要，但是电视上的节目对孩子来说不一定合适"。由于b句没有任何名词性短语指称了实体"孩子"，就导致"电视"这个新话题引入得非常生硬，造成话题的跳跃，影响了连贯。

三、话题连贯偏误的统计方法及结果

3.1 话题连贯偏误的统计方法

由于本文统计的是偏误次数，具体操作为：如果在一段语篇中出现了两次（及以上）的同一种偏误，只按一次计算；如果在一段语篇中出现了两种偏误，则分别计算。

3.2 话题连贯偏误统计结果

对74份语料进行统计的结果见表2：

表2　三种话题连贯偏误的统计结果

等级 ＼ 偏误次数及其占总偏误次数的比例	底线以下	底线	9级	10级	11级	各类型偏误合计
指称偏误		1次 6.67%	2次 13.33%	7次 46.67%		10次 66.67%
引入偏误			1次 6.67%			1次 6.67%
视角偏误					4次 26.67%	4次 26.67%
各等级偏误合计	0次	1次 6.67%	3次 20%	7次 46.67%	4次 26.67%	15次

仅从上表显示的数据来看，指称偏误次数最多，占66.67%；引入偏误次数最少，只占总偏误数的6.67%；而视角偏误次数居中，且只有水平最高的11级的欧美留学生才会出现。

结合表1还可以发现，从底线到9级和11级，各级别占总篇数和占总偏误数的比例大致相当；而10级的篇数占总篇数的35%，但10级的偏误次数却占总偏误次数的46.67%。也就是说，相对于其他级别，10级的欧美留学生似乎更易出现话题连贯偏误，见图1：

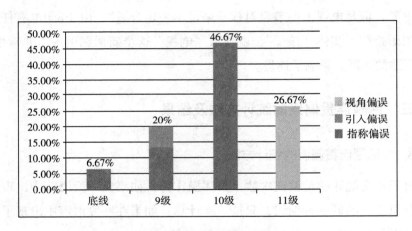

图1　各等级话题连贯偏误情况

当然上述偏误分布的倾向性是否真实存在，会不会是由于抽样误差造成的，还需要用统计方法来进一步检验。但是由于引入偏误和视角偏误的次数都没有达到5次，使用相关和多个独立样本检验等方法都难以进行，只能暂不检验。

因此，本文所能得出的结果，只能就考察范围内的语料，根据百分比显示的数据进行推测：在欧美留学生的议论语篇中，话题连贯偏误的次数与留学生的汉语写作能力间可能存在着相关关系，并且三种话题连贯偏误的分布与汉语写作能力间也可能有相关性。

四、话题连贯偏误分析

4.1　指称偏误分析

这类偏误在前人的研究中有所涉及，但他们基本都是从省略偏误、替代偏误、照应偏误等角度出发，而非从话题角度出发，因此他们的分类方式与本研究相差较大，故其统计数据不便参考或比较。

相较于另两种偏误，这种偏误更微观，也更明显，数量也更多，共有10例，分为延续失败和转换失败两种类型。

4.1.1　延续失败

延续失败是指留学生在想表示维持话题不变时，没有使用可及性较高的指称词语，而是错误地使用了可及性较低的指称词语。这种类型比较多，共8例，占指称偏误的80%。

1）单层线性结构中的延续失败

除了例（7）外，这种类型还有4例，具体来看：

（8）a父母他们往往成为孩子们的榜样。b父母在他们少时的教导会影响孩子们长大时的性格。

两句话都是以父母作为话题，没有转换，因此按照话题延续规律（四），b句的有定描述语"父母"应该改为代词"他们"。例（8）还存在代词"他们"的指代问题：a句的"他们"指父母，b句的"他们"指孩子，造成混淆，影响理解。应将a句中与父母同指的"他们"去掉，b句指孩子的"他们"改为指称更清楚的有定描述语"孩子"，具体修改如下：

（8'）父母往往成为孩子们的榜样。他们在孩子少时的教导会影响孩子们长大时的性格。

下面3例是类似的偏误，不一一赘述：

（9）如果一个孩子的父母双方都喝酒，这孩子的生活里也就少不了酒精。长大后也许会成为个"酒鬼"。可是如果这孩子父母双方都滴酒不沾，这孩子从小也就没有地方可以得到酒。也就自然地降低了成为"酒鬼"的可能性。

（10）当然，如果这孩子的父母都很热爱运动，这个孩子长大也会多少的继承其父母热爱运动的身体，从而也多少会成为一个运动健将。

（11）父母对子女的影响极大，但父母经常没意识到他们所说的话、所做的动作都被孩子听到、看到。

2）多层嵌套结构中的延续失败

这种类型共有3例，具体来看：

（12）因为一般的父母都很忙，所以a他们觉得b孩子不需要c父母花很多时间教导孩子。

这句话的话题是父母，第二个小句"所以……"是多层嵌套结构，a处是第一层，b处是第二层，c处是第三层。a处的"他们"指称符合话题延续规律（二），但是到了c处用"父母"就有问题了。a处与c处都指称父母，那么位于外层的a处尚且用了代词形式"他们"，位于内层的c处用可及性高的有定描述语"父母"就不对了，按照话题延续规律（三），应该用可及性与a处一样的代词或可及性更高的零形式。此外，句尾的"教导孩子"已经将"孩子"作为宾语处理，b处又加了"孩子"作为一层的主语/话题，使句子结构杂糅。为了句子结构简化且方便理解，b处的"孩子"应该去掉，改为：

（12'）因为一般的父母都很忙，所以他们觉得_____不需要∅花很多时间教导孩子。

下面两例与例（12）类似，也不赘述：

（13）他们心里不安，所以用这种观念让父母觉得自己还是一个好的父母。

（14）而且我对任何事情，不管是体育、数学、煮饭等活动，我完全没有任何能力。

4.1.2 转换失败

与延续失败相反，转换失败是留学生在想表示话题转换时，没有使用可及性较低的指称词语，而是错误地使用了可及性较高的指称词语。相对于延续失败，这种类型出现次数较少，只有2例，占指称偏误的20%。具体来看：

（15）a孩子最早接触的人就是父母，b早从胎教，到出生后的言教、身教都能影响孩子极为深远。

a小句的话题是孩子，而b小句的话题其实已经换成了父母，但是由于b小句使用了零形式，就会使读者以为孩子这个话题还要延续，产生误解。应在b小句中加入有定描述语"父母"，使转换话题的意图更明朗，减少读者的阅读障碍：

（15'）孩子最早接触的人就是父母，早从胎教，到出生后的言教、身教<u>父母</u>都能影响孩子极为深远。

该例也可以改为以"父母"为话题延续下来：

（15"）<u>父母</u>是孩子最早接触的人，早从胎教，到出生后的言教、身教都能影响孩子极为深远。

那么，到底应该选择在句中转换话题，还是延续话题不变，可能还是要放到具体语篇中去考虑。由此我们想到，在汉语语篇建构中如何组织话题也是留学生需要掌握的，可能会与其母语的建构方式不同，应在教学中有所体现。

（16）父母的行为可以深深地改变一个人。如果从来不知道什么是对的，那怎么能知道自己的行为是错的呢？

此例与例（15）类似，也不赘述。

从这两类指称偏误的统计可以看出，欧美留学生在议论语篇中，相较于错误使用可及性较低的指称形式，错误使用可及性较高的指称形式似乎更为普遍。这也支持了马明艳（2009）"留学生语篇中人物指称的一个突出的表现是零形式运用不足"的观点。

4.2 视角偏误分析

下面来看本研究得到的4例视角偏误语料：

（17）a自己当父母的也是无时无刻地做一个榜样，孩子们都是以b我们作标准，要是c父母在处理问题方面做得不恰当，会影响孩子的想法，要不停地和他们沟通，让他们在外遇到什么困难能和父母一起解决，所以，d我认为当父母的真的不容易，e他们不只要当一位老师，还要当一位很出色、很好的老师。

从a处的"自己当父母的"和b处的"我们"可以判断这段话是作者以自己作为父母的视角来论述的，但是从c处的"父母"、d处的"我认为当父母的"和e处的"他们"来看，作者自身并非父母而是作为旁观者来论述，这就造成了视角跳跃。

（18）a我们如何教育下一代这个责任基本上大部分都属于b父母如何从生活中成为孩子的好榜样。

从a处的"我们"和b处的"父母"可以看出，该例与例（17）一样，也是从作者以自己作为父母的视角跳跃到作者自己是旁观者的视角。

下面两例出现在同一篇语料的开头和结尾：

（19）我很同意这个说法；a你的父母实在你的第一个老师。b一个孩子一出生就开始受到父母亲的印象。他们是c你小的时候最常见面的人，所以你很自然的会受到很深的印象。

（20）总的来说，a你父母是你第一个老师，也是你一生最主要的老师。父母的所作所说都会深深地印象b一个孩子的行为，态度，生活习惯等等。小时候受到好好的教育会影响c你一辈子，父母多么重要啊。

从这两例a处的'你'、b处的"一个孩子"和c处的"你"可以看出，作者的论述视角都是从以读者作为孩子，跳到以读者作为和作者本人一样的旁观者，再回到以读者作为孩子。而这种视角的跳跃在文章主体中并没有出现，说明作者是在开头和结尾有意为之的。结合上文统计显示只有水平最高的11级欧美留学生才会出现视角偏误的情况，我们猜测也许该水平的留学生已经不满足于单一视角的论述，想要通过视角的转换追求某种语用效果，但是弄巧成拙，造成了偏误。

4.3 引入偏误分析

本研究得到的引入偏误只有例（2），这可能是由于语料为命题作文，"父母"和"孩子"这两个实体在题目中引入，读者在看正文之前已经有所期待，而且文章也要围绕这二者来论述，所以需要引入新实体的情况不多，导致引入偏误出现较少。

五、结语

本研究尝试从话题连贯的角度对留学生语篇衔接连贯问题进行探索，归纳出指称偏误、视角偏误和引入偏误三种话题连贯偏误。其中指称偏误的数量最多，前人在研究省略偏误、照应偏误和替代偏误时也有所涉及，但角度不同。视角偏误和引入偏误虽然在本研究中发现的数量不多，但也应引起重视。是否还有其他类型的话题连贯偏误还有待于对多语体、不同国别、不同汉语水平的语料进行更广泛的考察。

此外，通过本研究我们发现，语篇建构中对话题的选择，跟话题有指称关系的宾语、定语、状语等位置的指称错误对话题连贯的影响等问题还有待于进一步研究。同时希望通过加强相关研究，促进在教学中对话题连贯技巧开展有针对性的指导，避免偏误的出现，提高留学生的汉语写作水平。

参考文献

［1］陈　晨（2005）英语国家学生中高级汉语篇章衔接考察，《汉语学习》第1期。

［2］高宁慧（1996）留学生的代词偏误与代词在篇章中的使用原则，《世界汉语教学》第2期。

［3］何立荣（1999）浅析留学生汉语写作中的篇章失误，《汉语学习》第1期。

［4］廖秋忠（1992）《廖秋忠文集》，北京：北京语言学院出版社。

［5］刘镰力（1995）高等汉语水平考试的性质和等级分数的划分，见北京语言学院汉语水平考试中心主编《汉语水平考试研究论文选》，北京：现代出版社。

［6］马明艳（2009）《面向对外汉语教学的汉语语篇研究》，北京：中国社会科学出版社。

［7］马岩峰、钟竣琳（2008）英汉写作中论述视角差异的社会因素探析，《吉林师范大学学报（人文社会科学版）》第5期。

［8］许余龙（2004）《篇章回指的功能语用探索——一项基于汉语民间故事和报刊语料的研究》，上海：上海外语教育出版社。

［9］杨　春（2004）英语国家学生初级汉篇章照应偏误考察，《汉语学习》第3期。

汉语进修教育中开设中国文学课程的必要性

何阿珺

摘　要　在汉语国际教育中，语言、文化、文学的教学都有着重要的意义，但是，就目前的情况来看，在汉语进修教育中，文学课的开设几乎无人提及。本文从历史的角度出发，认为几千年来的文学作品不仅是中国语言的经典，也是中国文化精神的体现，汉语进修教育中开设文学课是必要的，也是紧迫的。同时，一些教学案例也证明，文学课程的开设对语言学习有着巨大的促进作用。本文也对文学课的课程设计以及开设文学课存在的问题提出了自己的看法。

关键词　汉语进修教育　中国文学　文学课程　课程设计

汉语国际教育的核心任务是什么？季羡林先生说："首先要教给外国汉语学习者的是汉语本身"（季羡林，2000）[①]。陆俭明先生认为对外汉语教学的任务就是"怎么让一个从未学过汉语的外国留学生在最短的时间内能最快最好地学习好掌握好汉语。"（陆剑明，2004）[②]两位学者都强调了学习汉语本身的重要性。近来学界也提出了中国文化、文学在汉语国际教育中的重要作用，如崔希亮先生就提出："从教学理念上来看，单纯的语言教育已经不能适应时代的需要，语言加文化式的博雅教育会成为对外汉语教学和汉语国际教育的

---

①　季羡林（2000）我们要奉行"送去主义"，张德鑫《对外汉语教学回眸与思考》，北京：外语教学与研究出版社　第7页。
②　陆剑明（2004）增强学科意识，发展对外汉语教学，《世界汉语教学》第1期，第5页。

主要观念。"（崔希亮，2010）[①]杨德春先生更是认为，汉语国际教育的教学理念必须改变，他把学习文学课程放到了非常重要的位置，认为"语音、语法、语汇必须从属于文学或人文教育，在教材建设上彻底改革以语言和文化为核心内容的教材模式。以文学作为对外汉语教材的核心内容，语音、语法、语汇必须从属于文学或人文教育，以便使教材生动有趣。"（杨德春，2015）[②]

从以上的观点，我们可以看出，关于汉语国际教育的核心任务是"教给学生汉语本身"还是"教给中国文化、文学"是存在差异的。那么当前汉语教学的情况如何呢？根据调查，不管学历教育还是非学历教育，一般都会开设中国文化课程，但是只有开设了留学生学历教育的几所大学，才会在三、四年级开设文学课。在国内各高校开设留学生学历教育的屈指可数，大部分都属于进修教育，几乎都没有开设文学课程。原因何在？一般的观点是：进修教育属于培训、速成教育，学生主要想学习一些跟未来职业相关的经贸、商业等课程，而文学课需要的课时多，难度大，可能不会引起学生的兴趣。如果按照这样的思路开展汉语国际教育，估计很难实现崔希亮先生所期望的"博雅教育"。那么我们是否该开设文学课程呢？答案是肯定的，那就是应该开设，越早越好，甚至是初级进修阶段就可尝试开设这样的课程。本文试从以下几个方面谈一点自己的粗陋之见。

一、汉语进修教育为什么需要文学课

汉语的魅力何在？有人说，因为汉语历史悠久；有人说，因为汉字形体的优美、传神和传情，在楷隶行草的舞动飞扬中，一个民族的性格、审美、爱好尽显无遗……而我要说，除了上述原因之外，汉语的魅力还在于从《诗经》到近现代乃至当代文学家们用汉语创造出来的文学世界、诗意世界。两千多年前，孔子在堂前教诲自己的儿子伯鱼说："不学诗，无以言"，"不学礼，无以立"，从此中国有了几千年延续传承的"诗以言志""礼以治国"的诗礼

---

① 崔希亮（2010）对外汉语教学与汉语国际教育的发展与展望，《语言文字应用》第2期，第10-11页。

② 杨德春（2015）汉语国际教育的几个关键问题，《江西科技师范大学学报》第1期，第26页。

家教传统，而这又何尝不是中国整个民族的教育思想和立人立志原则？

孔子的诗礼教育传统是否适合汉语国际教育呢？著名学者叶嘉莹先生从20世纪60年代开始一直在美国、加拿大等国的大学进行中国古典文学的教学。在多个访谈录中，她谈到了在国外大学讲授中国古典诗词的感受，选课的学生从开始的寥寥几人，到后来的座无虚席，甚至过道、窗户上都挤满旁听的学生。这些学生甚至可能一句汉语都不会说，只是被优美典雅的中国诗词所吸引，所以来听课。多少人因为叶嘉莹先生的诗词教学而开始学习汉语呢？没有统计，但人数一定不少。他们开始学习汉语的目的不是为了交际，不是为了找到好工作，不是为了那些世俗的欲望，只为了能无障碍体会汉语的美好。如果说叶嘉莹先生在国外的中国古典诗词教学能达到这样的效果，那么我们在中国的汉语教学却为何常常将文学束之高阁呢？

几年前，我曾在所任教的孔子学院做了一个题为《"推敲"出的诗意世界》的小讲座，我讲了韩愈与贾岛在一个月夜的诗意的讨论，讲了中国自先秦以来的诗礼传统。最后，我用汉语吟诵了贾岛这首著名的《题李凝幽居》："闲居少邻并，草径入荒园。鸟宿池边树，僧敲月下门……"，听讲座的人很多都不会汉语，却都沉浸在古典诗歌的意境中，感受到了诗的美好，也感受到了文学的魅力。这时候语言的隔阂似乎突然消失了，诗歌所创造出的意境跨越了语言、时空，浸润着每个人的心灵。不知多少人会因为这个讲座而爱上汉语，但至少很多人体会了汉语的美。

因为汉语所创造的诗意美而学习汉语的人很多。来中国进一步提高汉语的留学生很多人就是为汉诗的美所吸引。他们大部分都在自己的国家选择了与汉语或者中国文学相关的专业，但在本国的教学中，涉及中国诗歌、小说的课程基本上是用他们的母语教学的，很难真正体会到中国文学中那翻译不出来的优美意境。然而，当他们来到中国，在各大学开设的进修课程中，有的只是经贸、商务、口语、旅游等热门专业，却独独少了语言的灵魂课程——文学。所以曾有学生抱怨，为什么没有文学课？

中国是一个历史悠久的国家，中国人创造了灿烂的古代文学，这些文学作品不仅是中国语言的典范，也是中国人心灵世界的优美表达以及社会现实的艺术再现，对后来的语言、文学产生了巨大的影响，同时也影响着中国人的人生态度、民族性格。比如伤春悲秋、山水意象、田园牧歌，又比如中国人对月亮的情感，中国人的人生理想、家国情怀，等等。这些情感和思想观念通过文学表现出来，对中国人的影响跨越千年而不曾改变，流淌在每个中国人的血液之中。对于想要学习汉语的外国人来说，如果不能深入学习这样的文学、历史著作，那么永远不可能真正学好汉语，也不可能真正了解、理解这个民族。

从语言教学的角度来说，文化与文学的最大不同是，文化内容可以通过翻译来掌握其中的知识，而文学的美则很难翻译出来，非通过阅读原文而不能感受其美妙。从这个意义上来说，文学才是语言的本质，是一个民族的历史、文化、传统、审美等通过语言而表现出来的精髓、集大成者，而我们在汉语教学中却独独放弃了文学，惜哉痛哉，不能不说这是教育理念的一个大失误。

不可否认，留学生学习汉语，无论未来选择什么专业，必须首先过语言关。所以，在初级阶段将重点放在听说读写以及日常交流方面。但是很多汉语学习者在学习到中高级阶段后，会进入一个平台期，一般的交流、沟通似乎不成问题，但在阅读文学作品或者听一些正式的演讲、报告时却有存在不少障碍，学生有意进一步提高，却无从下手，不知该怎么办。之所以出现这样的情况，跟汉语的特点有很大关系。前面谈到，汉语经过了几千年的发展，虽有很大的变化，但从不曾中断。现代汉语与古代汉语有着不可割裂的联系，现代汉语保留了大量从古代汉语延续下来的语法、语音、词汇、结构。同时，中华民族是一个喜爱文学的民族，汉语的写作也很讲究"典"与"雅"二字，所谓"典"就是人们在书面语表达上常常会引经据典，使用一些古代汉语的词语、结构以及文学语言，人们在发表演讲时，也常会引用古人的诗词或者文学著作中的名言，这些经典的诗文词句历尽千年沉淀在语言中，成为典故，也许只是短短几个字、一个句子、一个结构，背后却蕴含着丰富的内容，如果不了解这些流传下来的典故，很难让汉语水平达到一定的高度。所谓"雅"就是讲究语言的优美得体。许多汉语学习者之所以觉得学习一段时间后，汉语水平很难提高，关键就在于没有深入到汉语的精神世界，没有打开汉语真正的宝匣。而解决这个难题的一个很直接很有效的方法就是，学习中国文学，尤其是古典文学。

鉴于此，在汉语国际教育的任何阶段，我们都应该开设文学课，让文学课成为学生的必修课程。

二、汉语进修教育中文学课程的设计及教学方法

在汉语进修阶段开设文学课程是必要的，而且也是紧迫的，那么我们应该怎样设计我们的课程呢？

在开设文学课程时，可以按照历史发展的脉络，学习各个历史时期文学的特点、名家名篇、文学故事等等。中国文学浩如烟海，必须有一条线索可供学生寻根溯源，达到真正了解、领会中国文学之美妙的目的。那么历史的脉络应该是最好的线索，《诗经》、楚辞、先秦散文、汉赋、唐诗、宋词、明清小说，按照这样的线路，学生如徜徉在开满鲜花的道路上，既可以领略不同路段的美，又不会迷失在花海之中，同时可以了解中国文学在语言、内容、审美等方面的变化。

我们也可以开设专题讲座式的文学课程，中国文学所包含的内容极其丰富，不仅涵盖了现实生活的方方面面，同时也有大量触及心灵世界的著名作品，这些优秀作品有人生感受、美好爱情、朋友情谊、父母亲情、手足情义、节日习俗等等，那么我们可以选取包含这些主题的名家名篇，讲解、朗诵，在学习中了解中国的历史、文化、审美、心灵。如关于美好爱情，从《诗经》的开篇之作《关雎》到《孔雀东南飞》，再到《长恨歌》《西厢记》《红楼梦》等等，爱情主题串起不同时期的优秀作品。学生在学习的过程中，可谓一举三得，既可以促进语言的进步，又可以感受中国文学的美好，同时还可以直观了解中国人的性格、文化以及中国的历史、社会。

在教学方法上，我们应该采取灵活多样的方法。

首先，我们要开设一定课时的古代汉语课。中国是一个历史悠久的国家，古代优秀的文学家创造了大量的古典文学作品，学习这些作品是文学课程的主要内容。这些作品是用古代文言文创作的，因此，在开设文学课程的同时辅以古代汉语的教学，才能使学生更好地学习古典文学。其实，现在我们正在使用的现代汉语是对古汉语的继承和发展，其语言要素之间存在不可分割

的关系。而古典文学是古汉语的主要载体，所以在汉语国际教育中开展古典文学的教育是必要的。中华文化源远流长，它深深地镌刻在每个中国人的心上，塑造了中国人的精神风貌。从文化传播的角度看也不可不教。古代文学当然是用古代汉语写就，如果没有学过古代汉语，在阅读时就会遇到一定的困难。但是，我们应该明白这一点，哪怕是两千年前的诗文，经过一定的古代汉语的学习，加上一些简单的解释，很多人就可以完全读懂诗文的内涵，感受诗歌表现出的意境之美。作为一名汉语教师，我们曾经带着各国留学生考察河南某地的小学，当留学生们在真实的课堂里看到十多岁的孩子诵读《诗经》《论语》《师说》等一千年前甚至两千年前的古人诗文篇章时，脸上露出羡慕的表情，很多学生提出了同样的问题：中国的孩子太了不起了，他们可以明白古老的诗文篇章，我们经过学习，应该也可以吧。为什么我们的学校没有这样的文学课程？在中国现在的中小学教育中，为了提高学生们的中文素养，国家教育部在教材中增加了经典文学作品的内容，加大了教学力度，目的就是提高学生的汉语素养，使学生成为一个有涵养有深度的人。在汉语国际教育中，汉语学习者不也满怀着这样的期待吗？因此，我们应该充分认识到学习经典文学对汉语国际教育的意义，从而改变我们的教学重点和教学策略。

在教学中，教师应该将讲解与诵读相结合，使学生感受真正的汉语韵味。比如，在教学过程中设计"朗读者"环节，让学生选择自己喜欢的诗文，声情并茂朗诵出来，在这种文学氛围的浸润陶冶中提高学生对汉语的兴趣，同时培养学生对汉语的理解力。要求学生在课下背诵名篇，适时开展班级"诗文背诵大赛"，在竞争中激发学生的学习潜能。

开设文学社或者戏剧社，朗读优秀作品，表演中国戏剧名剧，甚至学习用汉语创作自己的诗歌、小说，让学生切身感受、体会中国文学的魅力，文学课的学习需要课上课下，相辅相成。外国人在中国成名者不乏其人，很多人都听过看过外国人表演小品、相声，或者中国歌舞，这让我们看到了汉语学习者在学习中国艺术方面的巨大潜力。但是，我们几乎没有看到有汉语学习者表演中国的戏剧，或者朗读文学作品。这个原因是多方面的，但是，汉语学习者在中国或者本国的汉语教育中，文学课的缺失是不是一个很大的因素呢？不可否认，相比歌舞等艺术形式，一个母语非汉语的学习者，要想学习文学是相当困难的，必须要经过课堂的学习，学习的时间也是漫长的，但是，我们必须起步，不积跬步，何以至千里？

三、汉语进修教育开设文学课存在的问题

在汉语国际教育，特别是汉语进修教育中开设文学课是必要的，也是紧迫的，那么什么原因导致这样重要的课程在各大学迟迟不能开设呢？我认为以下两方面是最主要的原因。一是汉语教师的畏难情绪。教师首先设想了学习文学的艰难，对开设文学课没有热情。另一个原因是文学似乎与现在快餐时代的节奏不怎么合拍。有人会问：现在还有多少人能安静下来读一首诗？即便是中国人，又有多少人能静下心来认真读一篇小说？我们一天中大量的时间用来为生计奔波，如果说阅读，最多的是看一下社会热点、新闻标题，而阅读的文字中还充斥着语法错误和错别字。文学在这样的时代似乎没有了生存的空间，不合时宜了。而社会评判一个人成功与否的标准似乎就是钱、房、车等物质条件，人们似乎也整日孜孜于追求这些东西。在这样的情况下，选择学习文学显得比较怪异，甚至被人取笑。但是，我们应该看到，这样的情况是不正常的。在中国的中小学，学习经典文学作品越来越受到重视，那么在大学，我们更不能被世俗所左右而放弃一个大学应有的态度和理想。

四、结语

掌握一种语言不可能一蹴而就，需要大量阅读原文作品，在原著优美典雅的语言中耳濡目染、浸淫熏陶；而语言的教学也不应该急于求成，教师应该把汉语的美传达给学生，感染学生、吸引学生，创造出一个"润物细无声"的教学环境来让学生自然而然习得汉语。要到达最远的目的，必须选择正确的路径。吃饭、购物、一般的汉语交流绝不是一个真正的汉语学习者最终的目的，无限风光永远在更险的峰顶。随着中国国际地位的提高，学习汉语已然成为一种潮流，那么我们每一个汉语国际教育工作者要明确这样的原则：那就是培养一批优秀的汉语精英人士，他们不仅能流利使用汉语作为生活、

工作的工具，同时具有一定的文学修养和文化涵养。《论语·雍也》有云："质胜文则野，文胜质则史，文质彬彬，然后君子。"，在汉语国际教育中，如果说"质"表示汉语的基本知识，那么"文"就是在文学的熏陶下所形成的精彩华章，而"质"与"文"完美结合，才能成为"文质彬彬"的君子，这应该是汉语国际教育目前的、同时也是长远的目标。

参考文献

［1］崔永华（2005）二十年来对外汉语教学研究热点回顾，《语言文字应用》第2期。

［2］崔希亮（2010）对外汉语教学与汉语国际教育的发展与展望，《语言文字应用》第5期。

［3］刘　珣（2000）《对外汉语教育学引论》，北京：北京语言大学出版社。

［4］陆剑明（2004）增强学科意识，发展对外汉语教学，《世界汉语教学》第1期。

［5］邢　昺（1999）《论语注疏》，北京：北京大学出版社。

［6］杨德春（2015）汉语国际教育的几个关键问题，《江西科技师范大学学报》第1期。

［7］周思源、林国立主编（1997）《对外汉语教学与文化》，北京：北京语言大学出版社。

［8］赵金铭（2011）国际汉语教育研究的现状与拓展，《语言教学与研究》第4期。

［9］张德鑫（2000）《对外汉语教学回眸与思考》，北京：外语教学与研究出版社。

情态补语的界定与教学启示

贾　钰

摘　要　情态补语是表意功能和结构形式最复杂的补语类别，语法界对其讨论和研究很多，但众说纷纭，即便是名称和界定都未能统一，对汉语教学造成了不利影响。本文重新审视了情态补语的界定。对中介语语料库的考察表明，初、中级汉语水平的学习者情态补语句偏误率较高，对该句式掌握得不好；对教材的考察也显露出教学中存在的问题。由此得到的几点启示对于对外汉语语法教学和教材编写具有借鉴意义。

关键词　情态补语　情态补语句　偏误　教材　教学启示

一、情态补语的界定

1.1　不表示可能义的"得"字补语的表意功能

（1）老人身体好得很。

（2）她每到期末都忙得不得了。

（3）我一到晚上八点就困得不行。

（4）他急得头上冒汗。

（5）他笑得肚子疼。

（6）有人的肚子已经饿得咕咕叫。

（7）你说得对

（8）你们来得真巧。

（9）他们批评得有道理。

（10）服务员很敬业，房间打扫得一尘不染。

（11）这种洗衣机效果好，衣服洗得干干净净的。

（12）他是远近闻名的养猪专家，小猪仔长得又白又胖。

（13）老师说得他低下了头。

（14）小狗追得孩子满院子跑。

（15）太阳烤得沙土暖烘烘的。

上面的15个句子都带有不表示可能义的"得"字补语，按表意功能，可以分成五组，每一小组都有区别于其他组的语义特征。

第一组为（1）—（3），补语本身表示程度高，并且单纯表示程度，不可扩展，不具有弹性。这类补语我们认为应该归入程度补语。

第二组为（4）—（6），程度义突出，但补语本身不表示程度，而是在语境中使中心语获得了程度义，是由于中心语的所指程度高产生的结果，同时还描写了当事者的状态。比如，例（6）中的"咕咕叫"本身没有程度义，但在这个句子里表示"饿"的程度，是饿到一定程度才出现的结果、状态。这类补语既表示程度，也表示结果，同时还具有描写状态的功能。

第三组为（7）—（9），既不表示程度、结果，也不描写状态。例如，不能说"真巧"是"来"的结果或者程度，它也不描写状态。此类"得"字补语单纯表示评议、判断。

第四组为（10）—（12），补语既表示结果，也表示状态，既有描写的功能也有评议的功能。例如，"干干净净"是洗的结果、衣服洗后的状态，也是对衣服的描写、对洗的评议。和第二组不同的是，它的程度义不明显，而评议的功能比较突出。

第五组为（13）—（15），补语部分是主谓结构，和前面的部分表示两个相关的事件，后一事件是由前一事件引发的，两者存在致使关系。比如例句（13），他因老师说而低下了头；这些句子可转换为"把"字句：老师把他说得低下了头；小狗把孩子追得满院子跑；太阳把沙土烤得暖烘烘的。

1.2 "得"字补语的名称问题

不表示可能义的"得"字补语语义十分复杂，不同语境中表意不同，有时同一语境中兼有两种语义和两种表达功能。对于表意功能如此丰富的补语类别，汉语语法界从语义的角度起过多个不同的名称。

"程度补语"这一名称始见于林焘（1957）文中，他当时叫称作"程度补足语"，后来为对外汉语教学界李德津、程美珍等人沿用。"情态补语"最早出现于胡玉树主编的《现代汉语》（1962），后为对外汉语教学界刘月华、孙德金、张宝林等人沿用。张志公（1953）把不表示可能义的"得"后补语分成了两类：动词后的叫"动词补足语"，表示动作的情状，形容词后的叫"形容词的补足语"，说明性状的程度。后有学者直接称"程度补语与情状补语"（王邱丕、施建基，1990）。许绍早（1956）把此类"得"字补语区分为"结果补足语"和"程度补足语"。对外汉语教学界元老王还（1979）曾经主张用"结果补语"这个名称。邢福义（1997）也用"结果补语"这个分类，但他又分出"评判补语"和"程度补语"。朱德熙（1982）称"状态补语"。后来马庆株（1988）把"好得很"、"闷得慌"这类单纯表示程度的"得"字补语从状态补语中分出来，归入程度补语。对外汉语教学界吕文华和鲁健骥都采用了"状态补语"这个说法。

根据上文对不表示可能义的"得"字补语的语义分类，笔者认为，单纯表示程度的应归入程度补语，而其余的用"程度"、"结果"、"状态"、"评判"中的任何一个做名称都不足以概括其语义。相比之下，"情态补语"的词义比较虚化，概括性强，更适宜做此类补语的名称。

1.3 情态补语的语义指向

情态补语的语义指向同样不是单一的，有以下几种情况：

指向前面的中心语，即动词或形容词所表达的行为、变化、性质或状态：

（16）我记得很清楚。

（17）汉语提高得很快。

（18）树绿得可爱。

指向主语：

（19）我看电脑看得头昏眼花。
（20）屋子里烧得挺暖和的。
（21）钢笔写得没水了。
（22）觉慧被他们笑得有点恼怒了。

同时指向主语和中心语，既是对主语的所指、也是对动词的所指进行描写或评议：

（23）参赛者表演得非常认真。
（24）新队员打得很努力。

指向宾语，包括"把"字的宾语，表示受影响的人、物所处的状态：

（25）妈妈擦窗子擦得锃光瓦亮。
（26）妈妈把她打扮得怪模怪样的。

归纳起来，情态补语指向中心语和主宾语，也就是动词或形容词所指的行为、变化、性质、状态或者相关的人和物。

1.4 情态补语的句法结构和界定

情态补语不但语义丰富，形式也是多种多样的：
形容词短语：服务得很周到/捂得严严实实
动词短语：忙得整夜没睡觉/聊得忘了时间
代词：日子过得怎么样？
拟声词：玻璃窗打得稀里哗啦
名词短语：笑得一脸皱纹
固定短语：生活得无忧无虑

主谓结构：笑得肚子疼

"把"字句：饿得把两大碗面条吃得干干净净

"被"字句：糊涂得被人骗了两万块钱

连谓句：穷得去外乡乞讨

兼语句：霸道得不准人家发表不同意见

比较、比况句：跑得比兔子还快/配合得像一个人一样

连……都/也：静得连一根针掉在地上的声音都听得见

一……就：气得一见他就骂了起来

复句：

（27）钱老太太已经哭得没有了声音，没有了眼泪，也差不多没有了气。

（28）他被打得只有招架之功，并无还手之力；或者连招架之功都没有。

充当情态补语的成分虽然结构各异、长短不一、有繁有简，但有一个共性，即，都可以充当谓语，是谓词性的。即便是名词性结构也是如此。"笑得一脸皱纹"，可以说"她一脸皱纹"；"他急得一身汗"，可以说"他一身汗"。因此，除了标记"得"，情态补语的另一个重要的句法特征就是谓词性。

综合情态补语的句法特征、语义指向和表意功能，可以对情态补语做如下界定：

情态补语指动词或形容词后由"得"引介的谓词性补足成分，用来对动词或形容词所表示的行为、情状进行评议或描述，或者评议、描述人、物在某种作用下产生的状态和结果。

二、情态补语句的教学问题

情态补语的表意功能、语义指向和结构形式体现了其复杂性。对于这样一个有难度的句式结构，二语学习者掌握得如何，我们通过中介语语料库了解到一些情况；另外，从教材看对该语法点的处理方式也存在一些问题。

2.1　从中介语语料库看情态补语句的习得情况

作者曾对1.1版《HSK动态作文语料库》[①]中情态补语句做过考察。按词查询"得"的所有记录，共有4598条。筛查、统计后得到正确使用情态补语句1791例，偏误763例，平均偏误率29.87%。

表1　各等级考生情态补语句偏误总数及总偏误率[②]

证书级别	A级证书	B级证书	C级证书	无证书	合计
偏误总数	9	64	304	386	763
正确用例数	73	346	764	608	1791
总偏误率	10.98%	15.61%	28.46%	38.83%	29.87%

可以看出，随着水平等级的降低，偏误率越来越高。获得A、B、C级证书的考生相当于具有了高级汉语水平，而未获得证书的考生仍属于中级水平，偏误率将近40%。可见，初、中级汉语水平的学习者对情态补语句掌握得并不理想。

语料库中的情态补语句偏误有四大类型（贾钰，2011）：标记偏误、词汇偏误、与情态补语有关的句法语义偏误、语用偏误。标记偏误最多，占了一半，包括：

遗漏标记"得"：

（29）房间里没有任何声响，我害怕（得）连呼吸都不敢，……

定语标记"的"误代"得"：

（30）近年来，社会发展的非常快。

---

①　"HSK动态作文语料库"1.1版是母语非汉语的外国人参加高等汉语水平考试作文考试的答卷语料库，考生来自96个国家和地区。该语料库收集了1992–2005年部分作文答卷11569篇，424万字语料。

②　该统计表引自《外国人情态补语句偏误分析》，贾钰，2011。

状语标记"地"误代"得":

（31）到了美国之后，她把我们三个兄弟姐妹管地挺严。

结果补语误代"得":

（32）这样我们会把美好的地球留给我们的子孙后代，让我们的地球变成美好。

动态助词"了"误代"得":

（33）刚开始爱抽烟的人都不满意这种规定，但是执行下去，现在品川市变了很清洁。

"的"对"得"的误代数量最多。这种现象在母语者书写中也普遍存在。但我们认为二语学习者的误代和母语者发生的替代性质不同。"得"对"的"的替代以及"得"与"地"之间的误代几乎不会发生在母语者身上，而"语料库"中却都存在。如：

（34）现在科学发展得速度很快。
（35）一个星期一两次我去看他，他总是很高兴得招待我。

语用偏误如下：

（36）我今年就毕业了，所以要把最后考试的成绩作得非常好。（泰国）
（37）人们要更多的粮食。所以，我觉得（农药）用是用，但是用得少。
（38）到家以后不仅可以见到亲戚和朋友，而且可以跟他们玩得很疯狂！

以上句子，动补结构本身没有问题，但情态补语用在了不合适的语境里，由于学习者没有掌握情态补语句的语用特征而误选。这类偏误中最多的是情态补语误代状语结构（37、38），其次是情态补语误代结果补语（36）。此外，该用情态补语却不用的情况也是一种语用偏误，如下例，也出自"语料库"：

（39）当他们抽烟时，他们没有想到抽他们二手烟的人会有多辛苦，有多毒，尼古丁的成分是达到0.5以上的，比抽一手烟的人更快死。

（40）终于进入拉萨而看到在世界很有名的建筑"布达拉宫"的时候，因为我经历的路程这样刻苦，所以我感激而差点儿哭了。

（41）如果对我很重要的人得了不治之症，他每天痛苦而不想活的话，我也会进行把他从痛苦中解脱出来。

但由于检索方面的困难，对该用情态补语而没有用的情况未做统计。

标记偏误和语用偏误说明使用者对情态补语缺乏基本概念，不知道什么情况下需要用情态补语，以及其表意功能和结构上有什么特点。

笔者也对"语料库"中的1791个正确用例从语义、词汇和结构三条线索进行了考察。结果表明，动词+得+形容词/形容词短语是运用最多的情态补语句形式，占74.76%，而且一半以上是"好""很好""不好"做补语，具有鲜明的评价意义；而形容词做中心语、程度义突出的情态补语用得较少；比况句、主谓句等复杂句式做情态补语的例子更少，只有5%；"把"字句和"被"字做情态补语的记录则为零。

2.2　教材对情态补语语法点的处理

我们认为，学习者对情态补语句的掌握情况不理想，除了该句式本身较为复杂，与教学中存在一些问题也是有关的。为考察教材对情态补语这个语法点的安排和注释是否合理，我们查阅了三部有影响并都在使用的教材——《汉语教程》《成功之路》《发展汉语》。发现了如下问题：

第一，认识不统一，使用不同名称。受学界影响，教学界对情态补语这个语法现象认识上也存在差异，各部教材甚至同一系列教材中的各本教材之间使用的名称不同，描述不同。"我每天起得很早""我游得很快"这类句式，《汉语教程》和《成功之路·起步篇》称作"状态补语"，《发展汉语》则称"程度补语"。"她们高兴得跳啊、唱啊""我们激动得跳起来"这类句式，《汉语教程》仍称"状态补语"，《成功之路·进步篇》则改用"复杂的程度补语"，《发展汉语》在初级下第6课的语法注释中称之"程度补语"，中级上的第7课却归入"情态补语"。

第二，对该句式分类过粗，教学层级不够。情态补语句是表意丰富而结构多样的句式。对于二语学习者来说，不同的情态补语句难易程度区别很大。从"语料库"的情况来看，即使汉语水平高等证书的获得者，其运用复杂情态补语句的能力也是很有限的。对于这样的复杂句式，《汉语教程》和《成功之路》只分出两个层次，第一层次的基本形式是——动词+得+形容词短语，表达评议、判断，如：我每天起得很早；他走得很快。第二层次程度义明显，主要结构——形容词/动词+得+动词短语，如：他感动得不知道说什么好。《发展汉语》也只在中级下增加了固定短语做情态补语的形式。三部教材都没有把致使义突出的主谓结构做"得"后补语（小狗追得孩子满院子跑、大家笑得她满脸通红）这种常见句式作为教学内容，情态补语和其他常用句式如"把"字句的包孕形式（忙得把生日都忘了）也忽略了。此外，例句和说明缺乏严格的对应关系。例如，《汉语教程》一册下29课指出"状态补语是指动词或形容词后用'得'连接的补语。状态补语的主要功能是对结果、程度、状态等进行描述、判断、评价"。第一次呈现这个语法点，就列出了几乎所有的表意功能，而注释和练习中的例句，中心语都是动词，没有形容词，是对动作行为的评价，结果义和程度义突出的例子没有提供。

三、教学启示

对情态补语和情态补语句教学情况的考察，给我们的教学启示超出了情态补语本身，对于对外汉语语法教学和汉语教材编写都有借鉴意义：

3.1　对外汉语教学语法研究亟待加强

对外汉语的教材编写，尤其是综合课教材需要汉语本体研究成果的支撑。但是汉语语法研究大多是从母语的视角进行的，难以预测外语学习者会出现的问题，因此这些研究成果对于对外汉语教材的编写缺乏针对性的指导。对语言现象的解释、说明依赖从母语视角得出的结论，很可能存在缺陷。比如，汉语语法书几乎不提情态补语的句法特征是谓词性的，这对于母语者显而易见，无需说明，但对于学汉语的外国人却是个问题。有些学生在"得"字后面用了名词性成分，出现了这样一些偏误句："变得比较宽容的人"、"过得快乐的生活"、"我们谈得一夜晚"，就说明他们忽略了情态补语的谓词性特征。什么情况下用情态补语句对母语者同样不是问题，而对外国学生却是个难点，所以会出现该用而不用、不该用而用的语用偏误。因此，从二语学习者的角度开展对外汉语教学语法研究亟待加强。

3.2　复杂的语法项目应划分细类、增加教学层次

目前对外汉语教材依据的语法大纲主要有《对外汉语教学语法大纲》（王还主编，1995年）、《对外汉语教学初级阶段教学大纲》（杨寄洲主编，1999年）。这两部大纲对情态补语用的都是"程度补语"这一名称，而且没有做出教学分级。

另外两部大纲均为国家对外汉语教学领导小组办公室所编：《高等学校外国留学生汉语教学大纲长期进修》《高等学校外国留学生汉语言专业教学大纲》。前者在初等语法项目中分了两个层次，项目（一）有状态补语（洗得很干净、听得不太清楚），项目（二）有复杂的状态补语（他累得饭也不想吃了）。后者用的名称是"情态补语"，也只分出两个层次：一年级是：动词+得+形容词/形容词短语（念得很流利），二年级是：（1）形容词/心理活动动词+得+动词性短语（大家高兴得又唱又跳、湖水清得像一面镜子（2）形容词/心理动词+得+很/慌（便宜得很、累得慌）。

对于情态补语这类形式和语义都复杂的语法项目，教学上不分层次或只分两个层次，我们认为都是不够的。应结合语义和结构两方面因素，并根据使用率和难易度，区分出几类"情态补语"，归入不同的教学阶段。比如，表

达评议和判断、形式多为形容词短语的（学得很好、说得太快）作为一类，安排在第一层次学习；程度义明显、以动词短语为主要形式的（忙得忘了生日、紧张得说不出话来）作为一类，安排在第二层次学习；致使义突出、形式为主谓结构或包孕在"把"字句中的（她夸得我不好意思了、她把我夸得都不好意思了）为一类，安排在第三层次学习。难度大而内容多的语法点需要增加层级而且应延长教学时间，不一定只限定于一年级或二年级完成。教材编写应该在大纲的基础上做出合理的调整。

3.3 把语法教学和词汇教学有机结合起来

把语法教学和词汇教学有机结合起来，这样对语法点的理解和掌握以及对词语运用能力的提高都有好处。具体到情态补语的教学，可以落实在词汇表中，比如，动词可以提供动补搭配：解决得很快/很及时、发展得很顺利、吓得不敢出声、醉得不省人事；形容词可以提供形补搭配：兴奋得睡不着觉、伤心得落泪、累得走不动路、单纯得像个孩子；形容词还可提供其做情态补语时的动补搭配：理解得很正确、介绍得很详细、照顾得很周到、学得/过得/赢得轻松；许多固定短语常也做情态补语，比如：争论得满脸通红、紧张得手足无措、惭愧得无地自容、看得/听得聚精会神、玩得兴高采烈。

3.4 不同语法项目的教学要结合起来

情态补语句和"把"字句的教学都是难点。不过，"把"字句和情态补语句是相互包孕的，可以将其结合起来，使两者的教学都得到加强。一般来说"动词+得+形容词短语"的教学在先，"把"字句教学在后。因此可以在"把"字句教学时，提供"把"字句包孕形容词做情态补语的句式（把房间打扫得干干净净）。而在教程度义突出的"形容词+得+动词短语"时，也可以提供情态补语句包孕"把"字句的情况（他紧张得把想说的话都忘了）。比况句和情态补语句也可以结合起来教授：汉字比中国人写得还漂亮、汉语说得跟中国人一样流利。"连"字句和情态补语句也是如此：忙得连饭也顾不上吃。

另外，把相关又容易混淆的语法项目做一个归纳对比，有利于学生加深理解并掌握。比如，归纳总结定语、状语、情态补语三种句法成分，并通过区别其句法标记“的、地、得”来区分这三者；还可以通过区分形容词在动词前做状语（认真地听课）以及在动词后做情态补语（听课听得很认真），来揭示状语和情态补语的不同作用。

参考文献

[1] 胡裕树主编（1962年），《现代汉语》增订本，上海：上海教育出版社。

[2] 贾　钰（2011）外国人情态补语句偏误分析，《首届汉语中介语语料库建设与应用国际学术讨论会论文选集》，北京：世界图书出版社。

[3] 贾　钰（2013）外国人正确使用情态补语句情况考察，2013年北京语言大学汉语进修学院科研报告会提交论文。

[4] 李德津、程美珍（1988）《外国人实用汉语语法》，北京：华语教学出版社。

[5] 林　焘（1957）现代汉语补足语里的清音现象所反映出来的语法和语义问题，《北京大学学报》第2期。

[6] 刘月华、潘文娱、故　韡（1983）《实用现代汉语语法》，北京：外语教学与研究出版社。

[7] 刘月华、潘文娱、故　韡（2001）《实用现代汉语语法》，北京：商务印书馆。

[8] 鲁健骥（1992）状态补语的语境背景及其他，《语言教学与研究》第1期。

[9] 孙德金（2003）《汉语语法教程》，北京：北京语言大学出版社。

[10] 王　还（1979）汉语结果补语的一些特点，《语文教学与研究》第2期。

[11] 王　还（1995）《对外汉语教学语法大纲》，北京：北京语言大学出版社。

[12] 王邱丕、施建基（1990）程度与情状，《中国语文》第2期。

[13] 武慧华（2005）《发展汉语：中级汉语下》，北京：北京语言大学出版社。

[14] 邢福义（1997）《汉语语法学》，长春：东北师范大学出版社。

[15] 徐桂梅、陈满华（2006）《发展汉语：初级汉语下》，北京：北京语言大学出版社。

[16] 徐桂梅、牟云峰（2005）《发展汉语：中级汉语上》，北京：北京语言大学出版社。

[17] 许绍早（1956）略论补足语，《东北人民大学人文科学报》第2期。

[18] 杨寄洲主编（1999）《对外汉语初级阶段教学大纲》，北京：北京语言大学出版社。

[19] 杨寄洲主编（1999）《汉语教程第一册下》，北京：北京语言文化大学出版社 。

［20］杨　楠（2008）《成功之路 起步篇2》，北京：北京语言大学出版社

［21］张宝林（2006）《汉语教学参考语法》，北京：北京大学出版社。

［22］张　辉（2008）《成功之路 进步篇2》，北京：北京语言大学出版社

［23］张志公（1953）《汉语语法常识》，北京：中国青年出版社。

［24］朱德熙（1982）《语法讲义》，北京：商务印书馆。

课堂教学设计与教师的反思

沈红丹

摘　要　本文结合具体案例，展示了教师的反思过程及其对教学设计的影响，同时讨论了教师个体反思的有效途径，并论述了教师反思的意义及重要性。

关键词　教师　教学设计　反思　案例

一、引言

作为国际汉语的一线教师，常常会面对这样的误解：中国人教中文还需要备课吗？教了这么多年汉语为什么还要备课？教学是一个综合性的活动，它不仅仅是教师的个人劳动，还包括学生的反应以及教学环境等众多因素，这不是一个简单的"教什么"的问题，而是在具体的情境下"怎么教"的复杂问题。在这个问题上，永远不可能是简单的重复性劳动，教师的反思也永远没有止境。从一定的角度上说，教学本身就是遗憾的艺术，教师都是在反思中踩着自己或别人曾经的"经验"去进步。

二、研究的意义

教师的反思是其职业发展的重要途径，甚至可能是唯一途径。孙德坤（2008）提出："反思（reflection）是一种内省的过程，在这个过程中教师以一种自我批评的眼光来审视自己的教学行为和教学理念。通过这个过程教师可能会发现一些问题，或一些值得深究的议题，或希望对某些方面做一些改变，或尝试一些新的方法。"教师的反思除了需要其本身掌握必要的理论知识外，还需要"掌握实践性知识",即关于课堂情境和与之相关的知识。实践性知识是一种缄默知识（tacit knowledge），这类知识隐含于教学实践过程之中，更多地要与教师自己的思想和行动过程保持一种"共生"的关系，它是情境性和个体化的，难以形式化或通过他人的直接讲授而获得，只能在具体的教育实践中发展和完善。①

实践性知识是以教师的教学实践为载体，在时间的维度上它有两点特殊性：一是时效性，它是教师在特定的教学情境下产生的，需要及时提取；一是经验性，它需要一定时间的经验的积累，因此，尽管大家都看到这种知识的珍贵，却很难去提取。学术界常用质化研究的方式，比如通过采访的形式，让一些在教学上有心得的知名教师把自己的经验口述出来，加以记录和总结，北语出版社就出过一系列的名师访谈录；另一种办法就是听课记录，跟踪某位老师一段时间的教学轨迹，就某一个方面进行记录并研究。

然而，由于实践性知识是个性化的，即使提取出来也不具有普适性，或者传递效果较差。因此我认为，教师通过自身的反思来获取实践性知识，用自身的实践性知识去改进教学效果、提高教学能力，这是教师发展的最佳途径。尽管实践性知识是个性化的，但是反思的方式却是可以学习并推广的。基于这种考虑，本文结合具体案例，展示了教师在教学实践中进行反思并改进教学设计的过程，希望抛砖引玉，为一线教师谋求职业发展提供一种可行的方式。

三、课堂教学设计案例与反思

本案例是一堂初级汉语综合课的教学设计②，本文仅选取了其中的词汇教学环节。教学内容为一组颜色词语：红色、白色、黄色、绿色、蓝色。我们将先后展示该案例的三版设计文案，从中可以看到教师是如何在反思中进行改进的。首先来看第一版的设计。

---

① 王添淼，《成为反思性实践者》，《语言教学与研究》（2010）第2期。
② 本案例选自《国际汉语课堂教学参考案例 初级综合课》，国际汉语课堂教学研究课题组，北京语言大学2016年3月。

导入：ppt左边展示裙子和大衣轮廓图片，无色。右侧逐一出现五种颜色水滴：红、白、黄、绿、蓝。教师指着ppt左边的裙子和大衣提问一个学生。

师：这是什么？

生：这是裙子。这是大衣。

师：（手指红色水滴）看，这是红色。

红色水滴旁边出现"红色"汉字、拼音。领读两遍，以下"白色、黄色、绿色、蓝色"的引入步骤相同。"蓝色"之后，全班齐读，五个词语一遍。

扩展：教师点击ppt上的红色水滴，水滴飞到裙子处，裙子"染"成红色。

师：现在裙子是——（提问一名学生，以下同）

生：红色。

师：对，红色的裙子，一条红色的裙子。（ppt上出现带圈的汉字"的"）

教师领读两遍，继续点击ppt上白色水滴，裙子"染"成白色。

师：现在这是——

生：白色的裙子。

师：对，一条白色的裙子。

教师领读两遍，继续点击ppt上黄色水滴，裙子"染"成黄色。

师：看，这是——

生：一条黄色的裙子。

教师领读两遍，继续点击ppt上绿色水滴，大衣"染"成绿色。

师：这是——

生：绿色的大衣。

师：一件绿色的大衣

教师领读两遍，继续点击ppt上蓝色水滴，大衣"染"成蓝色。

师：这是——

学生：一件蓝色的大衣。

操练1. 认读：教师领读两遍。图片、拼音隐去，进入认读页面2，教师点指，先让学生齐读，然后提问三名学生认读。最后教师领读词组：一条红色的裙子，一条白色的裙子，一条黄色的裙子，一件绿色的大衣，一件蓝色的大衣。学生再次齐读一遍。

操练2. 应用型练习：进入新ppt页面，衣柜里面有两条裙子和三件大衣，展示五秒钟后，画面消失，出现问题：衣柜里有什么？

学生快速回答。然后，ppt上再次出现刚才的图，师生看图修正答案。

总结和归纳：

老师：我们再看一次，看看你说得对不对。衣柜里有什么？（要求学生齐答）

第一版的设计踏实地落在每个知识点上，力求教学内容准确、全面，但是在一些细节的设计上，仍然暴露出很多问题，具体分析如下：

1. 教师课堂用语虽然注意到简洁和变化，仍然有些复杂和啰嗦。对于初级阶段特别是词汇量只有一两百的留学生，教师课堂用语的简练和准确尤为重要，还需要改进。

2. 初级阶段生词不需要过多讲解，只要合理的导入和适度的扩展就够了，这是一种潜在的讲解，二者的衔接也非常重要，本版设计注意到了这个方面。

3. 导入部分，首先出现了"大衣"和"裙子"，但应用却是在后面的扩展步骤中，这就容易给学生造成迷惑，模糊了教学的要点。

4. 对五个颜色词语的教学设计上，导入后就直接扩展，这个过程太过跳跃，应该有个简单而即时的词语练习，帮助学生理解和巩固，为下一步铺设一个必要的台阶。

5. 扩展和操练时只用"裙子"和"大衣"这两个词，太过局限，应该结合前边学习过的生词，组合更多的搭配，如"红色的柜子""白色的电话"等。

在对第一版进行优劣分析后，经过集体讨论和个人反思，教师做出了有针对性的调整，多次修改后，确定了第二版的设计。

导入：ppt上逐一出现颜色圆圈：红、白、黄、蓝、绿。教师手指图形说。

师：红色。

教师用红色粉笔书写板书：红色。点指教室内的红色事物。

ppt展示汉字、拼音。教师领读两遍。随机点指两到三名学生朗读。

师：黄色。

教师用黄色粉笔书写板书：黄色。点指教室内的黄色事物。

ppt展示汉字、拼音。教师领读两遍。随机点指两到三名学生朗读。

师：白色。

教师用白色粉笔书写板书：白色。点指教室内的白色事物。

ppt展示汉字、拼音。教师领读两遍。随机点指两到三名学生朗读。

师：蓝色。

教师用蓝色粉笔书写板书：蓝色。点指教室内的蓝色事物。

ppt展示汉字、拼音。教师领读两遍。随机点指两到三名学生朗读。

师：绿色。

教师书写板书：绿色。点指教室内的绿色事物。

纠音：绿，l+ǜ绿，不是u，（示范圆唇，由i到ǜ），跟我读，绿，绿。

ppt展示汉字、拼音。教师领读两遍。随机点指两到三名学生朗读。

师：这些都是颜色。

教师板书：颜色yánsè，领读一遍。

看黑板的板书，全班学生再次齐读一遍五个词语。

扩展：ppt展示图片裙子，点击红色圆圈，裙子"染"成红色。

师：裙子什么颜色？

生：红色。

师：对，红色，红色的裙子。

教师板书"的"，ppt上出现带圈的汉字"的"，教师领读一遍。

教师点击ppt上黄色圆圈，裙子"染"成黄色。

师：现在，裙子什么颜色？

生：黄色，黄色的裙子。

教师领读一遍。教师点击ppt上白色圆圈，裙子"染"成白色。

师：现在呢？

生：白色的裙子。

教师领读一遍。教师点击ppt，出现大衣图片，点击蓝色圆圈，大衣"染"成蓝色。

师：这是——

生：蓝色的大衣。

教师领读一遍。教师点击ppt绿色圆圈，大衣"染"成绿色。

师：现在呢？

生：绿色的大衣。

教师领读一遍。看板书，齐读颜色词语。

教师领读示范：红色，红色的裙子，一条红色的裙子。蓝色，蓝色的大衣，一件蓝色的大衣。

操练1. 认读：提问六名学生按下面顺序朗读：红色，红色的裙子，一条红色的裙子，白色，白色的大衣，一件白色的大衣，蓝色，蓝色的裙子，一条蓝色的裙子，绿色，绿色的大衣，一件绿色的大衣，黄色，黄色的大衣，一件黄色的大衣，绿色，绿色的裙子，一条绿色的裙子。

操练2. 实物指认：教师快速指教室内的事物，学生用汉语马上说出名称：黄色的裙子，蓝色的大衣，白色的桌子，蓝色的椅子，红色的书，黄色的电话，绿色的门。

操练3. 看后说。

问题1: 衣柜里有什么?

第1步,ppt展示一个衣柜,柜门拉开,请同学们看衣柜里的衣服,五秒钟后,柜门关上。提问学生快速说出答案。

师:衣柜里有什么衣服?什么颜色?几条?几件?

第2步,ppt上柜门拉开,同学们看图齐说,修正答案:两条红色的裙子,一条黄色的裙子,一件蓝色的大衣,一件绿色的大衣。

问题2: 卡片上写着什么?

ppt闪现多张照片,学生用汉语快速说出:两件绿色的大衣,六个蓝色的沙发,三个白色的电话,五个黄色的篮球,四个红色的衣柜。

总结和归纳:提问六名学生,每人认读一句:两件绿色的大衣,六个蓝色的沙发,三个白色的电话,五个黄色的篮球,四个红色的衣柜,一条黄色的裙子。最后全班再齐读一遍。

可以看出,第二版设计在以下几个方面有了明显的改进:

1. 在导入时直接展示图片,字、音、义联系更为直接,简明而清晰。

2. 扩展时进一步简化了教师课堂用语以及步骤。

3. 操练1细化了学生认读步骤,按照扩展的顺序来认读。

4. 操练2指认教室内的实物,引导学生把头脑里学习过的词语对应到现实中,这是学会"用"的第一步。

5. 操练3增加了其他词语的扩展,教学内容更为全面、丰富。

6. 增加了纠音以及认读汉字的练习,多方面培养学生的语言技能。

但是,这一版设计中也存在着一些问题,比如,导入环节教师点指教室内颜色事物,其目的是帮助学生在心理上已经建立颜色词的音义联系,但是在讲授第一个和第二个生词时做就可以了,后面的每个生词导入都这样做,太过繁复了。此外,生词操练的内容过多,有的练习有些重复,教师需要考虑到教学效率,重复过多学生也容易产生疲劳感,适得其反。再有,"衣柜里有什么"这个练习作为针对五个颜色词语的操练,似乎并不十分合适。

　　针对上述问题，教师又经过了多次的集体讨论与个人反思的过程，确定了最终设计稿，看下面第三版的设计。

导入：PPT上逐一出现五种颜色的圆形图案，引导学生理解颜色词语。

1. 教师手指红色图案，并领读两遍"红色"，ppt上随之展示出该词的汉字和拼音。

2. 教师手指红色的书，提示学生理解词义，接着提问两名学生认读，然后齐读。

3. "白色"、"黄色"、"蓝色"、"绿色"的教学步骤同上。

小练习1. 快速认读：

ppt上快速闪现五种颜色图案，学生看后快速说出相对应的词语。随后，教师引出本课的扩展生词："颜色"，PPT上展示字、音，领读两遍。

小练习2. 看国旗，说颜色：

教师先拿一张中国国旗做示范，然后发放给学生每人一张国旗图片，学生两人一组快速说出国旗上面的颜色（国旗上的颜色不超过本课的五个颜色词语）。

　　导入部分，以五种颜色圆形图案与词语一一对应，尽量减少冗余信息干扰，同时每一个词语导入后，直接指认现实环境中的实物，这样做是为了最小化师生间的感知适配，不过多依赖于语言的解释，特别适合对词汇量很少的初级留学生的汉语教学。

　　学习生词的第一步要求是在学生心里快速强化音、义之间的联系，因此导入后，我们趁热打铁，设计了两个练习，用不同的方式帮助学生理解和记忆。第一个快速认读是一个机械性联系，目的是通过快速认读的方式强化在学生大脑中音义之间的对应关系。第二个练习先后设计了几种不同的方案，如用气球、衣服以及各种形状的图卡，最终选择了"看国旗说颜色"。这样设计的原因一方面是利用国旗上的多种颜色去巩固所学的颜色词语，这样的练习比上一步要更复杂，提高了一个台阶，符合循序渐进的规律；另一方面国旗是学生们熟悉的事物，负载着丰富的文化含义，这样的练习内容更丰富。如果学生正好拿到自己国家的国旗，则会很兴奋，即使不是自己国家的，也表现出浓厚的兴趣。这样不单纯的为了学习语言而学习，而是赋予学习有意义的现实内容，学习的效果会更好。

扩展:

1.PPT上依次出现五种颜色,学生快速说出对应的生词,ppt上随之出现该词的汉字及拼音。

2.PPT展示图片裙子,教师用鼠标点击白色圆圈,白色圆圈飞到裙子处,裙子染成白色,教师通过问答的方式扩展出短语:"白色的裙子"。领读两遍。

3.PPT上出现带圈的又字"的",教师领读两遍,引导学生初步理解"的"字结构的语义。

4.教师用鼠标点击红色圆圈,红色圆圈飞到裙子处,裙子染成红色,教师通过问答的方式扩展出短语:"红色的裙子"。领读两遍。

同样的教学步骤依次扩展出短语:"黄色的裙子"、"蓝色的大衣"、"绿色的大衣"。

操练:

1.教师引导学生齐读一遍刚刚练习过的这些"的"字短语。

2.教师按顺序拿出图卡:黄色的裙子、白色的裙子、红色的裙子、蓝色的大衣、绿色的大衣,先提问学生看图卡快速说出短语,然后把图卡贴在黑板上,以备后面的练习。

总结:在学习完本课的全部生词后。

1.教师点击鼠标,ppt上生词逐一出来,学生齐读。教师随机点指ppt上词语,提问三名学生快速认读。

2.教师有顺序地领读:裙子,一条裙子,大衣,一件大衣,穿裙子,没穿大衣,一条红色的裙子,一条白色的裙子,一件蓝色的大衣,一件绿色的大衣,黄色的裙子怎么样,黄色的裙子很好看。

何时练习、何时扩展是教师在设计时需要考虑的问题。所谓瓜熟蒂落,通过前边的小练习,学生充分掌握了词的音形义之后,这时再进行词语扩展,更符合认知规律。同时,扩展的时候注意要把前边几课学过的生词拿来用,既起到了复习巩固的作用,又提高了课堂效率。扩展后的操练实际上是对这一步教学的阶段性总结,而练习的时候将图卡贴到黑板上,则是为下一步的教学活动做准备。本课全部生词学习完,又设计了一个总结环节,采用齐读、提问、领读三种方式,而其中老师有序地领读正是为了帮助学生在头脑中确立词与词组的联系，在潜移默化中引导其理解并掌握学习汉语的正确方式。此外，"衣柜里有什么"这个操练被删除，挪到了后面针对语言点"的"的操练环节上，更加适合。

从上述分析可以看出，最终版的教学设计步骤上更加清晰，功能上更明确，更有针对性，同时注意到了有意义的学习，内容上增加了文化内涵，更为丰富。脑科学专家说：课堂上师生、生生脑同步性越强，学生在课堂参与度越高，学生的学习效率越好。本案例中，简单的五个颜色词，教师却选择了多种教学策略，设计了不同的练习，目的就是为了增加学生的参与度，提高学习效率。

当然这个教学案例的最终版也并非完美无缺，这个设计依然是以教师为主导的输入式教学，课堂的教学步骤完全靠教师的掌控，学生处于被调配的地位。虽然在教学设计上我们注意到以学生为中心，尽量发挥学生的主动性，但是离真正的"赋权给学生"还有一定差距。传统的教学方法追求课堂设计的丝丝入扣、行云流水，但是我们认为恰当的课堂留白，会给学生留出主动学习、思考的空间，因此是十分必要的。如何真正地"赋权给学生"？如何设计合理的课堂留白给学生自主消化新知识？这些都是值得日后我们深思和尝试的课题。

四、教师个体反思的有效途径

上述的案例体现了教师在课堂设计过程中的反思过程，对于初级水平的综合课教学，教师可以在如下几方面进行反思和改进。

1. 教师的课堂用语要锤炼，既要简练、清楚、准确，又要有变化。

2. 讲解要适度，充分利用导入及词语扩展等方式。

3. 步骤要清晰，每一步教哪些内容，采用什么样的方式都要合理设计。

4. 讲解和操练要合理结合，操练是讲解的巩固，也是下一步教学的必要台阶。

5. 练习的设计要与现实的元素结合，即设计有意义的练习。无论是词汇练习还是语法练习，最终都要落实在功能上——设计恰当的情境去操练。

6. 教学内容要注意复现学习过的知识，并巧妙地融进本节课的教学中。

7. 以教学效率为衡量教学设计的重要依据，以最佳教学效率为最终教学目标。

8. 课堂活动的设计要目标明确，材料齐备，步骤详尽，便于操作。

"教育情境是独特的、具体的、试探性的，处于不断变化之中，是特定人物在特定时空的产物，这种产物很难直接脱离时空环境移植到别的人或别的时空环境中。"[①]崔永华（2004）指出："提高教师的业务水平，根本的办法，是给教师提供进行或参与教学研究的条件。在教学任务繁重的情况下，只做一般号召不积极寻求出路，教师就摆脱不了'教书匠'的境地。"通过不断地深入反思自身工作中的收获与教训，教师才能得到理论上以及实践上的能力提升，才能构建教学实践者自身的教学理论体系。

教师的反思研究方法可以包括以下几种：教学日志（teaching journals）、课程教学报告（lesson report）、调查和问卷（survey and questionnaires）、课堂录音或录像（audio and video recordings）、行动研究（action research）。[②]其中，我认为教学日志是教师个体反思的一种很好的研究方式。教学日志是教师对其课堂教学情况的记录，比如记录课堂上发生的某个具体事例，或者是某个环节设计的执行效果，甚至记录课堂上教师突发灵感的临时调整，也可以记录自己某节课教学后的感受，反思自己本次课的得失以及由此引发的问题等等。把这些记录下来，一方面用于积累、总结，一方面也是方便自身去观察、评价和改进。这种日志可以是单人的，也可以是两人或者多人合作，其中两人合作相对容易实行，且在交流中互相观察、商讨，收获更大。但是撰写教学日志要注意科学性、合理性，事先要制定撰写教学日志的计划和规则，有一致的模式，同时注意要定期撰写、定期回顾，这样才更有效用。

总之，教师的反思可以帮助其梳理、明细自己的教学信念，及时地记录和评价自身的教学行为，同时督促其在最有效的时间内进行调节和改进等等，这是一种持久的积累、探索过程，是教师面对教学实践中出现的新问题时最方便、快捷的解决途径，能够帮助教师不断地"同化"和"顺

---

① 王添淼，《成为反思性实践者》，《语言教学与研究》（2010）第二期。

② 杰克·克罗夫特·理查兹，查尔斯·洛克哈特著，王添淼译（2017）《第二语言课堂的反思性教学》，北京语言大学出版社。

应"，最终形成具有自身特色的"教学风格"，促进其在职业生涯中不断进步和成熟。

参考文献

［1］崔永华（2004）教师行动研究和对外汉语教学，《世界汉语教学》第3期。

［2］杰克·克罗夫特·理查兹、查尔斯·洛克哈特著，王添淼译（2017）《第二语言课堂的反思性教学》，北京：北京语言大学出版社。

［3］库玛著，陶健敏译（2013）《超越教学法》，北京：北京大学出版社。

［4］国际汉语课堂教学研究课题组（2016）《国际汉语课堂教学参考案例》，北京：北京语言大学出版社。

［5］孙德坤（2008）教师认知研究与教师发展，《世界汉语教学》第3期。

［6］陶健敏（2007）Kumaravadivelu后方法语言教育理论述评，《语言教学与研究》第6期。

［7］王添淼（2010）成为反思性实践者，《语言教学与研究》第2期。

［8］王添淼（2015）国际汉语教师行动研究现状、问题与对策，《汉语学习》第10期。

留学生语段写作教学探索 [①]

宋　刚　张　鑫　曹志强

摘　要　在HSK（四级）与本科来华留学生预科教育结业考试的写作教学的基础上，我们逐步摸索出了一种植根于综合课教学、系统而又层递式的、师生互动式的写作教学模式，并运用到HSK（五级）的写作教学中，使预科教育的写作教学形成了从句子层面、句群层面到语段层面的相对完整的教学体系；与此同时，我们也将综合课中的语段写作教学与口语课的成段表达教学相互配合起来，互相促进。这样就充分满足了现阶段预科教育的客观需求。

关键词　汉语国际教育　预科生写作教学　语段写作

一、研究缘起

本研究所关注的来华预科留学生主要指文科类和经贸类预科生（简作CSC学生）以及获得孔子学院奖学金的南亚师资项目学生（简作HSK学生）。CSC学生必须通过本科来华留学生预科教育结业考试（简作CSC结业考试），其书面表达部分包括看图作文。HSK学生必须达到HSK与HSKK的特定等级。HSK（四级）书面表达部分包括看图写句等，HSK（五级）书面表达部分包括写短文等；再者，HSK学生的年度奖学金资格评审也将HSK考试成绩等因素纳入考察（孔子学院总部/国家汉办，2016）。另外，预科生的本科学习也对写作能力

───────────

①　本研究获得北京语言大学非实体研究机构支持计划项目"基于中介语语料的来华预科生基础语习得与教学研究（项目代码17XTS02）资助。特致谢意。另外，在本文酝酿与写作中，我们得到北京语言大学预科教育学院老师的支持与同学的配合，尤其是全向辉老师、谢梦莹老师、于俏老师等。在此一并致以诚挚的感谢。文章的观点及可能存在的错误概由本人负责。

提出了一定的要求。因此，虽然面临着时间非常有限、课程极其沉重、学生良莠不齐等各种不利因素，但针对预科生的写作教学仍然是预科教育中不可或缺的一部分。

事实上，写作教学一直是汉语国际教育的主要领域之一（李晓琪，2006；罗青松，2011；周红，2007、2016；祝秉耀，1984；朱湘燕，2007；等），有学者（王宇，2013；辛平，2009；张宝林，2009；等）对现有教学进行梳理，也有研究（陈贤纯，2003；杨俐，2004、2007；张笑难，2010；等）尝试探索适合不同层级来华留学生的不同写作教学方式，语段写作与语篇教学受到较多关注（陈福宝，1998；郭利霞，2009；张宝林，1999；等）。然而，针对预科生的写作教学研究还很有限（宋刚，2015；宋刚、李耘达，2016；等）。

在HSK（四级）与CSC结业考试的写作教学基础上，本研究将针对两种主要考试的预科生写作教学整合起来，进而延伸到HSK（五级）的写作教学中，这样写作教学就从句子层面、句群层面发展到语段层面，充分反映了因应预科生语言能力提高而对写作教学要求的客观变化。

二、预科生语段写作教学概述

2.1　HSK（五级）写作教学内容

本研究以HSK学生的HSK（五级）写作教学为例考察预科生的语段层面的写作教学，主要涉及书写部分的限词写作与看图写作，问题分别见例（1）和例（2）。

（1）请结合下列词语（要全部使用，顺序不分先后），写一篇80字左右的短文：元旦、放松、礼物、表演、善良（孔子学院总部/国家汉办，2015：85）

（2）请结合这张图片写一篇80字左右的短文。（图片略）（孔子学院总部/国家汉办，2015：85）

2.1.1　限词写作

"限词写作"主要考察学生运用写作方式记叙、说明或者议论某种对象或者某个事件的综合语言表达能力，学生要依据所提供的5个词展开合理的联想，自主设定某种特定的情境，并且围绕某个特定主题完成写作任务。以例（1）为例，题目所给的5个词语既可以以某个话题为中心串联起来，比如，以"元旦"一天的活动为话题展开写作；也可以以某个词语为中心串联起来，比如，以"表演"或"礼物"为中心串联其他词语同样可以形成一个故事。事实上，写作构思通常不会选择以时间名词"元旦"为核心展开，因为时间名词比较容易实现遣词造句，更多情况下是以某个动词或名词为核心展开。此外，就限词写作的写作任务来看，它在考察学生的话题选择、语篇组织等写作能力之外，也着重考察学生对词语的掌握能力。

2.1.2 看图写作

由于可以借助图片作为线索，"看图写作"相对而言较为容易；但学生只能通过仅有的一幅图片去捕捉其中的关键信息并展开构思与写作，因此，看清、看懂图片就非常重要。在对图片进行观察之后，学生首先要确定写作的主题，而主题的选择有一定自主性的，这一点是学生在考试准备与答题时最应该理解并利用的。之后，学生再借助自己所掌握的词语、语法、表达等展开相关的写作，写作的难易程度同样是可以自己掌控的。其实，"看图写作"在很大程度上受到学生的母语语言能力与写作能力的影响，词语的掌握同样是最基本的。

2.2 预科生写作能力的影响因素

预科生写作能力受教学对象与教学环境等方面的诸多制约。首先，母语影响是第二语言写作中无法回避的，因为成人第二语言学习者不管在语言上还是在认知上都不可避免地受到第一语言（很多情况下是母语）的影响（Ellis，1994等）。其次，二语写作要在对目的语的良好掌握的基础上进行，比如必要的基础词汇、核心的基础语法以及一定数量的常用表达方式等。再次，写作教学要承担起应试教学任务，培训学习者的基本写作能力，引导学习者养成良好的写作习惯，逐步促使学习者形成基本的写作意识，从而为学习者创造良好的写作学习环境。以语法教学为例来探讨语言要素教学与写作教学的相互关系，由于为期一年的预科教学通常并不开设专门的写作课，写作教学是融入综合课或者读写课等课程中的，因而，相关课程的教学将直接影响学生写作能力的提升；与此同时，相关课程教材的性质也会产生直接影响，因为预科生的基础汉语教学并没有真正开展语段写作教学，也就难以给学生打下良好的写作基础。

2.3 HSK（五级）写作教学认知

第二语言写作是言语输出行为，是学习者以目的语为媒介去完成一定的书面表达任务的过程。就写作内容而言，作为成年学习者，学习者可利用既有的语言知识、世界知识与成熟的认知能力去构建、组织拟表达的内容。就写作形式而言，学习者会遇到更多困难，除了语言形式之外，目的语的文化传统、社会心理等都会对写作产生一定的影响。Swain（1993）的输出假说认为，在教师引导下的、师生互动的合作学习能激发学生的自主学习意识，教师应该通过有意义的练习、更多关注句法、假设检验、获得各种反馈等方式促进学生对目标语言的习得。基于输出假说，我们从教学实践中探索出了适合HSK学生的基础汉语写作教学模式（宋刚，2015），旨在提升学生的HSK（四级）应考能力；并将这一写作教学方式应用于CSC学生的写作教学中，取得了初步的实践数据与应用成果（宋刚、李耘达，2016）。

从教学角度看，HSK（五级）的考试目标是要求学生扎实掌握汉语的基本词语并形成一定的语言交际能力。然而，这并非真正意义上的作文，或许称为语段写作更为合适，其核心更多的是针对词语使用进行的考察，也无可避免地牵涉到语篇组织与语义连贯。为此，我们探索HSK（五级）写作教学与HSKK（中级）口语教学互相协作、互相促进的语段写作教学模式。

三、预科生语段写作教学方法

为了满足不同水平预科生参加HSK（五级）的客观需求，我们采用不同方式来展开写作教学，既可根据教学对象的具体情况在不同教学阶段使用，也可将其中的若干方法在特定阶段同时运用。简而言之，教无定法，教有常规。

3.1 教学对象的基本情况

我们以北京语言大学预科教育学院2016-2017学年南亚师资项目学生为例考察HSK（五级）写作教学的教学对象、教学方法与教学性质等，为预科生的基础汉语写作教学探索一种更加高效而实用的教学模式。南亚师资项目学生是以"1+4"模式运作的，按照学习计划必须通过特定等级的HSK与HSKK才能获得继续在华学习本科专业的机会，因此，面向HSK的写作教学是不可或缺的重要部分。预科教育学院根据学生的不同语言水平制定了相应的HSK应试教学计划。要参加HSK（五级）的学生包括三种类型，即系统学习班、短期强化班与完全应试班（见表1）。

表1 不同类型的HSK（五级）学生的基本信息（部分）

班级类型	系统学习班	短期强化班	完全应试班
初始水平	HSKK初级，HSK二级	零起点	零起点
学习时段	2016年9月—2017年5月，约九个月	2017年3-5月，约两个半月	2017年5月20日-6月10日，三个星期
学生特征	学生来华前有一定汉语学习经历	HSK（四级）准备中的优秀生，学能较强	已经或很有把握通过HSK（四级）的学生，学习动机强
前期作文教学	前期无作文教学铺垫	前期无作文教学铺垫，未系统学习HSK五级词汇	前期无作文教学铺垫，未系统学习HSK五级词汇，准备考试时间很有限
五级教学方法	五级词语五级作文；口语课与综合课配合；大量练习+范文示范	四级词语五级作文；大量练习+范文示范	四级词语五级作文；大量练习+范文示范；话题模拟（押题）；作文评改要点讲解

3.2 五级词语五级作文

HSK（五级）写作教学基本上遵循如下环节进行：讲解题目——学生写作——老师只批不改——学生重写——老师批改——学生再重写，我们称之为"五级词语五级作文"。与此相对的写作教学方式是，对于HSK（五级）词语还有待学习的学生来说，可以采用四级词语五级作文的写作训练方式。本文分别介绍HSK（五级）的限词作文与看图作文的具体教学方式。

3.2.1 限词作文教学

就写作教学的具体环节而言，以限词作文例（3）的第一次写作教学为例，其教学讲解的环节请见表2。首先，在进行第一次"限词作文"写作之前，老师不给学生进行任何讲解和操练，只要学生呈现出一篇真实的甚至错误百出的作文。其次，老师拿到这些作文后只批不改，但是要找出学生的共同问题，比如，有的学生五个词都认识，可以组成一段话，但是没有逻辑；有的学生个别词不认识，觉得无法进行书写；还有的学生没有遵守书写格式的规范。其次，针对学生的具体写作情况，进行限词作文的教学讲解。最后，展开定期的、反复的限词作文的写作练习，其教学方法基本上保持上述环节。不过，作文教学的讲解部分在后续的每周练习中会根据具体的作文题目、学生情况等做有针对性的删减，着重针对所练习的作文帮助学生进行逻辑思维的整理，同时也适当兼顾写作中的语法问题、书写格式等的纠正。

（3）限词写作：以来、装修、卧室、想象、亮

表2　限词作文教学的主要环节

教学环节	具体操作
1	最基本的是分析五个词的词性，比如"装修、想象"是动词，"卧室"是名词，"亮"是形容词，而"以来"为副词。
2	关键是找出重点词，让学生试着找一找五个词中哪一个词在进行写作时是重点的词。比如，当学生说"以来"的时候，让他造一个句子，分析这个句子中重要的部分是什么，学生很容易发现在句子中副词"以来"并不是着重描述的部分。并且，可以再采用同样的方法去处理其他的词，这样学生很快会发现五个词中的重点词是动词"装修"或者名词"卧室"。这时要及时帮助学生进行总结——找出词语中的重点词。
3	借鉴英语教学中的5个W（即what、where、why、which）和一个H（即how）分别对五个词进行提问，从而找出作文的时间、地点、原因等基本要素。
4	用所给的每一个词写一个句子。
5	带着学生排列前面所写的五个句子，目的是帮助学生建立关于该事件或者论述的逻辑思维；与此同时，在排列句子的过程中自然地引入关联词的使用，比如"因为……所以……、虽然……但是……、先……然后……"等，以及结束句的使用，让行文更加连贯、流畅。
6	进一步规范写作的书写格式以及字数要求，可以提供相关的范文，请见例（4）。除了让学生清楚逻辑内容外，最重要的是讲解汉语作文的书写规范以及字数的控制，比如，每段开头要空出两格，标点符号的使用等，并且在之后的写作练习中反复强调，直到学生内化了这些规范。
7	展示优秀学生作文作为范文，请见例（5），也让学生自己在心里进行一下对比。
8	学生进行写作练习。比如老师发给学生有规定字数的作文纸，限时15分钟完成写作。
9	对学生第一次完成的作文进行批改后，在下次课时返还给学生；同时，再给学生有字数限定的作文纸让学生誊写一次。之后，老师收回保存，以待考试前给学生复习使用。

（4）我和丈夫结婚<u>以来</u>，一直住在一个小房子。今年我们终于买了大房子，所以我打算找一个装修队装修一下房子。<u>想象</u>着装修好的房子里有温暖的<u>卧室</u>和很<u>亮</u>的客厅，心里觉得特别幸福。（说明：这是限词作文范文，共81个汉字；其中，带有下划线的词语是题目所给出的指定词语。）

（5）我<u>一直以来</u>很忙，所以我请了一个装修队来装修我刚买的房子的<u>卧室</u>。我现在<u>想象</u>着我的新房子的样子，我想有大大的床、漂漂亮亮的桌椅和很<u>亮</u>的灯等等，美极了。<u>想象</u>着这些我很开心。（说明：这是学生撰写的优秀限词作文，共83个汉字。）

3.2.2　看图作文教学

就写作教学的具体环节而言，"看图作文"的教学方式同限词作文有很多相似之处，比如限词作文教学的第6–9个步骤都是必需的。就话题种类而言，看图作文通常可分三类，即人物类、实物类及标志类。我们以人物类看图作文为重点来分别介绍相关的教学方式。

（1）人物类看图作文是考试中最常出现的，也是练习的重点。其主要教学步骤见表3。

表3　人物类看图作文教学的主要环节

教学环节	具体操作
1	努力捕捉图片中的重点信息，确定主题，特别是除了"人物"以外的"道具"成分，比如人物手里拿的东西、脸上的表情等。
2	紧紧围绕确定的主题展开联想，也就是说，抓住关键成分"人物"去联想人物的样子、关系、语言、动作、心理等。请见图（1）。
3	围绕主题对展开合理想象，产出句子，将句子按照事件发展顺序进行排列，并且要在其间建立合理的逻辑关系；此外还要添加关联词，使文章完整顺畅。
4	赋予人物姓名、性格，着重强调写作时使用第一人称"我"或是第三人称"他、她、他们、她们"等。
5	结合所给出的图片主题，让学生根据上述环节进行口头练习。之后，老师给出范文，见例（6），让学生进行对比，从而找出自己的不足之处。
6	开展写作练习，也就是说，老师给出一幅图片，并限定15分钟，让学生在有字数限制的作文纸上进行写作。
7	对学生的作文进行批改；之后，在下次课时还给学生，并且再给学生有字数限定的作文纸，让学生誊写一次；最后，老师收回并保存，以待考试前给学生复习使用。

图（1）人物类看图作文示例图片

（6）今天在公司被经理批评了，我感到很委屈。我决定下班后去买衣服。正好我常去的那家商店正在打折，我给自己买了很多衣服，也给丈夫买了一套西服。虽然花了不少钱，可是我的心情好多了。（说明：这是人物类看图作文范文，共85个汉字。）

（2）实物类看图作文与人物类看图作文的不同之处是在图片中能捕捉到的信息比较少，但是比较容易找到关键成分。之后，根据关键成分发挥合理想象，自圆其说即可。具体教学步骤与人物类看图作文讲解相似，同样要根据所给的图片找到关键成分，抓住关键成分进行合理想象，产出句子，然后老师给出范文，让学生比对，接着开始写作的练习等。

（3）标志类看图作文是考试中出现频率较少的类型，但也出现过。标志类看图作文又可分两种小类，即指示类看图作文、禁止类看图作文。标志类看图作文不同于人物类和实物类根据关键成分进行想象，只要老师在讲解时帮学生建立框架即可，比如这个标志是什么，这个标志会出现在什么地方，这个标志的具体意义是什么，这样做有什么好处或后果。根据这些问题写出句子，并且按照问题的顺序进行排列，自然就组成了一篇文章。

3.3 口语课与综合课协同教学

HSK（五级）作文教学主要由综合课承担，而HSKK考试也有看图说话部分，二者虽在表达形式上存在差异，但在表达内容的前期准备、篇章组织等方面上应该有一定的相关性。因此，口语课与综合课可以互相协调，相互配合，通过在具体教学方法及操作细节上的精心设计，分别开展相关或相似主题的看图说话与看图作文教学，这样处于互补关系的两种教学就可以互相配合形成合力，从不同方面共同提升学习者的综合表达能力。

我们主要从教学要点与教学环节两方面展开说明。为适应口语考试的具体特点，教学主要突出两个方面。首先，教师要结合对图片的初步观察引导学生先把拟表达内容的基本框架设计完备。为了引导学生逐步掌握"怎么准备看图说话"，老师让学生按照下面表4所给出的提示填写自己想要表达的大概内容，从而初步完成表达内容的基本框架。

表4　针对讲述事件的表达内容的基本框架

表达内容		拟使用的词语或表运	拟使用的语法	学生应关注的要点
时间				
人物				样子、衣着、动作、表情、相互关系……
地点				天气、物品……
事件的过程	起因			
	经过			
	结果			
"我"的看法或评价				

其次，老师在表达内容的基本框架上进一步训练学生去仔细观察图片，并且要紧紧抓住相关细节展开表达。为了使学生的表达更加丰满，老师可以考虑通过若干个小问题逐步启发学生去观察、抓住与表现考题中图片的细节，尤其是有利于凸显图片主题的"亮点"内容，并且对相关部分进行重点训练。以讲述一个事件为例，见图2，具体教学包括的环节见表5。其中，启发性问题可以包括：第一，关于物品的；第二，关于人物的；第三，关于地点的。

图2　看图说话示例图片

表5　看图说话教学的主要环节

教学环节	具体操作
1	在图片观察与表达设计环节中，教师首先引导学生说说"应该从哪几个方面介绍图片"；然后给出以表格形式呈现的表达内容的基本框架，具体内容通常应该包括时间、人物、地点、事件以及个人的看法或评价等，其中的事件又包含起因、经过、结果等。
2	在表达的准备与组织环节中，按照表达内容的基本框架中所给出的若干方面，教师要求学生一起想拟使用的词语、表达或语法等；接着，教师再引导学生按照特定顺序把这些表达素材串联起来。学生可以把拟表达的内容写下来，大概在200~250个字，可以比HSK（五级）看图作文多一些。一般来说，表达顺序是事情的原因（时间、地点等背景信息）——事情的经过（含人物等）——事情的结果——个人看法或评价。
3	在说话的实施与反馈环节中，学生根据在教师带领下一起讨论而形成的表达内容的基本框架进一步进行整理，并准备录制大约两分半钟的口语录音；之后，教师进行适当的点评，比如纠正一些错误的用词和语法等。
4	在复习与巩固环节中，教师可再给出第二张图片，按照上文所述的教学环节引导学生观察、设计、组织、录制基于第二张图片的表达任务。但是，教师这次不再带领学生整理各引导环节的内容，而是直接准备录制录音。

3.4　大量练习与范文示范

在进行大量写作练习的同时，提供范文进行示范也是很必要的，这样的范文也可以阅读的形式呈现。此外，教授学生采用适当的应试策略去准备写作问题是很有必要的，并要确保学生能真正灵活运用应试方法。

四、预科生写作教学思考

4.1　预科生写作教学的性质

首先，预科生写作教学实践表明，它最突出的特征就是应试性，在一定程度上是填鸭式强制教学。它的教学内容与教学方法缺少系统性，具有很大的跳跃性，而非渐进式的正常写作教学。之所以如此，是基于以下几个方面的因素：第一，学生的写作基础不扎实，因为学生缺少完整的、系统的基本要素教学，比如，词语、语法、表达方式、语义逻辑表达习惯、语篇组织常用模式等。第二，学生不具备相关写作技能的积累，因为学生未接受过专门的写作基本技能训练，比如，对句、句群、段、短文以及语体的认知等。第三，学生对中国文化等了解不够，因为有限的预科学习时间不足以纳入更多的文化等的学习。

其次，预科生写作教学的近期目标是语段写作，是具有明确主旨的独立段落，能有逻辑地表达一个较为清晰的主题。在这种意义上，我们对二语写作的一种常见看法就有了新的认知（陈贤纯，2003；Flower and Hayes，1981）。该看法认为二语写作是用L2形式写L1的内容，主要是语言形式的转换而非内容转换。我们对此有一定的保留，更恰当的表述应为"用L2思想用L2材料写L2、L1相通的内容"。

基于输出假说（Swain，1993），我们从教学实践中探索出了适合HSK学生的基础汉语写作教学模式（宋刚，2015），旨在提升学生的HSK（四级）应考能力；并将这一写作教学方式应用于CSC学生的写作教学中，取得了初步的实践数据与应用成果（宋刚、李耘达，2016）；为此，我们进一步探索HSK（五级）写作教学与HSKK（中级）口语教学互相协作、互相促进的语段写作教学模式。

4.2　预科生写作教学模式

虽然预科生写作教学具有很强的应试特征，但是也应该建立自己独特的内在体系，要形成自己固有的写作教学模式，即将HSK与CSC两种类型的预科生写作教学融合起来。正是基于这一认识，我们在预科生基础汉语综合课教学中融入了句、段、短文等言语单位的写作教学，逐步摸索出了一种植根于综合课教学的、系统而又层递式的、师生互动式的写作教学模式。

首先，针对HSK（四级）的用指定词语看图写句问题，在夯实学生对句法成分与句子结构的基本认识的基础上，我们着重训练学生对词语搭配、扩展的掌握与对词性的判别（宋刚，2015）。其次，针对CSC结业考试的用指定词语看图作文问题，在强化学生对基本词汇与基础语法的熟练掌握的基础上，我们通过组合式写作教学重点突出对学生的内容选取与语篇组织的监控、引导和反馈（宋刚、李耘达，2016）。

最后，在既有的言语要素写作教学与良好的写作习惯养成、强化之后，我们尝试在写作内容上以话题为中心的、在写作形式上凸显过程监控的方式展开独立的语段写作教学。就教学内容而言，将写作课与口语课紧密结合，围绕若干话题并提供词语让学生去练习写作与表达，期间经过师生互动式的多次讨论、修改与演练，最终形成若干精炼而模式化的写作范文。就教学形式而言，在口语与写作的作文酝酿、形成与提升过程中，综合课老师与口语课老师要对学生的审题、头脑风暴、初稿撰写、反复修改与最终定稿等环节给予严密监控、即时指导与适当干预，以保证写作教学的有效性与科学性，并培养学生良好的写作方法与习惯；这一教学模式也契合了二语写作教学中书面反馈的相关研究成果（郭翠红、2008；何万贯、2007；朱娥、2016等）。

参考文献

［1］陈福宝（1998）对外汉语语段写作训练简论，《汉语学习》第6期。

［2］陈贤纯（2003）对外汉语教学写作课初探，《语言教学与研究》第5期。

［3］郭翠红（2008）国外二语学习者作文书面纠错性反馈研究，《解放军外国语学院学报》第1期。

［4］郭利霞（2009）20世纪80年代以来对外汉语语段教学研究综述，《华北电力大学学报（社会科学版）》第6期。

［5］何万贯（2007）第二写作过程研究，《现代外语》第4期。

［6］孔子学院总部/国家汉办（2015）《HSK考试大纲（五级）》，北京：人民教育出版社。

［7］孔子学院总部/国家汉办（2016）《孔子学院奖学金"南亚国家汉语师资项目"年度评审办法（试行）》（内部文件）。

［8］李晓琪主编（2006）《对外汉语阅读与写作教学研究》，北京：商务印书馆。

［9］罗青松（2011）对外汉语写作教学研究述评，《语言教学与研究》第3期。

［10］宋　刚（2015）面向输出的基础汉语写作教学模式，第12届对外汉语国际学术研讨会论文，北京第二外国语学院。

［11］宋　刚、李耘达（2016）基础汉语写作教学方法的新探索，《汉语国际教育学报》第一辑。

［12］王　宇（2013）关于对外汉语写作教学的反思，《首都师范大学学报（社会科学版）》增刊。

［13］辛　平（2009）对外汉语写作课教学的验证性研究，《云南师范大学学报（对外

汉语教学与研究版）》第2期。

［14］张宝林（1999）语段教学的回顾与展望，《语言教学与研究》第2期。

［15］张宝林（2009）"汉语写作入门"教学模式刍议，《语言教学与研究》第3期。

［16］杨　俐（2004）过程写作的实践与理论，《世界汉语教学》第1期。

［17］杨　俐（2007）《外国人汉语过程写作》的编写理念，《语言教学与研究》第6期。

［18］张笑难（2010）基于任务型模式的主题单元教学在对外汉语写作课中的实践，《内蒙古师范大学学报（教育科学版）》第3期。

［19］周　红（2007）第二语言写作教学理论研究动态，《云南师范大学学报（对外汉语教学与研究版）》第6期。

［20］周　红（2016）《语篇知识建构与对外汉语写作教学研究》，上海：上海人民出版社。

［21］祝秉耀（1984）浅谈写作课教学，《语言教学与研究》第1期。

［22］朱娥（2016）国内EFL写作教师书面反馈研究现状及启示，《北京第二外国语学院学报》第5期。

［23］朱湘燕（2007）对外汉语写作教学调查及研究，《现代语文》第6期。

［24］Ellis, Rod（1994）*The Study of Second Language Acquisition*. Oxford: Oxford University Press.

［25］Flower, Linda. & John R. Hayes（1981）A Cognitive Process Theory of Writing. *College Composition and Communication*. 32/4: 365-387.

［26］Swain, Merrill.（1993）The Output Hypothesis: Just Speaking and Writing Aren't Enough. *The Canadian Modern Language Review*. 50: 158-164.

任务型汉语第二课堂的设计与实践①

王 磊

摘 要 语言环境对第二语言学习至关重要。汉语第二课堂能够充分利用社会语言环境，为留学生提供真实的语言交际机会，从而强化课堂学习效果，提高汉语交际能力。但目前汉语第二课堂开展不力，存在形式单一、组织涣散、目的性差、学生参与面窄和缺少组织模式等问题。本文以问题为导向，将任务型教学法引入汉语第二课堂，讨论了二者的契合度，并以"北京胡同游"活动为案例，分析了任务型汉语第二课堂的组织程序和操作步骤。

关键词 任务型教学法 汉语第二课堂 契合度 活动案例

一、引言

语言环境对第二语言学习至关重要。留学生来到中国以后，接受每星期五天、多达20个小时左右的汉语强化训练。对他们来说，课堂内的汉语学习是掌握听说读写技能的主要途径，可以被称为汉语学习的第一课堂。然而，除了课堂环境，留学生在汉语社会环境中潜移默化地学会使用汉语进行交际也是很重要的语言习得途径，可以称为第二课堂。因此，来华留学生在学习汉语的过程中，得到第一课堂与第二课堂的共同训练，汉语学习效果受益于两个课堂的相互支撑与弥补。

正因如此，国内各类汉语教学机构在保证课堂教学计划顺利完成，教学目标得以实现的情况下，都会利用课余时间开展汉语第二课堂，组织留学生进行语言实践活动，以强化和提升学习效果。不过，"多年来我们对留学生汉

---

① 本成果受北京语言大学院级科研项目（中央高校基本科研业务专项资金资助），项目编号为18YJ080204。

语学习第二课堂的重视远远不够"。（李泉、柳茜，2017：40-50）总体来说，目前汉语第二课堂存在较为突出的五大问题：（1）形式单一。第二课堂的语言实践大都局限于参观名胜古迹和游览旅游景点等出游活动，范围相对狭窄，没能充分利用留学生身处目的语环境的天然优势。（2）目的性不强。第二课堂大多以"玩乐"为宗旨，缺少对活动目的，尤其是对学生如何运用汉语来做事的考虑，只要活动安全、顺利就算大功告成，学生的获得感较差。（3）组织涣散。第二课堂的一般做法是把学生带到目的地，讲好返回时的集合时间和地点，以自由活动为主。因此，学生们常常是三五成群地四处闲逛，同胞之间说母语，同伴之间说英语是很常见的现象。另外，老师很少陪在学生身边随时提供语言帮助，更没有老师引导学生主动运用汉语就所见所闻进行思考和交流。（4）缺少组织模式。第二课堂活动很少纳入教学计划，欠缺统筹设计，没有得到教学管理者和教师足够的重视，未能开发出具有可操作性和可推广性的组织模式。（5）学生参与积极性不高。第二课堂活动多为一学期一次，且以短途游玩为主，活动开展之时，学生们不是已经自行参观过了，就是因为与其他安排相冲突，不能参加，由此导致参与度普遍较低。

本文试图以问题为导向，力争解决目前汉语第二课堂存在的现实问题，将任务型语言教学（task-based language teaching）引入汉语第二课堂，讨论二者的契合度，并在此基础上以一次活动案例来具体阐释任务型汉语第二课堂的组织方法与实施过程，分析第二课堂活动所取得的实践效果。

二、任务型教学法及其与汉语第二课堂的契合度

任务型教学法（task-based language teaching）是在20世纪80年代真正兴起来的，其理论依据主要来自语言习得研究的发展。对于"任务"，学者们从不同角度给出了不同的定义。不过，各家定义当中都有一个突出的共同点：任务涉及语言的实际应用。因此，任务型教学法要求学生在教师的指导下，通过感知、体验、实践、参与和合作等方式在用中学，在做中学。它着重强调学生在运用目的语完成任务的过程中学会并掌握语言，并逐渐达到准确、熟练、灵活使用语言的目的。

从教学实施的具体过程来看，Willis（1996：52-62）将任务型教学的课

堂活动分为三个阶段。第一个是任务前阶段（pre-task），一般是先由老师介绍当次学习单元的主题，然后学生在老师的组织下进行相关活动；第二个是任务环阶段（task cycle），学生一对一或分成小组实施并完成活动及其任务；最后是语言焦点阶段（language focus），老师引导学生共同梳理任务中一些特殊的语言形式，并有针对性地做些练习，以准确掌握该语言形式。

　　通过分析任务型教学法的特点及操作程序，我们认为它与汉语第二课堂的指导思想和实践目标相一致。首先，Willis（1996：23-24）总结出了语言学习的四个基本条件：第一要有语言环境，有大量的、真实的语言输入（exposure）；第二要有使用语言的机会（use），要能够使用语言做事情、交换信息；第三要有使用语言的动机（motivation）；第四要有理想的教学条件（instruction）。其中，语言环境和使用语言的机会排在前两位，说明二者对于语言学习十分关键。反观汉语第二课堂，它给予留学生的正好是广阔的汉语世界和丰富的汉语输入以及大量的使用汉语的机会，从而提供了优越的语言学习条件。留学生在第二课堂中会接触汉语生活中真实的人和事，会遇到问题，需要讨论协商、寻求帮助、交流意见、表达愿望、达成一致，最终解决问题，这将促使留学生主动开口，并在使用语言解决问题的过程中提升学习的成就感，进而激发学习热情，使学习进入良性循环。

　　其次，任务型教学以任务为驱动，学生通过参与并完成任务来实现对目标语言的习得和掌握，而课堂教学中的任务大多是在模拟真实的语言环境中运用语言进行的交际活动，教师的一项重要工作就是设计出合适的任务活动。反观汉语第二课堂，学生就是在真实的语言环境中进行实践活动，使用汉语参与小组讨论与协商，开展对汉语社群的问询和调查，加强与老师的沟通交流，深入地了解其所感兴趣的事物，对此加以描述并发表看法。在这一过程中，教师的首要工作就是明确活动目的，并据此设计相应的环节和内容，而任务式活动是最符合目标导向的实践活动要求的组织形式。在任务的引导下，最大限度地激发学生在活动过程中的学习动机和表达欲望，从而强化参与活动的目标感，避免盲目地走马观花，进而提高汉语的综合运用能力。

　　第三，任务型教学强调在用中学、在做中学，围绕任务开展语言应用。反观第二课堂，它的组织目标就是打破汉语学习的时空限制，提供更多的语言实践机会，让学生运用语言真实地做事，并在这一过程中强化学习效果。第二课堂中开展任务式的实践活动，有利于学生综合地运用学过的语言，在交流中学会交际，在交际中逐步构建其对汉语的认识和理解。与此同时，学生在活动中进行交际，会把注意力集中在意义表达上，以完成任务为最终的目标，从而大幅度地降低了表达时的心理压力。在这样的状态下，学生说起话来更放松、更自然，可以创造性地使用汉语。这能够增加汉语第二课堂的吸引力，有助于解决学生参与积极性不高的问题。

最后，任务型教学所设计的任务是有弹性的，它可以从课堂环境延伸到社会环境，从虚拟情境转换到真实情境。反观第二课堂，利用真实的社会语言环境创设真实的交际任务，拓展课堂教学的应用性，这是它最突出的优势。以任务型教学法为理论指导的第二课堂能够使其与课堂教学有机结合起来，形成所学即可用的链条，达到理想的教学效果。在第二课堂的组织实施中，教师在尽量与课堂教学相联系的前提下，有计划地安排"i+1"的任务，让学生在完成任务的过程中运用汉语进行理解、交际，从而帮助学生更好地习得汉语。同时，将课堂教学中的重要语言知识以任务形式布置给学生，让他们在第二课堂以活动需要为目标加以练习，因为容易看到成果，体验成功，也能看到自身的不足之处，所以有利于激发学生的学习动机，还可以让学生在解决实际困难中学习甚至掌握语言。这能够帮助解决第二课堂的盲目性和随意性的问题。

综上所述，任务型教学法的理论主张和组织形式与第二课堂的开展目标和实践特点十分契合，将任务型教学法引入汉语第二课堂，能够使第二课堂的开展有先进教学理念的支持，增强语言实践活动的科学性，提升实施效果。同时，任务型教学法与第二课堂的结合有利于其理论优势的发挥，可以拓宽教学理论的应用范围，强化教学理论的指导意义，促进教学理论的创新。因此，任务型汉语第二课堂是理论与实践的紧密结合，能够更好地发挥其对课堂教学的增益作用，满足学生"想说、能说"的强烈需求。

三、任务型汉语第二课堂的案例分析

前文讨论了目前汉语第二课堂所存在的问题，介绍了任务型教学法的特点，并分析了其与汉语第二课堂的超高契合度。但是到底如何自然、巧妙地将任务型教学法引入第二课堂的具体实践中来，并且达到理想的实施效果，仍然是一个急需解决的现实问题。在此，我们将解析真实的第二课堂案例"北京胡同游"，阐述如何在任务型教学法的指导下设计、组织和实施实践活动，并从这一案例中梳理出任务型第二课堂的组织程序和环节安排，以期构建出具有先进教学理念指导的新型操作模式。

汉语第二课堂"北京胡同游"语言实践活动的安排基于课堂教学的内容。《成功之路·冲刺篇》（邱军主编，2008）是高级汉语进修生的综合课教材，其中有一篇根据郁达夫的散文《北平的四季》改编的课文。文中介绍了北平人寒冬中的生活状态：家人齐聚温暖的四合院正房里喝酒、吃羊肉火锅、谈天说地。课文内容涉及四合院的建筑特点和民居文化。学完这篇课文，留学生非常希望走进现实中的北京胡同，了解四合院，感受北京城的变化与发展。因此，我们开展了以"北京胡同游"为主题的任务型第二课堂，组织学生参观老北京典型的四合院——梅兰芳纪念馆，游览纪念馆附近的胡同，体验后海休闲生活。希望通过这一活动，帮助学生加深对胡同和四合院的认识，并提高运用汉语进行真实交际的能力。

"北京胡同游"语言实践活动的基本流程分为出游前（任务前）、游览中（实施任务）和游览后（任务后）等三个主要的阶段。具体操作办法如下：

（一）出游前——前任务阶段。这个阶段即为任务实施之前的准备阶段，我们又将其分为两个子阶段。（1）信息准备阶段。学生四人一组，小组的任务是通过上网查找、与中国朋友交谈、去图书馆借阅图书等方式收集有关胡同、四合院、后海酒吧街和京剧以及梅兰芳的资料，可以是文字类的、图片类的，也可以是视频类的。资料收集完毕以后，小组成员集体整理和归纳，并在活动开始的前一天，向班级同学介绍相关信息。通过小组的发言与展示，同学们对即将参观和游览的地方有所了解，从而为参与活动奠定信息基础。（2）语言知识准备阶段。学生学习有关四合院的一些词语"花厅、影壁、回廊、倒座、正房、厢房"等，并理解比喻的修辞方法，为本次活动储备相关的语言知识，减少语言障碍。教师要尽量通过具体的情景协助学生掌握这些语言知识的意义和用法，并且使它们成为记忆模块储存在学生的头脑当中，为实际运用提供支持。

（二）游览中——任务实施阶段。这个阶段即为从出发到参观结束的整个过程，学生从老师、纪念馆讲解员和当地居民那里获得完成任务所必需的信息。我们将整个参观活动分为四个步骤来进行：

（1）任务呈现。在出发前集合时，我们将事先设计好的"胡同游报告"发给学生，让他们对任务有比较清楚的了解，从而带着问题、带着任务去参观。该"胡同游报告"包括三个大的部分：第一部分需要学生记录一些出游的基本情况，诸如"本次参观的目的地是什么地方""与你同游的有什么人""出游的交通工具是什么"等等，引导学生从整体上把握本次活动；第二部分是一些需要学生简单回答的问题，诸如"四合院的基本构成包括哪些建筑""四合院的最大特点是什么""为什么四合院是最适合北京的民居建筑""北京胡同经历了哪些变迁""哪里给你留下了最深的印象，为什么"等，内容涉及参观游览的具体信息，促使学生在游览过程中通过小组讨论、师生互动、与当地居民的交流等方式来获取所需信息，并形成个人见解和认识；第三部分是习作练习，学生可以介绍一处他们最感兴趣的景物，也可以发表参加此次活动的感想。前一个描述性强，后一个议论性强。习作的目的是为了让学生通过与同伴、老师、讲解员、当代居民甚至一些小商小贩的交流来进一步加深对北京古城的认识和理解，构建他们自己的知识结构，同时提高汉语交际能力。

（2）参观典型的北京四合院——梅兰芳纪念馆。学生先跟着讲解员参观四合院的倒座、影壁、正房、厢房及耳房等，听取讲解员的介绍，了解北京四合院的格局、各房的功用以及各房所处位置的缘由等等；然后开始小组活动，各小组就感兴趣的内容进行讨论，交流思想，并细致地参观纪念馆内的陈设；最后老师进入到每个小组中与学生互动，学生可以与老师交换意见，可以向老师提出疑问，老师也会引导学生对四合院的民居特色和社会历史成因等进行深入思考。

（3）胡同游。游览路线为：烟袋斜街——后海酒吧街——钟鼓楼。老师充当导游的角色，介绍北京胡同的历史、名字的由来、胡同的变迁以及政府对胡同的保护工作等等，为学生完成任务提供必要的信息，同时增加汉语输入。游览过程中，学生仍然以小组为单位行动，小组成员可以根据感兴趣的话题相互交流，与老师对话，也可以和当地的居民交流，以获得完成最终任务的信息。

（4）小组讨论。游览结束后，回来的路上，各小组针对活动任务，特别是习作练习进行交流和讨论。每个学生都要详细描述某一印象深刻的景物，表达此次出游的感想，最后还要对活动作出总结和评价。小组交流后，确定习作练习的主题，每个学生为完成任务提供信息，并做好记录。

（三）游览后——后任务阶段。各小组通过交流讨论，完成并修订"胡同游报告"，最后上交报告。老师在阅读小组报告时对其中的语言错误等进行摘录，并在课堂教学中加以分析，重点练习，达到熟练掌握的目的。同时，老师及时地对小组报告进行反馈和评价，小组派代表向全班同学做口头报告。学生在得到了大量语言输入以后，做出适当的语言输出，提高语言运用能力。此时，老师对口头报告进行评估，并做出相应的奖励，以提高学生的参与热情。最终回归课堂，教师引导学生对《北平的四季》这一课进行自学和小组学习。

以上是一次将任务型教学法引入汉语第二课堂的具体实践。通过此次尝试，我们发现：带着任务去参加课外活动，活动本身的目的性和组织性得以加强，而且学生参与的目标更加明确，动机更强，思维更加活跃，精力更加集中，对所见所闻的思考也更加深入。因此，我们认为任务型汉语第二课堂更能发挥其作为课堂教学有益补充的作用。

四、结语

第二课堂是汉语课堂教学的有益补充，它能够为学生提供真实的语言环境和大量使用汉语的机会，有助于学生提高运用汉语进行交际的能力。因此，汉语第二课堂有其存在的必要性。但是，当前的汉语第二课堂组织不力。我们试图将任务型教学法引入汉语第二课堂，探索具有理论支撑的第二课堂组织模式，以期最大限度地发挥课外语言实践活动的作用。

本文分析了任务型参观游览活动的实施程序，并以实际案例描述了具体的组织流程和方法。然而，汉语第二课堂的活动远不止于此，诸如猜词竞赛、情景表演、汉语角、小型话剧和长途语言实践等都是具有不同活动目标的组织形式。我们需要从理论和实践相结合的角度，不断挖掘第二课堂的积极作用，使之与汉语课堂教学相得益彰，提升教与学的效果。

参考文献

[1] 龚亚夫、罗少茜（2003）《任务型语言教学》，北京：人民教育出版社。

[2] 桂诗春（1996）《应用语言学与中国英语教学》，山东：山东教育出版社。

[3] 李　泉、柳　茜（2017）留学生第二课堂：地方普通话和当地方言学习——基于常态汉语环境的对外汉语教学总体设计，《语言教学与研究》第3期。

[4] 邱军主编（2008）《成功之路·冲刺篇》，北京：北京语言大学出版社。

[5] 张丕业（1999）试谈"真正使用"在英语教学中的作用，《学术交流》第2期。

[6] Krashen. S.（1985）*Language Acquisition and Language* Education. California: Alemany Press.

[7] Nunan, D.（1989）*Designing Tasks for a Communicative Classroom*.Cambridge: Cambridge University Press.

[8] Willis, J.（1996）A framework for task-based learning. Harlow: Longman Addison-Wesley.

基于促学评价理论的高级汉语写作课程设计 ①

于 淼

摘 要 写作课对培养留学生的第二语言写作能力有重要作用，然而目前的相关研究较少。本文依据促学评价理论，以教学大纲的要求和解决学生写作中存在的问题为教学目标，重新设计了高级汉语写作课程，按照"第一周讲解——第二周讨论——第三周评议"的教学模式进行，每三周完成一个学习任务。通过对该课程实施方案的探讨，为高级汉语写作课提供一种新的教学思路。

关键词 高级汉语写作 促学评价 反馈 教学内容 教学模式

一、引言

写作课作为汉语国际教育的有机组成部分，对于培养留学生"写"的能力有着重要的作用。目前学者对综合课、听力课、口语课等课型的关注比较多，较少关注写作课的教学，关于高级汉语写作课的研究更是寥寥无几，仅有的研究集中在写作偏误分析（傅赢等，2013；黄弋桓，2015；张颖，2016）、教材编写（郑园园，2011）、教学思路设计（杨理沛，2018）和教师教学行动（莫丹，2018）等方面。由于缺乏相关研究，写作课已成为教学中的薄弱环节。

传统的写作课教学模式是：（1）教师讲解写作知识和范文；（2）教师命题，学生写作；（3）教师批改，提供反馈；（4）学生修改，完善作文。在这种教学模式下，教师会花费大量的时间和精力去批改学生的作文，提供反馈

① 本成果受北京语言大学院级科研项目（中央高校基本科研业务专项资金资助），项目编号为17YJ080213。

信息。我们在教学中发现，教师的付出很大效果却不甚理想，学生的进步并不明显，甚至在作文中不断重复相同的错误。经过深入调查和分析，我们发现以下原因：

一是教学机制还不够完善。教师没有明确指出学生根据反馈修改的必要性，导致学生对教师的反馈重视程度不够，对评改后的作文做出反应的随意性较大。有的学生还认为反馈是终结性的，收到反馈后，阶段性的学习就结束了，因此对反馈置之不理。

二是反馈由教师完成，学生被动接受反馈。师生间交流的缺乏，不但影响了教师对学生表达意图的理解，学生也不能完全明白教师的意见，很大程度上影响了反馈的效果。

三是缺乏指导学生利用反馈的培训。教师主要讲解教学内容，没有教给学生如何利用教师给出的分数、评价、提示等反馈信息，了解教师的评价标准和期待表现，进而对作文进行修改。

由此可见，影响写作课教学效果的一个关键环节是作文评改，提高作文评改的有效性有利于提高学生的写作水平。本文将从作文评改的角度，以"促学评价"理论为指导，重新构建高级汉语写作课程的教学内容、教学结构和教学模式，以期为写作课提供一种新的教学思路。

二、理论基础

过去30年，教学评价从总结性测试（summative testing）发展到形成性评价（formative assessment），从对学习的评价（assessment of learning）发展到促学性评价（assessment for learning）（王同顺等，2018）。"促学评价"一词最早由Harry Black（1986）提出，指的是教师注重利用评价信息改善教学，后来理论重点转移到师生合作完成评价，以提高学习效果。

促学评价主要由监控（monitoring）与支架（scaffolding）构成。前者依靠反馈实践和自我监控行为来检测学习者的学习现状并跟踪其发展进程，而后者基于明确的目标和标准、有效的课堂提问及教师的反馈和建议，帮助学习者发现自己的不足，了解提高的途径（Heitink，2016）。

为了有效促进师生间多向多维的反馈，Nicol等人（2006）提出了七个原则：（1）明确期待表现的标准；（2）培养学习者的自评能力；（3）为学习者提供高质量的学能情况信息；（4）鼓励师生和生生对话；（5）激发学习者的学习动力和自我意识；（6）提供机会缩短学习者当下表现和期待表现之间的差距；（7）利用反馈促进教师矫正教学。

Lee（2007）将此七原则应用在写作课上，提出六点促学反馈原则：（1）评价有预见性，学生能够了解其写作的优缺点以及在内容、组织结构、语言等方面的修改方向；（2）教师将学习信息准确地传递给学生，明确期待表现，培养学生了解教、学、评之间的关系；（3）学生能够有机会利用教师的反馈提高写作水平，缩短当下表现和预期表现之间的差距；（4）在学习过程中，学生要提高主动性，积极参与互动、自评和师生对话等；（5）教学能够激发学生的写作信心和动力；（6）教师利用反馈提高教学质量。

基于以上理论，我们认为开展高级汉语写作教学时，为避免传统反馈模式的弊端，应该注意以下五个方面：

（1）系统性。教师建立有效的系统机制，将作文评改作为一个重要的中间环节，贯穿整个教学过程。教师要求学生收到反馈后，不能将反馈看作终结性的评断，而是通过"反馈——修改——再反馈——再修改"的循环过程，对作文不断修改、完善。同时，教师也要参与到评改过程中，督促学生认真修改作文，并为学生提供帮助，使其准确理解反馈信息。

（2）一致性。教师建立评价的标准，使教学的各个环节都通过评价标准紧密地联系起来。课前教师按照标准准备教学内容和教学重点；课上教师帮助学生学习标准，了解努力的方向和目标；课后教师和学生遵照标准，在同一标尺上对作文进行评价。

（3）多维性。师生间的反馈是对话性质的、多元的信息获取过程，既要有教师对学生的点评，也要有学生间的互评，还要有学生反思后的自评。学生根据反馈对作文进行修改，教师通过反馈了解学生的学习情况，进一步矫正教学。

（4）促进性。教师应激发学生的主观能动性，促使学生积极地参与到评价和修改的活动中，并在此过程中学习、反思，巩固自身的语言知识，提高写作水平。

（5）保障性。教师不应追求学生完成作文的数量而忽略了质量，应给予学生充分的时间，使其能够反复修改作文，最终达到满意的程度。修改后的高质量作文不仅能使学生看到自己的进步，增强自信心，同时也培养了学生自我修改的写作习惯。

三、课程设计

3.1 教学目标

根据《高等学校外国留学生汉语教学大纲》（2007）中的描述，高级写作课程的教学目标是学习者能够正确运用标点，用词恰当，语句通顺，条理清楚，句式有较为复杂的变化，能较充分地表达自己的思想感情，能够撰写一般性文体的文章（如记叙文、应用文、实习报告等）。

我们在教学实践中发现，高级阶段的学生在写作过程中，在以下方面还存在问题：

（1）格式方面，如标题和段落的起始位置错误，标点符号误用等问题。

（2）文体方面，如调查报告、新闻报道的组成部分缺失等问题。

（3）词汇方面，如词语搭配错误，语体使用混乱等问题。

（4）语法方面，如句子成分残缺，句式杂糅等问题。

（5）表达方面，如逻辑混乱，连贯性差，表达直白等问题。

（6）内容方面，如内容松散，表意不清等问题。

结合大纲标准和学生当下水平，我们将教学目标设定为：

（1）掌握汉语写作的篇章格式，标点符号的使用等。

（2）掌握本课程所教授的所有文体，包括结构、特点、写作注意事项等。

（3）提高语言水平，包括正确使用汉字、词语、语法等。

（4）提高表达水平，包括逻辑、连贯、修辞等。

3.2 教学内容

我院高级汉语写作课为2学分的选修课，每周2课时，授课时间为16周，所用教材是北京大学出版社李增吉主编的《高级汉语写作教程（上）》，涵盖小传、消息、通讯、调查报告、游记、说明文、故事等七种文体的学习内容。

综合考虑教学目标、教学时间和教学模式等方面，我们对课程进行了重新设计，具体内容见下表1所示：

表1　高级写作课的内容设计

任务	写作体裁	周	课堂安排	教学重点
1	小传	1	课程介绍、小传内容讲解	格式规范 线索（明线与暗线）
		2	写作技巧讲练，写作与讨论	
		3	课堂评议	
2	游记	4	游记内容讲解	修辞手法 过渡、衔接
		5	写作技巧讲练，写作与讨论	
		6	课堂评议	
3	消息	7	消息内容讲解	详略得当 照应、呼应
		8	写作技巧讲练，写作与讨论	
		9	课堂评议	
4	调查报告	10	调查报告内容讲解	调查方法 逻辑论证
		11	写作技巧讲练，写作与讨论	
5	读后感	12	读后感内容讲解	概括技能 主观评论
		13	读书分享会	
6	故事	14	故事内容讲解	记叙要素 人物描写
		15	写作技巧讲练，写作与讨论	
		16	课堂评议	

3.2.1 教学内容的选择

从上表可以看出，我们删去教材中通讯和说明文两种文体，加入一种新文体——读后感。因为通讯与消息体裁相似，说明文的写作难度高于学生现有水平。我们认为阅读是写作的基础，高级汉语水平的学习者已经具备阅读中文原著的能力，因此学期初我们要求学生选择并阅读一部中国现当代作家的作品，学期结束前读完并在读书分享会上报告。为使学生的报告更加规范，我们增加了读后感这一体裁。

调整学习内容后，各文体的写作周期得到适当延长，能够保证学生的写作时间和写作效果。

3.2.2　教学顺序的安排

学生学习各种体裁的顺序并不完全依照教材，而是按照难易度和可写性安排的，具体原因详见下表2。

表2　教学顺序及原因

教学顺序	学习体裁	原因
1	小传	写自己或者熟悉的人的事迹，与学生的生活最为贴近，难度较低。
2	游记	出行见闻也是学生比较熟悉的主题，而且秋季学期国庆假期之后完成游记，学生有机会积累写作素材。
3	调查报告	我院安排学生在高级（下）的学期外出一周进行教学实践，因此本学期我们只讲解调查报告的写作知识，与学生讨论并确定调查主题、调查内容和调查方法等研究提纲，不要求学生完成调查报告。
4	消息	此时学校举行国际文化节、校园歌手大赛等大型活动，我院外出实践的学生也已回校，学生可以选择一个事件完成报道。
5	读后感	临近期末，学生即将完成文学作品的阅读，教师讲解读后感的写法，帮助学生回忆阅读内容，梳理阅读感受，完成读书报告。
6	故事	学生读完文学作品后，有强烈的创作欲望，此时教师因势利导，讲解故事的写作方法和技巧，提高学生写故事的水平。

3.2.3　教学重点的安排

教学重点的安排与教学目标和体裁特点相契合，不同的教学时间和教学内容，教师安排的教学重点不同，如学习第一种文体——小传时，教师明确写作规范，包括篇章格式的安排和标点符号的使用等，讲练与小传文体相关的写作技巧——文章的线索，使学生能够使用明线和暗线将文章的内容串联起来。

3.3 教学模式

除调查报告和读后感以外，其他四种文体的教学模式相同，教师每三周（三次课）完成一种文体的教学，按照"第一周讲解——第二周写作——第三周评议"的设计进行：

（1）第一周讲解：教师讲解体裁的定义、分类、特点、结构、写作原则、方法以及注意事项等内容，分析范文，明确评价标准，设定学习目标，布置写作任务，解答学生问题。学生聆听教师的讲解，学习体裁知识和写作范式，研读范文，将感性认识和理性认识结合，掌握评价标准，解决自己的疑惑。第一周课后，学生完成写作提纲，并将提纲交给教师。

（2）第二周写作：教师课上利用第一课时讲解写作技巧（即表1中的教学重点），学生通过一定的练习掌握相关内容。教师利用第二课时与每位学生面对面讨论写作提纲，学生向教师说明写作思路和意图，教师给予学生反馈意见。第二周课后，学生根据反馈意见完成初稿，并将初稿交给教师。

（3）第三周评议：教师先在课堂上总评全班的写作情况，并以一篇学生习作为例，与学生一起进行作文评改，在此过程中，教师进一步明确评价标准，并启发学生如何评价、修改和反思。示范后，教师根据学生的性别、学习需求、汉语水平、写作水平和写作内容等，将学生分组，每三人组成一个互读互评小组。每组学生在课上研读小组成员的作文，并进行互评互改。第三周课后，学生把自己的修改稿交给同组同学评改，多次修改后形成定稿，并完成自我反思报告，交给教师。教师的反馈贯穿在课堂中和课堂外，课上积极参与学生的小组讨论，引导学生更有效地沟通与合作；课后教师进入学生的微信小组群中，关注并鼓励学生进行课后的评改与互助。

下表3以游记这一单元的安排为例，对该教学模式进行具体说明。

表3　游记单元的教学安排

时间		教师任务	学生任务
第一周	课中	教师讲解游记，分析范文1和范文2 教学内容提纲 定义：记述游览经历的文章，包括旅游经历、见闻或感受 分类：记叙型、抒情型、写景型、说理型 原则：真实性、审美性、知识性 结构： 开头——写出行前的内容，交代游览的原因、时间、地点、人物等背景，以及心情或景点的总体特点等 中间——写出行中的内容，介绍景点、美食、社会、文化、历史等 结尾——写出行后的内容，表达感情、看法、希望等 题目：地点式、时间地点式、描写式等 注意：不要写成流水账、攻略、导游说明书	聆听讲解 研读范文 了解任务 明确标准 解决疑惑
	课后	助教督促学生完成作文提纲，收集学生提纲 助教将收集好的提纲发送给教师 教师批改学生的提纲	完成作文提纲： 游览地： 开头：包括时间、人物、旅行缘由…… 顺序：时间/空间/逻辑 主题： 景物：包括切入点、详略安排、特点 知识： 感悟：
第二周	课中	第1课时：讲练修辞手法、过渡和衔接 内容1：比喻、拟人、夸张、排比、引用 练习1：朗读句子，判断所使用的修辞方法 内容2：衔接与过渡的时机与方法 练习2：阅读例文，找到起衔接作用的词语和句子 第2课时：一对一讨论写作提纲	学习两种写作技巧 完成写作技巧的练习 向教师说明写作提纲，如意图、思路、亮点等 与教师讨论写作的可行性，得到反馈意见
	课后	助教督促学生完成初稿，收集学生初稿 助教将收集好的初稿发送给教师 教师完成初稿的评阅工作	根据反馈完成初稿
第三周	课中	全班写作情况总结：完成率、优点、问题 学生习作评改示范：评价标准、亮点、问题、修改方式 教师和助教参与到学生的小组互评互改中	三人一组，每人先研读另外两人的文章，然后开始讨论，每篇作文讨论25分钟。 按照评价标准，讨论出每篇作文的亮点和问题等，并提出修改意见
	课后	教师和助教参与到学生的小组讨论群中 教师和助教抽查学生的交流成果（修改稿） 助教督促学生完成定稿和反思报告 助教将收集好的定稿和反思报告发送给教师 教师完成定稿的评阅和反思报告的阅读等工作	学生将修改稿按照A给B，B给C，C给A的方式发给同组同学互评 小组成员在文档中进行修订和意见标注 小组成员在微信群中交流、讨论 学生多次修改后完成定稿 学生完成自我反思报告

四、结语

在传统的写作教学中，教师投入多而学生收获少，原因之一是学生利用教师评改的效率不高，因此我们从克服传统教学反馈模式的弊端出发，以促学评价理论为依据，重新构建了高级汉语写作课程。教学实践证明，大多数学生对新的教学内容和教学方式持肯定态度，积极参与到互评互改的活动中去，能够有效地利用反馈信息，使自己在写作上获得了较大进步，建立了写作自信，同时也培养了良好的写作习惯。

参考文献

［1］傅　赢、金　伟（2013）高级阶段留学生汉语写作偏误分析及教学建议，《辽宁教育》第19期。

［2］国家对外汉语教学领导小组办公室（2007）《高等学校外国留学生汉语教学大纲：长期进修》，北京：北京语言大学出版社。

［3］黄弋桓（2015）高级阶段贝宁留学生汉语写作偏误分析——以《高级写作I》课程试卷为例，《黑龙江教育学院学报》第5期。

［4］李增吉主编（2006）《高级汉语写作教程（上）》，北京：北京大学出版社。

［5］王同顺、朱晓彤、许莹莹（2018）促学性评价对中国大学英语学习者学习动机及写作能力的影响研究，《外语研究》第3期。

［6］杨理沛（2018）高级阶段对外汉语写作课教学思路榷谈，《写作》第2期。

［7］张　颖（2016）高级阶段留学生写作偏误研究，《齐齐哈尔师范高等专科学校学报》第3期。

［8］郑园园（2011）对外汉语高级写作教材编写及教法研究——以《发展汉语——高级汉语写作》为例，《牡丹江教育学院学报》第6期。

［9］Black, H.(1986). Assessment for learning. In D. L. Nuttall (Ed.), Assessing Educational Achievement. London: Falmer Press. 7-18.

［10］Heitink, M. C. , Van, d. K. F. M. , Veldkamp, B. P. , Schildkamp, K. , & Kippers, W. B. . (2016). A systematic review of prerequisites for implementing assessment for learning in classroom practice. Educational Research Review, 17, 50-62.

［11］Lee, I. . (2007). Feedback in hong kong secondary writing classrooms: assessment for learning or assessment of learning?. Assessing Writing, 12(3), 0-198.

［12］Nicol, D. J. , & Macfarlane-Dick, D. . (2006). Formative assessment and self-regulated learning: a model and seven principles of good feedback practice. Studies in Higher Education, 31(2), 199-218.

汉语言本体研究

汉语表不确定态度的话语标记"听说"

胡开心

摘　要　通过描写共时层面上"听说"的共存语义，辅以历时层面上"听说"的形成过程和机制，指出现代汉语中的"听说"已经具备了话语标记的功能，其功能是在给叙述者之后的命题附加一个叙述者对其所述命题真值性不确定的信息，表明叙述者对其之后的言论持有一个不确定的态度，其交互主观性在不同句类中表现不一。

关键词　话语标记　词汇化　不确定态度　交互性　"听说"

在汉语中，"听说"这一形式最初是一个动词性的短语，经过词汇化之后成为一个动词，最后发展为话语标记。本文主要分析"听说"作为话语标记的功能及其形成机制。

一、共时语料中"听说"的多义性

在现代汉语层面，"听说"实际是个多义形式，既有动词短语的用法，也有动词的用法（语义上有可以用"听"代替的，有可以用"听到"代替的，有可以用"知道"代替的，有可以用"听人说"代替的。）其中一些位于句首的"听说"已经发展出了话语标记的功能。下面我们就根据在实际语料来考察"听说"的具体语义。

1.1　动词短语

在现代汉语语料中，"听说"可以是兼语短语，其后往往是小句，也可以是动词性的并列短语，表示"听说的能力"。如：

（1）老师对学生说："［听说］能力有待提高。"

此时句中的"听说"是一个并列式的名词短语，做定语修饰"能力"。"听"和"说"都是名词，表示"听力"和"说话"这两个语言能力，是"听力""说话"的简写形式。

（2）路过警察岗位，只［听说］："会办怎么现在才回去！"

此时句中位置的"听说"是一个省略了承前省略的兼语"那个警察"的兼语结构短语，小句谓语"听"与小句副词"只"的语义联系比与小句谓语"说"的更为紧密。"听""说"都是动词，"听"表示"听见""听到"的行为义，"说"表示"说话"的言语义。这一类兼语结构的"听说"正在经历词汇化的证据，下文历时分析部分会有论证，我们暂且用"听……说"代表"听说"的这一分布类型。

1.2 动词

在现代汉语语料中，动词"听说"可以在句中表示"听""听到""知道"语义，句内往往存在较为明显的主语，其前常常伴随着否定副词"没"，其后常常伴随着结构助词"了""过"或者是小句。如：

（3）他回道："［听说］了。"
（4）一些钢铁企业［听说］后，纷至沓来，签订订货合同，并对产品提出了改进意见。
（5）他回道："［听说］过，可是没见过！"
（6）"我也是下午才在警察署［听说］的。"
（7）我一［听说］是老保险干的事儿，扭转身便去找老保险。

此时句中位置的谓语"听说"是一个动词，表示"听到"/"知道"的行为义。由"听"和"说"语义并列的语素合成的词"听说"语义已经发生了偏移，成为了偏义复合词："说"的语义逐渐虚化，成为"听"的双音节化附着物，其本身"说话"的语义也引申出了双音节词"说话"。此时，"听说"后可以存在助词"了""过"，它是一个典型的动词。

（8）只要［听说］谁家有病畜，他开起"嘉陵"就赶到。

（9）没有［听说］有人主张执法要"矫枉过正"的。

（10）一位老人［听说］年轻人喜欢铁人时，高声说"中国有救了"！

此时句中位置的谓语"听说"是一个动词，表示"听到"／"知道"的行为义。动词"听说"后的宾语可以是小句、短语、词，"听说"是一个及物动词。

（11）他是日本京都精华大学漫画学部教授，这个职务曾引起了我的兴趣，因为在我国还没［听说］有专门培养漫画人才的学校，其他国家也很少［听说］。

此时表示"听到""知道"行为义的"听说"在句中作谓语，其分布位置也由句中位置也可以延伸到了句尾位置。

（12）魏征郑重地回答："我［听说］，把水淘干了捕鱼，不是得不到鱼，但明年恐怕就不会有鱼了；把森林砍光了猎兽，不是打不到野兽，但明年就无兽可猎了。"

此时句中谓语"听说"是一个动词，表示"听人说"的语义。"听""说"皆是表示动词语义的语素，其中的"人"是一个泛指的存在。此时"听说"后面的断言的出处是模糊的，可以是来源于某一个人，可以来源于某一本书。如果"听说"前的主语"我"省略的话，"听人说"的语义可以直接用"据说"代替，小句谓语"听说"也可以理解为小句的状语。我们可以看到，"我听说"整个在句中是作为插入语存在的，整体可以被省略，而不会影响命题的真值。

（13）这个会［听说］将不利于你，然而你是主席，不得不宣告开会。

（14）这样求符的事，［听说］还有一位。

此时句中位置的状语"听说"是一个动词，表示"听人说"/"据说"的语义。"听""说"皆是表示动词语义的语素，其中的"人"是一个泛指的存在。状语"听说"一是说话者为了提醒听话者有这么一件事情，其次是为了提醒听话者这件事情的真实性还需要听话者去判别，作为说话者的一方不保证这件事情绝对得如他所言，他也只是"听人说"的。

（15）慧觉曾埋头搅着面问他："叔，［听说］你家人手也少？"

（16）"你是不是［听说］我们家要雇保姆才来的？"

（17）"［听说］你想在咱大廖家府打码头？"

我们可以看到，动词"听说"可以存在于疑问句领域中，其语义依旧涵盖了"听人说""知道""听到"，其能够充当的语法成分依旧涵盖了谓语、状语。

1.3 话语标记

（18）他出国了，［听说］。

（19）二爹的儿子，［听说］，会写字，提拔他一下吧。

（20）他说着，又提高声音宣布："再报告大家一个好消息吧，［听说］，谷县长要到天门区蹲点，说不定还会到咱们芳草地来看看。"

（21）那个老匪军又说："［听说］，副司令为了这件事，还把大队长叫去给了几个耳刮子。"

（22）［听说］，他在朝廷里是越来越红了。

（23）［听说］，很早很早以前，有一座宝山，要啥有啥。

此时，动词"听说"是一个话语标记，表达"听人说"语义，几乎没有任何概念意义，只能通过语境暗示或者映射到它们之上的约定性意义才能理解，并不增加话语标记的命题内容，也不改变话语的真值条件意义，在形式上省略与否也不影响句子的完整性，只起组织话语信息、构筑话语结构、体现发话者态度的功能性的作用。话语标记"听说"传达出了叙述者对于其即将陈述的命题的真值条件真假的不确定的态度，而后续的命题可能已经发生/未发生，是一个被陈述的事件。"听说"具备回答、解释、话语提示、话语引导等功能，常位于句首，并用逗号与其后部分相分隔。

（24）王三奶奶又说："［听说］，孙天福也要当赤脚医生？"

（25）月讲评后的一天上午，指导员找到我，他先盯着我一会儿，像重新发现我似地笑着说："小杜，［听说］，你还会画画？"

此时，话语标记"听说"是一个动词，表达"听人说"语义，其在疑问句中发起一个新的话题。话语标记"听说"遵循着礼貌原则，疑问时表达出礼貌与尊重，质疑时可以缓冲语气，促使话语双方就新抛出来的话题进行一番讨论，问答继续。

（26）［听说］，前方打的不太强啊！

（27）人家知道机密事儿，［听说］，她男人要参军，她死活拉着不让去！

此时，话语标记"听说"是一个动词，表达"听人说"语义。相较于陈述句中的话语标记"听说"，感叹句中的话语标记"听说"除了具备话语提示、话语引导功能外，还具备了言者移情的话语功能。"听人说"的语义本身指"听X说"，"X"起初应该是一个具体、有指的人，一般可以在上下文中找寻得到"X"；之后"X"逐渐地泛化、虚化、甚至可以突破"人"这一属性领域，如："听人说""听书上说"，其出处已经不可考据；然后，由于"不可考据"义的真实性未知的属性与猜测的属性接近，"听X说"衍生出些许叙述者的猜测意味。语义的发展促使了话语标记"听说"可以存在于陈述句、疑问句、感叹句范围中。

我们对现代汉语中"听说"的分布进行了一个统计，如表1：

表1　"听说"现代汉语位置—功能—语义分布共时考察

位置	功能成分	语类			
		并列短语	兼语短语	动词3	动词2
句尾	话语标记				听人说
句中	谓语	听力和说话	听……说	听到、知道	
	定语				
	状语				听人说
	话语标记				听人说
句首	谓语			听到、知道	
	状语				听人说
	话语标记				听人说

就非话语标记"听说"在句中的具体位置而言，我们会发现它的范围可以在以下几个位置：陈述句中的句中位置、句首位置，疑问句中的句中位置、句首位置。这个位置的可选范围无疑让我们发现了"听说"的管辖领域可以是句内，也可以是句外。这一点为非话语标记"听说"发展为话语标记做好了充分的铺垫。而作为话语标记的"听说"的存在则是更加灵活，句首位置、句中位置、句尾位置都可以看得见它的存在。

从共时的平面来看，"听说"的绝大多数情况是作谓语，其次是做状语，再次是做话语标记，而动词短语式的"听说"作谓语应该是古代汉语的一 种历史遗留。

二、话语标记"听说"的出现场合

话语标记"听说"通常出现在对话或者叙述文当中，表达出叙述者或者说话者对其之后的命题的真实性的不确定态度，其交互性功能在不同的句法位置中存在差异。

在叙述文当中，处于句首位置的话语标记"听说"通常可以提醒读者要开始一个新的话题的叙述，而这个言语行为可以是"解释"，也可以是简单的引起读者的注意，如"听说，很早很早以前，有一座宝山，要啥有啥。"处于句中位置的话语标记"听说"未在此次的语料中考察到。处于句尾位置的话语标记"听说"则更加偏向于叙述者对其刚刚叙述完的事情补充一个个人不确定的态度，告诉读者先前这一段的真实性不可考据，可能是道听途说，也可能是叙述者个人的揣理猜测，以求读者阅读后自行进行思考。

对话当中的话语标记"听说"情况得分问句和答句。在问句中，句首位置的话语标记"听说"的说话者猜测意味较为浓重，提起一个新的话题，向听话者求证其猜测的真实性；句中位置的话语标记"听说"常常是说话者先喊了听话者，再接着说"听说"，最后再做出"提问"的言语行为，此时"听说"与句首位置的话语标记"听说"功能非常相似；句尾位置的话语标记"听说"可以提醒听话者说话者的问题的真实性来源可能是不可靠的。在答句中，句首位置的话语标记"听说"可以提醒听话者对于说话者的答案说话者本身也是不确定的，但是出于会话礼貌原则，说话者应该给出一个听话人认为其能够给出的答案。句中位置、句尾位置的话语标记"听说"的功能与问句中相同。

话语标记"听说"很少在书面语当中使用，"听说"的话语标记功能在书面语中可以找到其他实现手段，比如说可以用"听闻"这个词代替。

三、"听说"的历时发展考察

考察"听说"的历时发展过程，可以更好地验证我们从"听说"的共时多义中得出的推测："听说"是从短语词汇化为动词，又从普通动词语法化发展为话语标记的。

3.1 春秋战国

"听说"这一形式的字符串最早见于春秋战国的《吕氏春秋》，其早期形式基本是句中位置做谓语的动宾短语，"听"是动词，"说"是名词，语义是"辨别言论"。

（28）故有以聪明听说，则妄说者止；无以聪明［听说］，则尧、桀无别矣。

（29）凡人亦必有所习其心，然后能［听说］。

3.2 汉朝

"听说"这一形式在汉朝的《淮南子》中发展为动词，表达"品评"语义，多位于句中位置做谓语。

（30）孔子曰："夫以人之所不能［听说］人，譬以大牢享野兽，以《九韶》乐飞鸟也。"

3.3 隋唐五代

"听说"这一形式在隋唐五代的《敦煌变文》中存在在句中位置做谓语的动宾短语，"听"为动词，"说"为名词，语义是"听得进原先的话"；也存在在句中位置做谓语的动词，表达"聆听"语义；也存在在句中位置做状语的动词，表达"听人说"语义。

（31）新妇闻婆此语，泣泪交流，复愿阿婆听说，不喜由绪。
（32）同于佛会之中，［听说］报恩经典。
（33）子胥答曰：「余亦不是仵茄之子，亦不是避难逃人，［听说］途之行李。

"听说"这一形式在隋唐五代的《入唐求法》中做句中位置的谓语，表达"听到"语义。

（34）远座主［听说］南岳大师生日本弘法之事极喜。

3.4 宋朝

"听说"这一并列短语形式在宋朝的《全宋词》中有在句中位置做谓语的例子，"听"是动词，"说"也是动词，表达"赏析讨论"语义；也有在句首位置做状语的例子，表达"听人说"语义。

（35）酒边［听说］剑，歌舞升平，方许君为赤松友。

（36）［听说］古时月，皎洁胜今时。

"听说"这一形式在宋朝的《话本》中存在在句中位置做谓语的用例，表达"听X说"语义，"X"可以从上下文中较为明显地推理得出。《东坡文集》中亦有此使用语料。

（37）涂巷小儿［听说］三国语。

（38）郡王［听说］，便道："耐这两个做出这事来！"

3.5 元明清时期

"听说"这一形式在元明时期存在不构成独立语法成分的情况，"听"为动词，"说"也为动词，只是"说"常常与其后的词形成独立语法成分，"听说"之间构成兼语结构或者连动结构。

（39）"你且去阁子背后，［听说］什么。"

（40）八戒［听说］道："罢了，罢了，我们只当转些时回去罢！"

"听说"这一形式在元明时期存在在句中位置做谓语的动词，表达"讨论""听到""听X说""听人说"等语义；也存在在句首位置做状语的动词，表达"听人说"语义；也存在在句中位置做定语的动词，表达"听说的"语义。

（41）死后是非谁管得，满村［听说］蔡中郎。

（42）玉楼道："我这里听大师父说笑话儿哩，等［听说］了笑话儿咱去"。

（43）宜生［听说］："有如此事，数日就有变更！"

（44）平章［听说］女儿成了个色精，一发恼激。

（45）［听说］世上男贪女爱，谓之风情。

（46）谁知这些［听说］的人道是隔府的东西，他不过无心问及，不以为意。

"听说"这一形式在清朝时延续了元明时期的用法，衍生出在句尾位置做谓语的形容词用法，表达"听话的"语义。

（47）只听他一面走一面说道："你们这般孩子也忒不［听说］！"

我们对字符串"听说"的历时演变的形式、语义情况按照库藏的方式进行了简单的罗列，见表2。我们可以从中看出"听说"的演变机制。

表2　字符串"听说"非现代汉语位置—功能—语义演变历时考察

朝代	位置	语法成分	语类					
			并列短语	动宾短语	兼语短语	动词1	动词2	动词3
春秋战国	句尾	谓语		处理政事、辨别是非				
汉	句尾	谓语						评价
隋唐	句尾	谓语		认同原话				知道聆听
	句中	谓语						
	句首	状语					听人说	
宋	句中	谓语	赏析谈论、听听说说			听X说		
	句首	状语					听人说	知道谈论听
元明	句中	谓语			听X说（道）	听X说	听人说	
		定语					听说的	
	句首	状语					听人说	听话

续表

朝代	位置	语法成分	语类					
			并列短语	动宾短语	兼语短语	动词1	动词2	动词3
清	句尾	谓语						听
	句中	谓语		听教导	听X说（道）		听人说	
		主语						
		状语					听人说	
	句首	状语					听人说	

表2中并未将现代汉语中的话语标记的分布纳入。我们可以看到，"听说"的词汇化是存在零形式的词汇化，"听说"本是出现在"听……说"这个结构中（这可以看作是一个兼语结构），"听"和"说"之间有一个零形式。"听说"由于经常连用，其中隐含的X由定指到不定指，意义虚化，致使"听说"逐渐发生了词汇化。"听说"在经历词汇化形成独立的词之后，逐渐地发展成话语标记。

我们认为"听说"具体的语义演变机制应该是双线并行的。第一条是来源于"A听A说"语义结构的"辨别言论"语义，发展为"听……说"，后产生引申语义"讨论"；第二条来源于"A听B说"语义结构的"聆听"语义，发展为"听……说"，进一步泛化为"听人说"，以及具体的引申语义"听、听到、知道"。"听人说"语义则存在两种形式，一是动词，二是来源于动词的话语标记。

四、结论

像汉语中的其他一些话语标记一样，"听说"也是词汇化的结果。其源头是动词性短语，从动词性短语化为动词，然后又进一步变为话语标记。当"听说"变为话语标记之后，就从句子的主要结构成分变为一个句子结构之外的引导性成分，可以删除而不影响命题意义，其位置也可以比较灵活，文本作者可根据自己的主观表达意图，把"听说"置于陈述的前后，附加叙述者对命题真实性的不确定的态度，以唤起听话者/读者的注意。

参考文献

［1］董秀芳（2011）《词汇化：汉语双音词的衍生和发展》，北京：商务印书馆。

［2］董秀芳（2007）汉语书面语中的话语标记"只见"，《南开语言学刊》第2期。

［3］董秀芳（2007）词汇化与话语标记的形成，《世界汉语教学》第1期。

［4］董秀芳（2008）来源于完整小句的话语标记"我告诉你"，《语言科学》第9卷第3期。

［5］李宗江（2010）关于话语标记来源研究的两点看法——从"我说"类话语标记的来源说起，《世界汉语教学》第24卷第2期。

［6］李思旭（2012）从词汇话、语法化看话语标记的形成——兼谈话语标记的来源问题，《世界汉语教学》第26卷第3期。

［7］朱德熙（1982）《语法讲义》，北京：商务印书馆。

P 为已然事实的"如果 p，就 q"句式考察

李　宏

摘　要　"如果p，就q"是表示假设关系的复句句式，一般p所表述的内容是与事实相反或是现在不确定的事情，但是也有p表述已然事实的现象。对于这种现象，截至目前，研究者都只是用例证附加理论解释的方法说明该现象的存在，并没有做过全面的考察和研究。本文通过对实际语料的考察，对p表述已然事实的情况进行了比较全面的观察和梳理，揭示了该类句式的一些特点，并指出该句式虽然受到主观视点的引导，但主要还是受到客观实际的制约。

关键词　假设复句　已然事实　主观视点　客观实际　确定性

一、引言

现代汉语中的"如果p，就q"句式是典型的假设复句。"如果p，就q"句式中的p表示假设的条件，可称为假设分句；q表示由p推导出来的结果，可称为结果分句。关联词"如果"是主要形式标记，"就"是辅助形式标记。"如果p，就q"句式使用频率很高，在书面语和口语中都有广泛的应用。该句式的一个重要特征是虚拟性，即假设分句表示虚拟的条件。一般假设分句所说的事项要么是与事实相反的事项，要么是现在不确定的事项，未来是否可能发生，现在不确定。从语义逻辑上来说，假设分句不能是已然事实。但是根据邢福义（1991）等的考察研究，已然事实也能进入假设分句。

本文拟对"如果p，就q"句式中假设分句是已然事实的情况进行考察。

二、以往的研究和问题的提出

对各种复句的研究，一直是语法研究的重点，其中对假设复句的研究，更是吸引了众多研究者的关注，取得了丰硕的成果。马建忠在《马氏文通》中就提到语言中的假设关系："拟议设想者，皆以言事之未定，而或假设其事以观其效之有无或理之向背也。……言效者，则假设之读乃其效之因也。"黎锦熙（1924）说："假设句，即假定的原因句或是本来确定的因果律，或是虚拟的条件，或是推想的预言，乃至浪漫的假想，都可用假设的语气表出来，成为一个从句"。吕叔湘（1958）指出："普通说到'条件'都是指可能实现的事情，未知的，且多说是未来的，要是明明和已知的事实相反，就只说是假设。"20世纪80年代以前的研究，大多把假设复句和条件复句放在一起论说，研究的深度和广度都还不够。80年代以后，研究逐渐走向细化，研究者大都把假设复句和条件复句分开论说。黄伯荣（1978）在《现代汉语》中对假设复句的定义是："偏句提出假设，正句表示假设实现后所产生的结果。假设关系分一致关系和相背关系两类。"邢福义（1991）将假设句描述为："以假设为根据推断某种结果，跟推断句相比较，这类复句不是以事实作为推论的前提，而是以某种假设即某种虚拟性原因作为推断的原因。"并指出，"所谓假设，实际上是一种待实现的原因。"进入21世纪以来，对假设复句的研究成果就更多了，如徐阳春对该句式的考察，以及一批硕博论文，从不同的视角或运用不同的理论进行研究，使研究的深度和广度都有了很大的提高。丰硕的研究成果让人们对该句式的形式、本质、特征、语用等方面的认识更加全面，更加深入。

在众多对"如果p，就q"句式及相关句式的研究中，邢福义的研究最具代表性，影响也最大，他的很多观点已经成为学界的共识。

按照目前学界的共识，"如果p，就q"句式在语义方面的一个重要特征是虚拟性。这种虚拟性表现为，出现在假设分句中的事项，通常有两种情况：一种是与事实相反的假设情形，例如：

（1）如果我是你的话，就会找面镜子仔细照一照。（宗源《长胡子的那一天》）

事实是我不是你，说"我是你"是一种假设的情况。

另一种是现在不确定的情况或未知的情况。例如：

（2）如果你不在乎是否流行，可以购买那些颜色不太时兴的珍珠。（沈剑涵《深渊之宝》）

（3）如果明天有时间，我还想去颐和园看看。（庄则栋《我的涉外婚姻》）

例（2），你在乎还是不在乎，说话人是不确定的。例（3），明天是否有时间，现在是未知的。这两种情况，都是虚拟的情况。

那么，该句式的假设分句处，能否出现已然的事实呢？从逻辑上来说，既然该句式格式是标明虚拟语义关系的，当然不能出现已然的事实。但是按照邢福义（1991）及后来研究者的考察（如徐阳春，2001），已然事实也是可以进入该句式的假设分句部分的。

邢福义举出三种例子：

第一，承实推断。

（4）甲：他去吗？
　　　乙：他不去。
　　　甲：哎呀，如果他不去，事情就不好办了。

第二，假言对照。

（5）如果说瞿塘峡像一道闸门，那么巫峡简直像江上一条迂回曲折的画廊。

第三，假言铺垫。

（6）如果我没有认错的话，您就是著名记者陆琴方同志。

邢福义通过对多种复句格式的实例考察，指出复句格式存在着格式标明的语义关系与客观实际不符的现象，并提出主观视点理论来解释这种现象，认为"复句语义关系具有二重性：既反映客观实际，又反映主观视点。客观实际和主观视点有时重合，有时则不完全等同，而不管二者是否等同，在对复句格式的选用中，起主导作用的是主观视点。"

邢福义的主观视点理论具有重要意义。李宇明（2001）指出："邢先生所讲的主观视点，已经深入到说话人语言使用的心理、旨趣和关照点，这种主观视点的主导作用，不仅适用于复句，而且也适用于所有语言现象，具有普遍的理论意义。"宋晖（2015）从词汇、语法、语用等诸方面论述了主观视点理论的意义。

诚然，主观视点理论对解释很多语言现象有很好的解释力，然而，具体到"如果p，就q"句式上来，按照邢福义运用主观视点理论对该句式的解释，很容易让人觉得，已然事实进入该句式是自由的，是不受任何客观限制的。说话人在使用该句式时，是否将已然事实运用其中，完全取决于其主观视点。我们认为，这可能与语言事实不符。无论是邢福义，还是后来的研究者，对于已然事实能够进入"如果p，就q"句式的解释，都只是采用例证式说明并加以理论解释或语用解释（如徐阳春，2001），没有做过深入全面的考察和分析。因此，目前对这种现象在实际语言中的使用情况、使用时是否受到限制、受到何种限制、句式性质是什么等，都还认识不足。

有鉴于此，我们认为，对此类句式进行进一步的考察和研究是很有必要的，由此可以更全面地看清"如果p，就q"句式的全貌。

三、考察过程和结果

本文采取抽样调查法来进行考察。

该句式有一些同义句式，主要有如下几种情况：1. "如果"的近义词如"要是、假如、如若、倘若"等，这些词可以代替"如果"；2. 假设分句后还可以加上助词"的话"；3. 在语义明确的情况下，关联词"如果"或"就"可以省略；4. 在一定的语境下假设分句可以后置；5. 在特殊语境下结果分句可以省略。这些同义句式，句子的语体色彩、语用效果等会有变化，但假设推理的核心意义不变，因此，本文把这些同义句式看作是"如果p，就q"这一典型句式的变体，不单独进行考察。也就是说，本文只考察带有主要形式标志"如果"标记的句式。

我们利用北京大学CCL语料库和人民日报图文数据库，从口语对话、文学艺术、社会科学、网络资料、报刊类语料中随机抽取了1000条带有"如果"标志的"如果p，就q"句式的复句作为考察样本（辅助标志"就"是否存在均可），从中人工找出假设分句表示已然事实的复句，进行分析统计。

确认p为已然事实的方法主要是根据前后文语义关系，并用形式辅助验证，看去掉"如果"，即取消虚拟标志后，语义关系是不是发生了变化。我们从抽取到的1000条"如果p，就q"句式中，分离出p为已然事实的复句27例。对这27例进行分类，共分出六类（前三类沿袭邢福义的分类）：

第一类：承实推断。这里所说的"实"即表示已然事实。根据"实"的信息来源，承实推断类句子又可以分为以下三种情况：

第一种："实"是从交际对方得到的信息，例如：

（7）洋人：你们这些中国狗，婊子养的！你们管这叫音乐？

大勇：如果你们不喜欢我们的音乐，回你们自己的舱里去。（严歌苓《扶桑》）

第二种，"实"是根据情景推断出来的信息，比如：

（8）他看到她双手捂住了胃部，她的身体十分有趣地扭曲起来，有一丝鲜血从她嘴角慢慢溢出。森林妻子这时候开始哇哇乱叫了，沙子耳中响起了一家工厂的所有声音，这声音使他不堪忍受。于是他就对她说，如果难受的话，就把胃里的老鼠药吐出来。（余华《难逃劫数》）

第三种，"实"是事先已知的观点和看法类信息，例如：

（9）谢继昌之所以将家产的性质以儿子的成年与否为界进行划分，就是源于家庭财产权的主体问题。表面上看，儿子的成年与否（在传统中国社会，主要以是否娶妻生子为标志）是儿子是否有资格拥有个人财产的标志，但如果这样认为，个人便成为了家庭财产的主体，于是马上又陷入了自相矛盾，因为谢继昌仍然认为家庭在儿子成年之后是"法人团体"。（高永平《中国传统财产继承背后的文化逻辑家系主义》）

这类句子，P所表述的事情都可以说是一种已然事实，但是这些已然事实在说话人看来，存在着某种不确定性。第一种情况是从交际对方得到的信息，其可信性存在变数；第二种情况是根据情景推断出来的信息，其准确性存在变数；第三种情况是说话人事先已知的观点和看法类信息，观点和看法是可变的，因此可以说在稳定性方面存在变数。

第二类：假言对照，即"如果说……"类句式，例如：

（10）如果说元初作家们创作道教戏曲带有对社会不合理现象的批判倾向，那么元末明初以来的道教戏曲，则更多的是从修行的境界上来表现道教的宗旨。（卿希泰《中国道教》）

关于这一类句式，邢福义（1991）认为，"在'如果p，就q'中对照两种事实，以p证q。"，即认为"如果"后面表述的是一种事实。他举出下面的例子来说明：

（11）如果说进到天山这里还像是秋天，那么再往里走就像是春天了。（碧野《天山景物记》）

我们认为，这类句子里"如果说"中的"说"虽然已经有形式化的迹象，但是并未完全虚化，是有实际意义的。其意义就是说明后文所说的内容是说话人的一种看法或感受。因此这里的"说"可以换成"认为""看成""当作"等词语。比如例（11）也可以说成：

（12）如果认为进到天山这里还像是秋天，那么再往里走就像是春天了。

而下例，也可以换成"如果说……"句式：

（13）家庭是孩子的第一所学校，父母是孩子的第一任老师。如果把家庭视作一个"工作岗位"，家长则是一种"职业"。（赵永和《家长是职业，教育不可缺》）

这个例句中的"如果把家庭视作一个工作岗位"，可以说成"如果说家庭是一个工作岗位"，语义并无变化。

这类句子，"如果"后面表述的都是一种看法。既然是一种看法，那么也可以有不同的看法。因此，这类句子所表述的已然事实，是具有某种不确定性的。

第三类，假言铺垫，例如：

（14）我就是那个九月五日和你一起坐在峡谷咖啡馆的人，如果我没有记错的话，我俩面对面坐在一起。（余华《偶然事件》）

这类句子，在语用上是一种婉转的说法，交际双方一般都知道说话人并没有怀疑自己记错了的意思。但是从逻辑上看，记错还是没有记错，是知觉领域的事情，是有记错的可能性的，不能断定"没有记错"一定是确定的事实。因此，这类句子的p也是有不确定性的。p处常出现的内容还有"没有看错""没有听错"等。

第四类，我们称之为"已然间发事实"，就是指过去不定期发生的事情，也就是有时发生有时不发生的事情。例如：

（15）2014年第一次来到肯尼亚当志愿者，在一所小学支教。"原来的教室是封闭且不透光的铁皮房，如果隔壁烧火做饭，烟气就会跑进教室，熏得

人直流眼泪。"阴斌斌回忆起在铁皮房上课的情景。（吕强《实现肯尼亚贫困孩子的梦想》）

这个句子是说话人回忆以前的事情，"隔壁烧火做饭"是已然的事实。这句话也可以说成"隔壁一烧火做饭，烟气就会跑进教室"，或"只要隔壁烧火做饭，烟气就会跑进教室"，语义不变。只是烧火做饭这个事实是有时发生有时不发生的，在时间上具有不确定性。再比如：

（16）除开调查采访和找资料的时间，她几乎把所有的精力都投入到了写作中。如果一个作品开始写了，那么从早上8点到下午1点将是她雷打不动的写作时间。（万佳欢《寄居在文学深处》）

这个句子说的也是过去的事实，"如果一个作品开始写了"可以换成"每当一个作品开始写了"。

这类句子，假设分句所说的内容是过去已然发生的事实，但这种事实是一种时间不确定的事情，有时发生，有时不发生。虽然是已然的事情，但是由于时间的不确定性，使人在感知上产生错觉，把有时发生有时不发生与未来可能发生可能不发生混同起来了。因此可以用表示虚拟的句式来表达。

第五类，我们称之为"偏义事实"，即说话人只偏重某个词语的某一方面的意义，而故意无视另一方面的意义。例如：

（17）他向一位记者咆哮道："这难以置信！你在说什么呢？你从哪里听来的？如果你是个男人的话，你就要告诉我。"（马邦杰《希腊足球队"分赃不均"闹纠纷》）

这个句子中的"记者"是一位男记者，因此，"你是个男人"是确定的已然事实。但是，在具体的语境中，"男人"这个词可以被忽视生理上指称，而重在表达心理上的特征。即"男人"这个词有表达生理上的"男人"和心理上的"男人"这样两个义项。在这个句子里，说话人就是利用了"男人"有这两个义项的特点，来加强表达效果的。这里说话人是把"男人"当成是"勇敢的人"的代称，而不是指生理上的男性。类似的有"女汉子"、"男人婆"等说法。从这个意义上看，一个生理上是男性的人，在心理上是不是"男人"是不确定的。这类句子，我们倾向于认为是一种修辞用法。

第六类，我们称之为"类比事实"，即把两种事实放在一起类比，例如：

（18）无论你将来是打定了主意留在国外发展，还是准备深造后回国大展宏图，都请记住，你的"中国背景"的强弱永远会对你的发展产生重大影响，如果你不能改变你的肤色与种族，那么这一点你也无法改变。（任羽中、张锐《完美大学必修课》）

这个句子里，"不能改变你的肤色与种族"是确定的已然事实，没有人能改变肤色与种族。这类句子是一种类比，为了强调后面的结论。我们也倾向于把这类句子归于修辞用法，是为加强表达效果而采用的一种不符合常规的说法。

关于语法和修辞的关系，刘大为（2010）指出："语法的变异造就了大量不典型、非常态、使用受到一定情境局限的句子，可以说它们是具有创新性的句子，也可以说是可接受程度较低的句子。""修辞构式与语法构式是一个连续体的两端，当中只有模糊的过渡地带而没有截然的分界。"一些语言现象，到底是修辞现象还是语法现象，其界限具有模糊性。伍铁平（1987）也曾指出这一点。

四、本考察所涉及的理论问题

邢福义（1991）在解释复句格式意义与实际语义不符的现象时，提出了主观视点理论，并认为主观视点起决定作用："在具有二重性的语义关系里，客观实际是基础，提供构成语义关系的素材，主观视点是指针，决定对语义关系的抉择。对于复句格式的形式来说，主观视点是第一位起主导作用的东西，而客观实际则是第二位的被主观视点所牵引的东西。"

我们认为，主观视点理论与语言的主观性理论具有相通之处。"主观性

（Subjectivity）是指语言的这样一种特性，即在话语中多多少少总是含有说话人'自我'的表现成分。也就是说，说话人在说出一段话的同时表明自己对这段话的立场、态度和感情，从而在话语中留下自我的印记。"（Lyons1997：739，转引自沈家煊2001）

主观性是相对于客观性而言的，没有客观性，自然也就谈不到主观性。金岳霖（1983）把主观和客观分别解释为个体观和类观："所谓客观既是类观，就不止于个体观，所谓主观只是个体观而已。照此说法，主观的呈现只是某官能个体所得的呈现，客观的呈现不只是某官能个体的呈现，而且是同种中正常的官能者所能得到正常的呈现。"

将上述理论运用到语言研究上来，就是说主观视点是说话者个人的视点，而客观性则是某种语言使用者的群体的视点。在这个意义上，我们认为，在群体的视点上，各种事实的确定性强弱是有差别的。有的是确定性很强的事实，比如太阳从东边升起，比如中华人民共和国成立于1949年之类，这类事实在人们的认识中不包含任何可以变化的因素；有的事实虽然也可被视为是一种已然事实，但是在某一方面存在着不确定的因素，比如预计未来发生的事，比如过去不定期发生的事情，比如涉及观点、看法、感觉等的事情。在语言运用时，人们会凭借主观视点来虚化某些事实，但那些确定性很强的事实难以虚化，只有那些在某一方面存在着不确定性的事实才可以虚化。

五、结语

从我们的考察结果来看，"如果p，就q"句式在使用时，虽然受到主观视点的引导，但主要还是受到客观实际的制约。该句式中p是已然事实的情况出现频率很低，不到该句式总量的3%。能够进入到该句式的已然事实，大都在某一方面具有不确定性，正是这些不确定性为虚拟化提供了条件。也有极少数的句子，p是确定的已然事实，我们倾向于认为，这类句子是一种修辞的用法。

本文的局限性和不足是显而易见的。邢福义"主观视点"制约复句语义的理论是从对多种复句格式的考察中得出的，而本文只考察了"如果p，就q"这一种句式的情况，可能会一叶障目，以偏概全；另外，本文考察的语料规模还不够大，结论说服力不强。我们希望今后继续考察各种复句格式的情况，并在更大规模的语料基础上进行考察，以期能够更全面地看清复句的总体面貌。

参考文献

［1］金岳霖（2011）《知识论》，北京：商务印书馆。

［2］黎锦熙（2007）《新著国语文法》，长沙：湖南教育出版社。

［3］吕叔湘（1990）《吕叔湘文集（第一卷）》，北京：商务印书馆。

［4］马建忠（1998）《马氏文通》，北京：商务印书馆。

［5］邢福义（2001）《汉语复句研究》，北京：商务印书馆。

［6］崔丽丽（2013）汉语假设复句研究综述，《语言学研究》第1期。

［7］李宇明（2001）《20世纪现代汉语语法八大家·邢福义选集·跋》，长春：东北师范大学出版社。

［8］刘大为（2010）从语法构式到修辞构式（上、下），《当代修辞学》第3、4期。

［9］刘　瑾（2009）语言主观性的哲学考察，《外语学刊》第3期。

［10］沈家煊（2001）语言的主观性和主观化，《外语教学与研究》第4期。

［11］宋　晖（2015）主观视点理论的语言学观照，《华中师范大学学报》第6期。

［12］伍铁平（1987）从"移就""拈连"看辞格之间和修辞与语法之间界限的模糊性（上、下），《当代修辞学》第4期、第5期。

［13］邢福义（1991）汉语复句格式对复句语义关系的反制约，《中国语文》第1期。

［14］徐阳春（2001）"如果A，就B"句式考察，《继续教育研究》第6期。

基于产出的"简单"与"复杂"
搭配知识体系的异同

孙楚卓

　　摘　要　形容词是汉语词汇的重要组成部分，意义相反的一对形容词经常被放在一起用于比较教学。"简单"和"复杂"正是一组反义形容词，为了能更清楚地了解汉语中二者的句法功能和搭配知识，本文将采用问卷调查的方式进行关于"简单"和"复杂"可搭配词汇的自由产出，并进行整理分析，最后比较其异同。

　　关键词　"简单"　"复杂"　产出　搭配知识　异同

　　在汉语词汇中，形容词无疑是其重要的组成部分，无论对母语还是二者来说，形容词也是习得的重点和难点，意义相反的一对形容词经常被放在一起用于对比习得或教学。但是，一组反义形容词并非在句法功能和词语搭配等各方面都完全相同，它们之间也存在差异。

　　"简单"和"复杂"作为一组反义形容词，为了能更清楚地了解二者的句法功能和搭配知识，本文采用了问卷调查的方式进行关于"简单"和"复杂"可搭配词汇的自由产出，具体过程如下。

　　我们采取网络问卷调查方式，分别发放"简单"和"复杂"搭配知识两份调查问卷，并告知被试进行自由产出的方式，不限制时间长短，让被试尽可能多地对"简单"或者"复杂"进行自由产出，被试为50名，每组25名，皆为汉语母语者，具有高中及大学以上学历。最终，"简单"的搭配知识回收问卷25份，其中有效问卷为20份；"复杂"的搭配知识回收问卷25份，其中有效问卷为22份。

一、"简单"的句法功能和搭配知识

首先对"简单"的搭配知识调查问卷进行整理及分析，我们可以发现，在句法功能上，"简单"可以做定语、谓语、状语、状语中心语、补语及补语中心语，后可连接疑问代词'吗""吧"，还可以与其他形容词并列构成并列结构短语，如"简单粗暴""简单明了"等。若分别对"简单"做某种句子成分的数量进行统计，可得出下表1。

表1 "简单"作各项句子成分的数量及比率

句子成分	定语	谓语	状语	状语中心语	补语	补语中心语	总计
数量	70	14	18	21	3	6	132
比率	53.03%	10.61%	13.64%	15.91%	2.27%	4.55%	100%

为了更直观地看出"简单"做各种句子成分的比率，可看下图1。

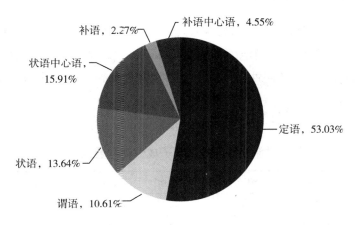

图1 "简单"作各项句子成分的比率

可以看出，"简单"在作句子成分时，最多的是做为修饰名词的定语，构成"简单（的）N"的形式；其次做为状语中心语，构成"Ad+简单"的形式；再次是作为修饰动词的状语，构成"简单（地）V"形式；之后是多做谓语，与主语构成主谓结构，做补语及补语中心语较少。

为了对"简单"的词汇搭配知识体系有更直观的认识,可看图2。

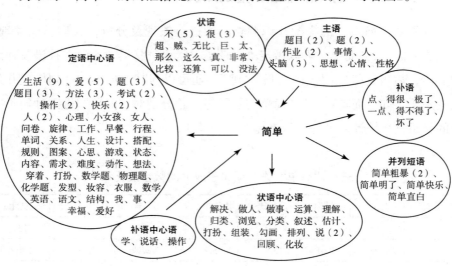

图2 "简单"的搭配知识体系①

二、"复杂"的句法功能和搭配知识

对"复杂"的搭配知识问卷调查进行整理及分析,我们可以发现,在句法功能上,"复杂"可以做定语、谓语、补语、状语中心语及补语中心语,后可连接疑问代词"啊"。若分别对"复杂"做某种句子成分的数量进行统计,可得出下表2。

表2 "复杂"作各项句子成分的数量及比率

句子成分	定语	谓语	状语中心语	补语	补语中心语	总计
数量	75	15	14	1	3	108
比率	69.44%	13.89%	12.96%	0.93%	2.78%	100%

为了更直观地看出"复杂"做各句子成分的比率,可看下图3。

---

① 图中每个词后括号中的数字为出现的次数。

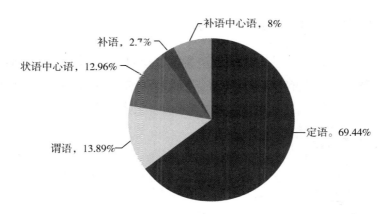

图3 "复杂"做各项句子成分的比率

可以看出,"复杂"在做句子成分时,多是作为修饰名词的定语,构成"复杂(的)N"的形式;之后是多做谓语,与主语构成主谓结构;然后多做为状语中心语,构成"Ad+复杂"的形式;做补语及补语中心语较少。值得一提的是,在所有产出中,没有"复杂"做状语的情况,即没有人产出"复杂(地)V"这种形式,表示生活中此种形式的短语频率较低。

为了对"复杂"的搭配知识体系有更直观的认识,可看图4。

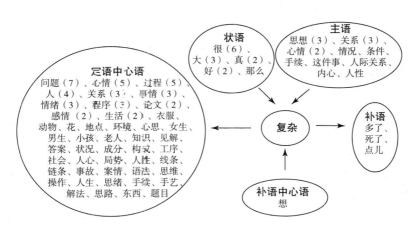

图4 "复杂"的搭配知识体系

三、"简单"和"复杂"搭配知识体系的异同

为了对"简单"和"复杂"搭配知识体系进行比较，以便我们观察出其共性和差异，我们将结果制成图5，能直观地看出二者搭配知识体系的异同。

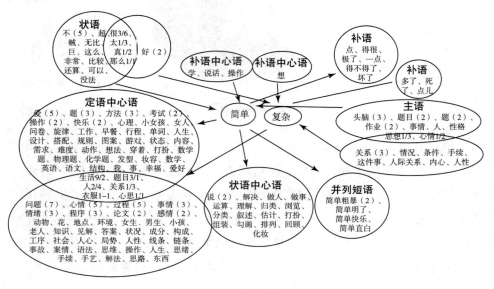

图5 "简单"和"复杂"的搭配知识体系异同

由图5可以看出，"简单"与"复杂"都可做定语、状语中心语、谓语、补语及补语中心语，但是仅在充当定语、谓语和状语中心语时有重合的搭配词语。且仅有"简单"可作状语，还可与其他形容词搭配构成并列短语。

因为本次研究是基于自由产出方法，所以搭配知识体系仅是被试所能想到的，即日常生活中我们所高频使用的，具有一定的局限性。其实"复杂"也可以做状语，如"复杂地交织""复杂地绘画"等，但这些搭配在日常生活中使用频率较低。

不管是对母语者还是二语者来说，"简单"和"复杂"的搭配知识体系都需要认真学习，关注其共性和差异，才能真正使用好这两个词。

参考文献

［1］邢红兵（2012）第二语言词汇习得的语料库研究方法，《汉语学习》第2期。

［2］邢红兵（2013）词语搭配知识与二语词汇习得研究，《语言文字应用》第4期。

［3］邢红兵、辛　鑫（2013）第二语言词汇习得的中介语对比分析方法，《华文教学与研究》第2期。

［4］邢红兵（2016）《汉语作为第二语言的词汇习得研究》，北京：北京大学出版社。

构式意义：认知逻辑意义与词项链接语义

——以汉语"动宾结构（V+O）"为例

隋　岩

摘　要　词项意义与构式意义之间到底是怎样一种关系，研究者们众说纷纭，未有定论。这种情况也出现在汉语构式语法研究中。由于汉语语言的句法结构形式标志相对不发达，其语序及组合形式又相对自由和变化多端，导致某些构式的核心意义含混不清，较有代表性的当属"动宾结构（V+O）"。依据构式语法所主张的"基于用法"的观念，本文试图从构式意义的挖掘入手，以汉语中动宾结构（V+O）的分析为支点，做一些初步探讨。

关键词　认知　逻辑　构式　情境

一、引言

构式语法的核心概念是构式，构式本身拥有"构式意义"，构式意义独立于构式词项或词项链接意义。

一直以来，如何看待构式意义与词项或词项链接意义的关系以及如何确定构式的"核心意义"，研究者们众说纷纭，未有定论。

这种现象也出现在汉语构式语法研究中，某些方面的矛盾甚至更为突出。由于汉语语言的句法结构形式标志相对不发达，其语序及组合形式又相对自由和多变，这导致汉语中某些构式的核心意义让人难以捉摸。较有代表性的当属"动宾结构（V+O）"。

毫无疑问，语言中那些基本的、使用频率较高的结构往往形式上都比较简约，汉语中的动宾结构V+O即属于这一类。在处理这类构式时，有研究者认为，构式语法理论声称所有的语法结构，不论是常见的还是生僻的，都有相同的地位，应一视同仁对待。然而在具体的研究实践中情况却大不一样，该理论只有在分析比较生僻的结构时才能显示出其理论的优越性。语言中存在着这样一种明显的倾向性：越是常见、基本的语法结构，越难确定它们所表达的语法意义是什么。构式语法理论对于最常见的结构有时却显得无能为力。

我们认为构式语法的实际并不是这样。事实上，如果对构式意义进行更深入的挖掘，我们就会发现，构式语法所主张的"基于用法"的观念，能够有效地处理语言中各类现象，不管是常见的还是生僻的

本文即试图从构式意义的挖掘入手，通过分析汉语中动宾结构（V+O），来做一些初步探讨。

二、构式意义的构成

毋庸讳言，构式与认知的关系是极为密切的。而词项是什么？它们只是一种符号，一种能指，在整个语用过程中，真正被调遣的是能指背后的那些所指。一个词项能否与另一个词项搭配共现，并不取决于词项本身，而是取决于其所指代的那些现实世界中的对象和关系映射于人脑认知世界之后所呈现的逻辑属性。

构式从人脑的认知世界中获得逻辑理据，驱动词项意义完成语言表达。换句话说，只要认知逻辑没有出错，词项的填充和搭配也不会出错。整个语式表达无论表现出怎样的"出人意料"，实际上都不会影响到人们对语言过程的正常理解。古今中外六量美妙动人的文学经典就是最好的例证。

基于这种考虑，我们认为，应该对"构式意义"有一个全新的认识：构式意义不是单纯的，而是结构性的。整体构式意义至少由两个部分构成：认知逻辑意义和词项链接语义。这两部分相辅相成，缺一不可。

2.1 认知逻辑意义

这部分构式意义的独立性和稳定性都很强。其直接来源是人脑的认知海洋。它以最基本的逻辑制约方式参与人的语用活动。其独立性表现在：无论

构式词项填充多么不"循规蹈矩",无论语用过程词项的使用多么"天马行空",都不会影响到构式逻辑意义本身。其稳定性表现在:构式逻辑意义是人脑认知空间的语言映射,而人脑认知空间又是外部现实物质世界(生活本身)的映射。若生活本身的逻辑是正常的可理解的,则派生于其上的一切都是可理解的。

2.2 词项链接语义

这部分构式意义来源于词项的选择和搭配使用。在构式逻辑意义的框架之内,最大限度地表达人的内在认知意图,最大程度地接近人的表达本意。构式词项语义一旦与逻辑意义结合起来,就意味着整个构式已经进入了语用序列。整个构式意义就会呈现出明显的单义性。

不仅构式意义是结构性的,构式形式自身也呈现出不同层次;各层次的构式形式,其构式意义的组成亦存在差异。

2.3 语句—语用层面

这类构式经过词项填充即可直接进入语用序列。其构式意义在外部压制的支撑下起到了充分的压制作用,直接传达了说话者的表达意图。词项填充随着说话者的主观压制效应的不同而有所不同。(甚至体现在文体上,如小说,散文、诗歌等。其中尤以诗歌的主观压制更为突出,因为诗歌语言的表达更接近人的认知状态,正所谓"诗言志"。因此诗歌中可以出现这样的句子"成长是一种美丽的疼痛"。我们不会认为这是病句,反倒有耳目一新的感觉)。

这一范畴的构式,其逻辑意义是单一的,不存在多义现象,并且占主导地位;构式语义是不完整的,必须借助词项填充才能得到具体实现。

认知逻辑意义的来源是人脑的低维可能认知空间,是一种语言物化。

2.4 短语-准语用层面

这类构式基本不具备独立的语用功能。主要由两大部分构成:结构格式和完整语式。结构格式需要词项填充才能形成具体语式;而完整语式则是那些已经凝固下来的熟语如成语、惯用语等。

这一范畴的构式，逻辑意义仍然是单一的，但不占主导地位；而构式语义大多是完整的多义的，并且占主导地位。

2.5　词项层面

这类构式完全不具备独立语用，必须借助上两个范畴的构式才能进入语用序列。逻辑意义在这个范畴的构式中可以忽略不计，而构式语义不仅完整而且占绝对主导地位，其最大特点就是静态性和多义性。

在这个层面上，构式意义等于构式语义。

由于有了构式认知逻辑意义的参与，整个构式意义显然不能完全从构式组成成分中推导出来；同时，构式语义概念的引入，也使得构式组成成分对构式意义的最后形成这一判断获得了合理的地位。

这种构式意义层次论或者这说结构构成论，也符合构式语法研究的基本假设："在新近出版的Construction at Work 一书中，Goldberg 对构式义与动词项的关系的论述更加审慎。她说，显然，有时候构式是比许多动词更好的整体意义（over all meaning）的预测成分（ predictor）（ Goldberg 2006：106）。所谓整体意义指的就是构式义。这样的表述显然没有否认词项对构式义的影响。非但如此，她紧接着还说，显而易见，假如我们比较动词和构式对涉及方式或手段的微妙语义方面的贡献，那么动词将会比构式更加具有预测性（ more predictive）。Goldberg 的遣词绝不是随意的，她的一系列论述没有认为构式义完全与词项无关"（陈满华，2009）。我们的研究目的就是要揭示这种"相关性"是如何发生和运作的。

三、动宾构式（V+O）的构式意义

基于以上的研究，我们可以得出这样的认识，构式意义是有层次的，不同层次之间相互配合，最终满足语言交际的需要。另外，由于构式语法是"基于用法"的理论，在分析构式的时候，就不能止步于取静态的、孤立的、绝对的范围之内。

当我们观察汉语中的动宾结构V+O，我们所看到仅仅是两大语法范畴之间的搭配形式。如果我们仅限于在这两大语法范畴之内通过讨论其选择限制条件来分析它们的搭配形式，那么我们就很难得出有实际意义的结论："似乎能说的只是，汉语的动宾结构表示的是'动作与其相关的事物'。这个概括，一方面太笼统，没有任何实际意义；另一方面太宽泛，又与主谓结构等无法区别开来。在我们看来，任何尝试概括出动宾结构语法意义的努力都是令人沮丧的。那么就会出现这样一种情况：人们确确实实感觉到动宾结构是一种基本的语法结构，但就是无法确定它所表达的意义到底是什么。"这样的结论是显而易见的。因为V+O这种搭配形式所提供的信息过于贫乏和抽象。

那么，类似于V+O这种相对比较抽象的结构或者这样的构式难道真的就没有任何实际价值么？我们认为，答案是否定的。关键在于，如何去看待这类构式的构式意义。毫无疑问，该结构的确表示了"动作与其相关的事物"这样一种概括，如果我们将其设定为其全部的构式意义，当然没有价值。不过，如果我们换一个角度来看待这种概括，认为它只不过是全部构式意义的组成部分之一，就有可能发现问题原来并不是如此简单。

很多人都对汉语动宾结构有过相当全面且深入的研究（综述略），但绝大多数研究都未能超出结构分析和语义分类的范围。如：动作与受事：打球、切菜、洗衣服；动作与施事：来人、晒太阳、吹电扇；动作与所产生的事物：写信、盖房子、挖坑；动作与所发生的场所：爬山、走路、吃食堂；动作与工具：吃大碗、吃筷子、喝玻璃杯；动作与原因：恢复疲劳等等。

尽管动宾结构的这些语义类型并不是穷尽性的列举。然而我们发现，这种分析越细致，所得到的结论就是更加"无法概括出一个可以统管全局的语法意义"，各个类型之间"也没有典型性关系"，构式意义就更加变化多端、难以捉摸，有些动宾结构甚至更难归类，比如"看医生"中的"医生"应该是施事还是受事，不好确定。

为什么会出现这样的混乱呢？我们认为其根本原因就在于过分强调了词项填充之后，词义对整个构式框架的影响。汉语V+O结构就是一个非常简洁的表达框架，一旦填充进不同的词项，又由于汉语本身形式标记系统不发达，以这个结构为基底所形成的具体的语式语义给人的感觉自然就会不那么"规规矩矩"，其所表现出来的"丰富多彩"，本质上仍然属于静态的"词典意义"。

构式语法本质上是一种认知语法，因此，我们在任何时候都不能忽略"基于用法"的原则，在讨论汉语V+O结构的时候亦是如此，不能仅停留在静态的范畴上，而是要考虑到该结构的语用接口，需要充分考虑语境逻辑等外部压制的作用。

3.1 "动宾构式（V+O）"的认知逻辑意义

这一结构的逻辑核心意义当然涉及行为和对象。从逻辑上说，行为与对象的关系只有两种：其一为对象发出行为，其二是行为作用于对象。在我们传统的语法研究中称之为"施事"和"受事"。我们之所以不采用传统研究的术语，是因为这两个术语只表明了行为的方向而未能涵盖与之相关的逻辑意义。

就行为的方向性来看，这个构式的外在形式显然是"行为作用于对象"，在汉语中，大量的行为-对象关系都符合这一范式，如：吃饭、看书、买东西、帮助他人等等。然而，由于汉语词汇的形式限制系统不发达，在具体的语用表达中，人们会把符合对象能指的词项也填充进来，这样就出现了形式仍为V+O结构，行为方向却发生了逆转的现象，为了能够正确理解其语义使交际能够顺利进行下去，构式的外部压制机制就必然会发生作用，这种压制是通过构式的逻辑意义完成的。

该逻辑意义来源于人脑的认知空间，正是这些认知规约，让人们能够轻松驾驭如此简单的"动宾构式"，在语用序列中，正确选择需要填充的词项并能够准确理解词项意义的所指行为方向。

例如，我们给出一组跟"晒"有关的表达：

"晒太阳"、"晒床单"、"晒衣服"、"晒被子"

这些表达都与"太阳"有关，但为什么在语用过程中人们能够将"晒太阳"与后三个短语准确区别开来呢？有的构式语法研究者认为这种情况是"词汇压制"的结果，对此我们不能认同。因为无论是"晒"还是"太阳"，在这个构式当中，它们的语义都没有发生变化和迁移，就如同"衣服"、"被子"一样。而整个构式的意义却有所不同，显然，一定是构式所承载的外部压制和逻辑压制起了作用，导致这种不同的产生。"V+O"构式的逻辑意义就是要保证该构式所包含的"行为向量"的正确方向。当对象"O"的所指在逻辑上无法被行为"V"所处理时,构式的逻辑压制起作用,"行为向量"的方向发生变化,或指向表达主体,或指向根据外部压制或逻辑压制而补足的"缺失逻辑对象"。因此,行为向量的方向是否发生转变,并不取决于能指本身,而是取决于所指(生活本身)。请看下面的例句:

(1)房间里有点儿凉,外面阳光很好,咱们出去晒晒太阳吧。

(2)我画了一个牛和一个太阳,你帮帮我,你晒牛,我晒太阳,这样颜料干得快些。

句(1)中"太阳"的所指是天空的那个明亮的恒星,人力无法对之产生任何影响,因此,行为向量"晒"发生逆转,句子的语义是"太阳晒咱们";句(2)中"太阳"的所指是纸上的画儿,人力显然可以处理之,行为向量"晒"的方向未发生逆转,句子的语义是"你把画儿晒干"。我们可以清楚地看到外部压制和逻辑压制的在人们言语交际过程中发挥的巨大作用。

由此还可以看出,越是常见的、基本的语法构式,在语用表达的过程中,越需要外部压制的控制,要引进更多的语境、语感、主观压制,人们才能将交际意义准确生动的表达出来。最高层次的认知规约,压制着低层次的词项和语用。

3.2 "动宾构式(V+O)"的词项链接语义

相对于抽象的构式认知逻辑意义而言,构式词项链接语义是构式词汇填充之后所产生的具体语式语义。其作用主要有两个,一是将构式框架与语用过程中涉及的所指连接起来,这里的"所指"不只是具体的事物对象,还包括关系、行为、观念等等;二是通过所指具体化触发外部压制和逻辑压制,使得言语交际过程能顺利进行下去。从这个意义上说,构式词链接项语义不是独立的,而是被动的、从属的、单义的,是受言语交际活动驱使的,其"生命周期"取决于言语交际活动的持续与否。分析构式词项链接语义不能忽略交际过程,离开了这一过程,所有词项链接语义都是多义的、备用的,而单个词项本身则更是静态的，不具备任何语用活性。

从这个角度来审视汉语动宾结构（V+O），我们就能够很清楚地看到，离开了语用序列，其所有因词项填充而产生的词项链接语义都表现为一种"备用状态"，无论构式中对象"O"与行为"V"之间的关系有多少种类型，语义变化多么繁杂，都不会影响到人们言语交际活动的正常进行，因为起主导作用的是构式语义中更高一层次的认知逻辑意义。

3.3　动宾构式（V+O）的核心意义

由以上的分析我们可以明确地说，动宾构式（V+O）的核心意义或者说主导意义是该构式的"认知逻辑意义"。这个意义来自于人脑的认知空间（生活世界的映射）而不是具体的词项链接，因此它具有单义性和独立性，只能对词项链接语义产生压制而不是相反。

四、结语

有汉语构式语法研究者指出："构式语法在理论上主张：应该重视微妙的语用因素对句法的影响，句法和语用之间并没有清晰的分界，构式义的形成、对构式义的解读往往融入了语用因素。我们可以将这一思想称为句法、语用相融观"（陈满华，2009）。这里所说的"微妙的语用因素"即Goldberg（1995：6）所阐释的"subtle semantic and pragmatic factors"的一个组成部分，我们将之具体化为"外部压制"。显然，在研究构式意义的时候，只有充分考虑到语用因素的影响和作用，才能更加深入地挖掘构式意义的本质，从而在实践上真正体现构式语法的"句法、语用相融观"。

参考文献

［1］陈满华（2009）关于构式语法理论的几个问题，《外语教学与研究》第4期。

［2］陆俭明（2009）构式与意象图式，《北京大学学报》第3期。

［3］黄　洁（2009）动宾非常观搭配的转喻和隐喻透视，《同济大学学报》第1期。

［4］扬　琴（2008）汉语高频动词的动宾结构再分类，《湖州师范学院学报》第3期。

汉语四音节缩略语的音步类型及其结构分析①

应　玮　骆健飞

摘　要　文章考察了汉语四音节缩略语的音步类型及其构造结构，结果发现：虽然汉语缩略语中，双音节是最佳组配，但出于表意的复杂性、丰富性以及避免歧义的原因，仍然存在一定数量的四音节缩略语。文章通过对四音节缩略语的穷尽性描写与分类，发现如下特点：（1）四音节缩略语的音步类型多采用2+2的平衡性韵律节奏；（2）四音节缩略语多为名词性结构；（3）四音节缩略语有进一步被减缩的潜力。

关键词　四音节　缩略语　音步类型　构词类型

一、引言

缩略语是人们为了使用上的简洁、明了、便捷，有目的地对一些常用短语或词进行缩略而造成的一种简缩形式，比如：

（1）a. 建筑材料——建材　　b. 高科技交易会——高交会
　　　c. 普遍调查——普查　　　d. 欣赏分析——赏析
　　　e. 珠穆朗玛峰——珠峰　　f. 俄罗斯——俄

缩略语较原式音节数目有所减少，但所表达的整体意义却并没有因此发生什么变化，完全等同于原式，所以符合人们求省求便的心理要求和语言表达的经济性原则。

在早期的研究中，吕叔湘、朱德熙（1951）把缩略称为"简称"，包括：

---

①　本成果受教育部人文社会科学一般项目资助，项目编号：17YJC740064。

（1）把一个字数较多的短语分成几部分，在每一部分里选取一个字，如：抗日战争——抗战；（2）两个平行的限定修饰语共用一个被限定修饰语，如：南朝和北朝——南北朝；（3）用数字概括并列的几项，如：减租减息——双减。筱文（1959）把词语缩略称为"词语紧缩"，并认为汉语中有两大类词语紧缩：（1）从原词语中选用部分词或词素组成，如：清华大学——清华，文字改革——文改；（2）由原词语中抽出各组成词中的共同成分（词素、词、词组）与另一个数词构成，如：官气、暮气、阔气、娇气、骄气——五气。陈建民（1963）把缩略区分为简称、统称和词语减缩：（1）简称一般是由词组简化为一种特殊形式的词，简化前后内容和结构不变，但在字序上可以有调整，如：第三女子中学——女三中;（2）数字加上一类统括性的字眼的是统称、如：三大纪律、八项注意；（3）简化后内部结构发生变化的是减缩，如：中学小学——中小学。李熙宗（1983）认为，语词的缩略就是把一个结构较繁杂、较冗长的语词改变成一个结构形式较为简短的语词，形式简略了，意义却未变，并分出四类：缩合（科学技术——科技）、节略（复旦大学——复旦）、简代（简：北京——京，代：上海——沪）、统括（五讲四美三热爱）。

在缩略语的音节方面，袁晖（2002）指出，缩略语在缩略时必须符合民族语言的词语结构特点。汉语的缩略语主要采用提取词语中语素的方法。现代汉语中，词的长度除单音节外，一般控制在二至三个音节。其中以双音节为最多，三音节是少量的，四音节最少。刘杰（2004）则对缩略语的音节数进行了统计分析，他指出，缩略语多采用双音节的组合形式。现代汉语词汇双音节化的节奏规律支配着缩略语形成时音节数目的选择，据统计双音节缩略语约占总数的84.2%，另外的15.8%大多因为原式的音节数目较长，过多地省略掉一些成分会导致意义的含混费解，而不得不采用两个音节以上的形式。牛晓雁（2004）则从现代汉语缩略语的规范方面谈了缩略语的音节数量问题，她指出，现代汉语缩略语的最大特点就是简明扼要，即用简短的部分来代替较长部分以方便交流，这样才能真正体现词语在使用中的经济原则和省力原则，因此现代汉语缩略语就要在不影响其概念表达的前提下达到最为简便的形式。现代汉语缩略语的形式简便的程度一般是结构的固定化，不能随意拆换或插入别的成份，此外，能用二字缩略语表明词义的缩略语就不用三字缩略语，这样才能体现汉语缩略语既简便又高度概括的特点，又符合现代汉语词汇双音节占多数的趋势。因此，在现代汉语缩略语规范的过程中简要原则为首要原则，否则任何形式的缩略语都将失去意义，如将四字的词语缩略成三个字的词语就意义不是很大。

诸多学者均认为汉语的缩略语中，双音节是最优选择，但通过我们的观察发现，汉语中同样存在三音节、四音节甚至更多音节的缩略语，本文即以四音节缩略语为例，分析它们的音步、结构类型，并讨论其存在的必要性以及进一步紧缩的可能性。

二、四音节缩略语的类型及其数量分布

本文穷尽性地搜索了《现代汉语缩略语词典》（2002版）中的所有四音节缩略语，共计867条。根据缩略语内部结构和音步类型，将四音节缩略语分为两个大类："平衡型"和"不平衡型"。前一类数量高达794条，占四音节缩略语总量的91.6%；后一类则仅为72条，占四音节缩略语总量的8.3%[①]。

进一步观察，我们发现：平衡型四音节缩略语，可以归纳为"［1+1］+［1+1］"、"［1+1］+2"、"1+1+1+1"、"2+［1+1］"、"2+2"五种类型；不平衡型缩略语可以分为"3+1"、"1+3"以及"其他型"三种情况。各个类型或情况的具体数量统计说明如下表：

表1 四音节缩略语各类型总体分布与数量统计

类型		数量（条）	跟总量相关比例	示例
平衡型 （794条）	［1+1］+［1+1］型	114	13.2%	抗美援朝、五讲四美
	［1+1］+2型	290	33.5%	毛麻行业、采编人员
	1+1+1+1型	46	5.3%	煤电油运、关停并转
	2+［1+1］型	206	23.8%	世界羽联、国家防总
	2+2型	138	15.9%	动作语言、浮动价格
不平衡型 （72条）	"3+1"型	26	3.0%	大中小学、声光视效
	"1+3"型	43	5.0%	核反应堆、红六军团
	其他型	3	0.3%	公交城建、文教科技

（注：比例计算式，以词典中所有四音节缩略的总量867条为基准。）

---

① 另外，还有1条"港英当局"难以分析的，则列为存疑项。

三、平衡型四音节缩略语

平衡型四音节缩略语的音步类型，进一步分为五个类别，分别是：［1+1］+［1+1］，［1+1］+2，1+1+1+1，2+［1+1］，2+2。以下逐一进行分析。

3.1 ［1+1］+［1+1］型

这类缩略语基本上是由两个结构相同，意义互有联系的双音节结构构成，其基本结构可分为［动+宾］、［数+名］、［数+动］、［名+名］、［形+动］、［形+名］、［数+形］、［动+动］等结构，这一类型的缩略语共有111条[①]。比如：

（2）a.［V+N］+［V+N］：简政放权、减租减息、灭蟑灭蝇。

b.［M+N］+［M+N］：两弹一星、三菇六耳、一府两院。

c.［M+V］+［M+V］：两免三减、三清一打、三保三压。

以上三类的数量较多，其中（2a）类型共50条，（2b）类型共32条，（2c）类型共13条，其余类型较少，比如：白山黑水（［A+N］+［A+N］）、统购统配（［A+V］+［A+V］）、三高一轻（［M+A］+［M+A］）、亚太律协（［N+N］+［N+N］）等等。

另外，我们也发现了三条缩略语呈现出左右两个"［1+1］"的句法结构不一样的特点，比如：三自一包（［M+N］+［M+V］）、五讲四美（［M+V］+［M+A］）、文图两馆（［N+N］+［M+N］）。下表分别列出了每种类型的数量和百分比。

---

① 为了便于表述，文章使用英文符号代表如下概念：N：名词性语素；NR：人名；NS：地名；A：形容词性语素；Ad：副词性语素；V：动词性语素；M：单音节数词，Q：单音节量词。

表2 "［1+1］+［1+1］"型内部类别分布

类型		数量（条）	百分比
两个［1+1］句法结构一致型（共111条，占97.4%）	［V+N］+［V+N］	50	43.9%
	［M+N］+［M+N］	32	28.1%
	［M+V］+［M+V］	13	11.4%
	［N+N］+［N+N］	6	5.3%
	［A+V］+［A+V］	4	3.5%
	［A+N］+［A+N］	3	2.6%
	［M+A］+［M+A］	2	1.8%
	［V+V］+［V+V］	1	0.9%
两个［1+1］句法结构不一致型（共3条，占2.6%）	［M+N］+［M+V］	1	0.9%
	［M+V］+［M+A］	1	0.9%
	［N+N］+［M+N］	1	0.9%

3.2 ［1+1］+2型

"［1+1］+2"型的缩略语总量为290条，占"平衡型"缩略语总量的36.5%，是平衡型缩略语五大类型中数量最多的一类。进一步分析可见：这类型中"2"的位置，大部分是一个已经存在的双音节名词，此外也少量使用一个已经存在的双音节动词，极少出现形容词（如：两个一样）或副词（如：两个凡是）的情况，如下表所示。

表3 "［1+1］+2"型内部类别分布统计

类型	数量（条）	百分比
中心词为N的类型	261	90.0%
中心词为V的类型	27	9.3%
中心词为A的类型	1	0.3%
中心词为Ad的类型	1	0.3%

3.2.1 中心词为N的类型

"［1+1］+2"型中"2"是一个双音节名词的缩略语总数在词典中高达261条，占"［1+1］+2"型总量90%。进一步观察，"［1+1］"部分的语法结构组合并非单一，而是则呈现出多种多样的形式。本文根据两个"1"的词性是否一致，将其先分为两个基类别，然后再依据构成语素的不同语法性质进行细分。

第一种，"［1+1］"由两个词性相同的单音节语素构成，且语素之间是并列关系，共同修饰其后的名词中心语。这一类在词典中的数量为152条，占中心词是N的"［1+1］+2"型总量的58.2%。具体可分为以下三个小类：

A类：两个并列的单音节名词语素构成（包括人名和地名），总计104条。比如：

（3）a.［N+N］+N：党团组织、海陆两会、客货列车、科工协会、毛麻行业
　　　b.［NR+NR］+N或［NS+NS］+N：刘邓大军、马恩著作、汪辜会谈。

B类：两个并列的单音节动词语素构成（［V+V］+N），总计26条。比如：

（4）采编人员、驾乘人员、复退军人、抗改分子、租售价格

C类：两个并列的单音节形容词语素构成（［A+A］+N），总计22条。比如：

（5）大小字报、高新技术、冷热水袋、轻重武器、危旧房屋

第二种，"［1+1］"由两个词性不一样的独立的单音节语素构成，词典中的数量为110条，占中心词是N的"［1+1］+2"型总量的42.1%。具体可分为以下几个小类：

A类：两个独立单音节语素中，前一个语素是数词，后一个语素则为形容词、名词、动词或者量词的，词典中的数量为39条。比如：

（6）a.［M+A］+N（21条）：三大运动、三大战役、四大名绣、四大天王
　　　b.［M+Q］+N（8条）：三项制度、两个文明、三个基地、四类分子
　　　c.［M+N］+N（7条）：三江平原、三民主义、三信危机、三直机关
　　　d.［M+V］+N（3条）：一运公司、一建公司、一饮公司

B类：一个单音节名词语素和一个单音节动词语素构成，两者之间是主谓关系，整个缩略语结构型为［N+V］+N，词典中的数量达到了37条。比如：

（7）船保协会、地建商会、技管人员、军转干部、汽运公司

C类：一个单音节动词语素和一个单音节名词语素构成，且两个语素之间是动宾关系，整个缩略结构型为［V+N］+N，词典中的数量为19条。比如：

（8）裁军条约、防汛总部、反帝同盟、肃反运动、养老基金

D类：一个单音节形容词语素和一个单音节名词语素或单音节动词语素构成，结构型为［A+N］+N或［A+V］+N，词典中的数量合计为11条。比如：

（9）女青热线、遥距课程、重汽集团、统配物资、民爆器材

除了上述四个小类以外，词典中还出现了2条"［Ad+N］+N型"（即"非党联盟""非基运动"）和1条"［V+A］+N"（即"投信公司"）。

3.2.2　中心词为V的类型

"［1+1］+2"型中"2"除了如上所述大多为双音节名词外，还可以是一个双音节动词，且在语法上同样占据中心语的位置，在语义上也同样是缩略语语义的核心。这类型在词典中的数量为27条，仅占"［1+1］+2"型总量的9.3%。需要进一步说明的是，这其中有10条［1+1］的部分是由两个并列的单音节名词性语素构成，如"公铁联运、陆空联运、体脑倒挂、针阔混交、统账结合"，等等。其次，一个独立的单音节数词语素跟一个独立的单音节量词或名词或形容词或动词语素结合，占据［1+1］的位置，词典中的数量为9条，如"三网养鱼、四期保护、两个转换、四个服从、三个面向、三大改造、三防训练"，等等。

另外，还有一个单音节名词语素和一个单音节动词语素构成［1+1］部分的，即［N+V］+V型，比如"自筹投资、机助制图"等。最后两例则分别是［V+N］+V（"按资分配"）和［A+A］+V（"土洋并举"）。

表4　中心词为N的［1+1］+2型缩略语各类别分布

类　　型			数量（条）	百分比
［1+1］两个"1"词性一致（共152条，占58.2%）	名词性（包括人名/处所）	［N+N］+N	97	37.2%
		［NR+NR］+N 或［NS+NS］+N	7	2.7%
	动词性	［V+V］+N	26	10.0%
	形容词性	［A+A］+N	22	8.4%
［1+1］两个"1"词性不同（共109条，占41.8%）	带单音节数词的组合	［M+A］+N	21	8.0%
		［M+Q］+N	8	3.1%
		［M+N］+N	7	2.7%
		［M+V］+N	3	1.1%
	主谓关系的组合	［N+V］+N	37	14.2%
	动宾关系的组合	［V+N］+N	19	7.3%
	带形容词的组合	［A+N］+N	8	3.1%
		［A+V］+N	3	1.1%
		［V+A］+N	2	0.8%
	副词和名词的组合	［Ad+N］+N	1	0.4%

3.3 "1+1+1+1"型

"1+1+1+1"型的缩略语主要是由四个词性一致的独立单音节语素构成，语素之间是并列关系，语义上表达的是同一个范畴包含的四个不同方面的内容。词典中这类型的数量为46条，其中构成语素为名词性的40条，占"1+1+1+1"型总量的87%，动词性语素构成的仅6条，占13%。

3.3.1　以N为组成成分

以四个名词性单音节语素为组成成分的"1+1+1+1"型的缩略语，进一步可以分成两个小类：

A类：四个独立的名词性单音节语素为普通名词，即N+N+N+N型。词典中这一类的数量为34条，占本类型总数量的85%，比如：

（10）党工妇青、煤电油运、科教文卫、理工农医、文史哲经

B类：四个独立的名词性单音节语素为专有名词，如人名或者地名。这一类在词典中的数量为6条，仅占本类型总数量的15%，比如：

（11）马恩列斯、梅程荀尚、蒋桂冯阎、港台新马、台澎金马

3.3.2　以V为组成成分的

"1+1+1+1"型的缩略语虽然大部分都是以名词性语素为组成成分的，但是我们的观察也发现到了一些以动词性语素为组成成分的例子，即V+V+V+V型。词典中这一类的数量有6条，比如：

（12）采分编流、产供销贸、改扩迁建、关停并转、收支存放

3.4　"2+［1+1］"型

"2+［1+1］"型的缩略语在词典中的总数量达到了206条，占平衡型类型总量的25.9%，位列五大类型中的第二位。该型中"2"的位置大部分为一个双音节名词（包括处所名词）充当，少数为双音节形容词或动词。"［1+1］"部分中，前一个"1"大部分是单音节名词性语素，少量是单音节形容词性、动词性语素或者单音节数词。

3.4.1　以N结尾的"2+［1+1］"型

以N结尾的"2+［1+1］"型在词典中高达198条，占所有"2+［1+1］"型缩略语总量的96.1%。根据［1+1］部分的组成语素是否一致，可以分为两个类别：

第一类，［1+1］部分由两个独立的单音节名词性语素构成。这一类在词典中的数量为177条，占以N结尾的"2+［1+1］"型总量的89.4%。其中双音节名词处在"2"位置上的缩略语数量要远远多于双音节形容词或双音节动词在该位置上的数量。根据统计结果显示，"2"和"［1+1］"位置上都是名词性语素的缩略语数量高达170条，是本类总数的96%。剩余7条中有5条是双音

节形容词处在"2"的位置,如"对外友协、对外文联、民主青联"等等。最后2条是V+[N+N]型的,即"运输工联、联系汇制"。

第二类,[1+1]部分只有后一个"1"是名词性单音节语素,前一个"1"则是由单音节动词性语素、形容词性语素或者单音节数词来担任。这一类在词典中仅有21条,其中16条是"N或NS+[V+N]"型的,比如"国际射联、国际摔联、国际泳联、国家防总、东北抗联"等。剩余6条中,有3条前一个"1"是单音节数词,即"NS+[M+N]型","凤阳三花""海峡两岸""长江三峡"。最后2条,分别是"欧洲共市、非洲民联"。

3.4.2 以V结尾的"2+[1+1]"型

以V结尾的"2+[1+1]"型在词典中仅有8条,只占所有"2+[1+1]"型缩略语总量的3.9%。它们中的"2"均由一个双音节名词(包括处所名词)担任,如"学院临管"。[1+1]部分的后一个"1"都是一个独立的单音节动词性语素,而前一个"1"则由一个单音节名词性语素或者形容词性语素担任,比如"中东和谈、胎盘早剥、心室纤颤"等。

表5 "2+[1+1]"型缩略语的内部类别分布

类型			数量(条)	百分比
以N结尾的型 (共198条,96.1%)	两个"1"都是N (共177条,89.4%)	N或NS+[N+N]	170	82.5%
		A+[N+N]	5	2.4%
		V+[N+N]	2	1.0%
	只有后一个"1"是N (共21条,10.6%)	N或NS+[V+N]	16	7.8%
		NS+[A+N]	2	1.0%
		NS+[M+N]	3	1.5%
以V结尾的型(共8条,3.9%)		N或NS+[N+V]	4	1.9%
		N+[A+V]	4	1.9%

3.5 "2+2"型

"2+2"型的缩略语,主要是由两个已经存在的双音节词语构成。在词典中,这类型的数量为138条,占平衡型缩略语总量的17.4%。

进一步观察，可以发现：这一大类型缩略语的后一个"2"（除了"单位信托"）主要由双音节名词或者双音节动词担任。

3.5.1 以N结尾的

词典中以N结尾的"2+2"型缩略语数量高达124条，占本型总量的89.9%。根据第一个"2"位置上语素的语法性质差异，可以概括成三个类别：

第一类是"N+N"型，结构中的"2"都是已存在的双音节名词，如"地区价格、动作语言、荧光光谱、液体导弹"等。第一个"2"除了大部分是普通双音节名词以外，也可以是专有名词（NS或NR），如"麦道公司""斯氏体系"，"巴黎公约、半坡遗址、苏州评弹、香港指数、新疆兵团"等。

第二类是"V+N"型，结构中的第一个"2"是已存在的双音节动词，如"浮动价格、开发协会、引进项目、预警卫星、资助学校"等。

第三类是"A+N"型，结构中的第一个"2"是已存在的双音节形容词，如"急性肾炎、临时价格、民用燃具、共同纲领、临时约法"等。第二个"2"位置上的名词，除了普通名词以外，也可以是表示处所的名词，即"A+NS"型，比如"民主德国""民主也门"等。

3.5.2 以V结尾的

词典中以V结尾的"2+2"型缩略语数量仅有14条，只占总量的10.1%。进一步观察发现，其中大部分是"N+V"型，如"工业审计、人口老化、劳动管理、油气钻探、职业培训"等等。剩余4条则是"V+V"型（如"留用察看"）或者"N+A"型（如"单位信托"）。

表6 "2+2"型缩略语的内部类别分布

类型		数量（条）	百分比
以N结尾的型 （共124条，占89.9%）	N+N	94	68.1%
	NS或NR+N	9	6.5%
	V+N	12	8.7%
	A+N（含NS）	9	6.5%
以V结尾的型 （共14条，占10.1%）	N+V	10	7.2%
	其他	4	2.9%

总结所有平衡型缩略语的内部结构及其数量、比例，如表7所示。

表7　平衡型缩略语内部各类别的分布及百分比排序

类型		数量（条）	平衡型内部各类百分比	百分比排序
平衡型	［1+1］+［1+1］型	114	14.4%	4
	［1+1］+2型	290	36.5%	1
	1+1+1+1型	46	5.8%	5
	2+［1+1］型	206	25.9%	2
	2+2型	138	17.4%	3

四、不平衡型四音节缩略语

如前文表1所示，"不平衡型"四音节缩略语，仅为73条，占词典中四音节缩略语总量的8.4%。进一步根据其内部的韵律、句法、语义特征以及语素之间粘合的紧密程度，可归纳为两种基本型，即"3+1"型和"1+3"型。另外，还剩余3条缩略语的韵律结构与这两种基本型都不一样的，如"教职员工（1+2+1）"、"文教科技（1+1+2）"等等。

4.1　"3+1"型

"3+1"型的缩略语共有26条，占"不平衡型"缩略语总量的36.1%，包括"［1+1+1］+1"、"［2+1］+1"、"3+1"三个次类。

4.1.1　"［1+1+1］+1"型

"［1+1+1］+1"型的缩略语共有10条，其中"1"都是名词性的单音节语素，句法上处在整个缩略结构的中心语位置，语义上也承担着"核心"意义的表达作用，指出了该缩略语整体语义表达的"类别"。如"大中小学"中的"学"就属于该缩略语中"1"的角色。"学"是学校的意思，"大中小学"即表达"大学、中学、小学"的意思。

缩略语中"［1+1+1］"部分则由三个并列关系的单音节语素构成，既可以是名词性语素，也可以是形容词性语素，在句法上处在修饰语的位置，语义上主要概括在单音节语素'1'所表达的范畴里所存在的不同类别。

"［N+N+N］+N"型中"［1+1+1］"就是由三个相互独立的单音节名词性语素在同一语法层次上并列构成的，比如"军干烈属、科技教界、陆海空军、声光视效、左中右派"等等。

"［A+A+A］+N"型中"［1+1+1］"就是由三个相互独立的单音节形容词性语素在同一语法层次上并列构成的，比如"大中小型、高中低档、冤假错案、早中晚稻"等等。

4.1.2 "［2+1］+1"型

"［2+1］+1"型的缩略语共有4条，"1"的位置一般是单音节名词性语素，在语法结构上处于中心语的位置，如"无机化工"中的"工"，意为"工业"。"［2+1］"则是由一个双音节名词和一个单音节名词语素构成，如"石油化工"中的"石油"和"化"；或者由一个双音节形容词和一个三音节名词语素组成，如"地下工委"。

4.1.3 "3+1"型

"3+1"型在词典中共有12条，占不平衡型缩略语总量的16.7%。其中除了"自动化院"这一条以外，其余都是由一个三音节名词和一个名词性语素构成，即"N+N"结构，比如"半导体所、等离子刀、机器人所、生产力局"等等。另外，"3"位置上的三音节名词也可以是名词，如"沃尔夫社"等。

4.2 "1+3"型

"1+3"型的缩略语共有43条，占"不平衡型"缩略语总量的59.1%，其数量远高于前文中的"3+1"型，具体包括"1+［1+1+1］"、"1+［1+2］"、"1+3"三个次类。

第一类"1+［1+1+1］"型的缩略语，由一个单音节处所名词和三个独立的单音节普通名词性语素组成。这一类在词典中的数量极少，只有2条，即"澳基咨会、港康体局"。

第二类"1+［1+2］"型的缩略语中的"1"为一个表示处所的单音节名词性语素，如"台塑集团"中"台"指的就是"台湾"。型中"［1+2］"里的"1"则为一个单音节名词性语素（NS+［N+N］型，23条）或动词性语素（NS+［V+N］型，10条），"2"是一个已经存在的双音节名词，如"港童基金、深电集团、中茶公司""上投公司、中旅集团、中演公司、中出商会"等。这一类型缩略语的数量不仅在"1+3"型中是最多的，而且在所有"不平衡型"缩略语类型的数量上中也是最多的，分别占了31.9%和13.9%。

第三类"1+3"型的缩略语是由一个单音节名词性语素和一个三音节词语构成的。在词典中的数量比较少，只发现了3条，即"核反应堆、红六军团、人大会堂"。

以上整体情况汇总见下表8。

表8 不平衡型缩略语内部类别分布

类 型			数量（条）	百分比
"3+1"型 （共26条，36.1%）	［1+1+1］+1	［N+N+N］+N	6	8.3%
		［A+A+A］+N	4	5.6%
	［2+1］+1	［N+N］+N	3	4.2%
		［A+N］+N	1	1.4%
	3+1	N+N	10	13.9%
		NR+N	1	1.4%
		V+N	1	1.4%
"1+3"型 （共43条，59.7%）	1+［1+1+1］	NS+［N+N+N］	2	2.8%
	1+［1+2］	NS+［N+N］	23	31.9%
		NS+［V+N］	10	13.9%
		其他	5	6.9%
	1+3	N+N	3	4.2%
其他型	1+1+2 或 1+2+1	N+N+N	3	4.2%

五 汉语四音节缩略语存在的价值及其韵律、语法特征

5.1 四音节缩略语的价值

通过文献回顾可以发现，大多数研究者强调缩略语的简洁性，认为二音节最佳，但是通过上文的分析，我们发现四音节缩略语也有其存在的必要性，主要有如下几个方面。

首先，是因为缩略语讲述事件的多样性、复杂性。汉语中的缩略语都代表一系列事件、行为等，如果该事件较为复杂，或种类、式样很多，那么就很难用较少的音节来表达，比如：

（13）a. 科教文卫：科学、教育、文化、卫生

　　　 b. 三来一补：来料加工、来料装配、来样加工、补偿贸易

　　以上两例缩略语，都包含了丰富的语义内容，也是在我们的党政工作、对外贸易中常用的词汇，它们均代表了该事件的各个方面，如果再进一步进行缩减，就会丢失部分语义，造成表意不清的后果。

　　其次，使用四音节还有避免产生歧义的功能。比如下边三所院校：

（14）a. 华中师范大学——华中师大

　　　 b. 华东师范大学——华东师大

　　　 c. 华南师范大学——华南师大

　　这几所大学的缩略语中，也有"华师"的叫法，但仅限于本地人使用，如果在全国范围内，单说"华师"则会造成歧义，因此，在一定的使用场合，我们并不能过多地进行简略，否则会造成指代不清的问题。

　　最后，我们认为，四音节缩略语仍有进一步被减缩的可能性与潜力，在一定场合、一定语境中都可以进一步减缩为双音节，就如（14）中的例子，如果在武汉地区，那么完全可以用"华师"来指称"华中师范大学"，甚至在某些城市，可以直接用"师大"来指称自己所在的大学，因为该市只有其一所师范大学，也符合了语言经济性原则。

　　另外，由于该部词典出版于1992年，随着时代的发展，一些四音节缩略语已经被进一步缩减成二音节，也已被广大群众所接受，比如：

（15）a.二次大战——二战　　　b. 甲型肝炎——甲肝

　　　 c. 北京体院——北体　　　d. 中央美院——央美

5.2　音步的平衡性问题

　　汉语的四音节音步一般为2+2类型，即平衡型音步，特别是在书面语体中，比如成语、四字格等，在四音节缩略语中同样有这种表现。通过表1可以

发现，平衡型与不平衡型的缩珞语比例基本为10：1，而造成这些不平衡型缩略语的原因，也与表达内容及其类型有关，比如一些缩略语代表的是三类事物/现象，这三类事物各取一个音节，最后还需要对其进行总结概括，这时就造成了［3+1］式缩略语，如：

（16）a. 大学、中学、小学——大中小学

      b. 陆军、海军、空军——陆海空军

      c. 冤案、假案、错案——冤假错案

另外，一些本身是三音节缩略语的基式，需要加上一个表示处所的"词头"，就常会造成［1+3］式缩略语，如：

（17）a. 台塑集团——台湾塑胶集团

      b. 港康体局——香港健康体育发展局

（17a）所表达的意思是"台湾的塑胶集团"，并不是"台湾塑胶的一个集团"，因此它的构词应该切分为"台+塑集团"，（17b）的"港康体局"同理，该词表示"香港的健康体育发展局"，而不是"香港健康的体育发展局"，因此从基式来看，它们都是1+3的类型，前边的"港、台"都是表示处所的词头类成分。

5.3　缩略语的名词性特征

根据前文的分类与描写可以看出，汉语的四音节缩略语大多为名词性质，亦即以名词（或名词性语素）作为构词核心，因此我们也可以说汉语缩略语具有名词的属性，少部分动词（或动词性语素）作为构词核心的缩略语，实际上也具有名词的特征，看下边的例子：

（18）a. 外秘会谈——外交秘书级会谈

      b. 平战结合——平时和战时相结合

      c. 公铁联运——公路和铁路联合运输

      d. 自筹投资——自筹基建投资

这些缩略语的中心成分"会谈、结合、联运、投资",我们将其标注为动词性,因为其基本用法是动词用法,在《现代汉语词典》中也被标注(或第一标注)为动词,但我们发现,这些词均有名词用法,从其翻译可以看出:

(19) a. 会谈:*动词性*:confabulate with   *名词性*:talks

     b. 结合:*动词性*:combine   *名词性*:combination

     c. 运输:*动词性*:transport   *名词性*:transportation

     d. 投资:*动词性*:invest   *名词性*:investment

这也更加证明了汉语缩略语的名词性特征。

六、结论

本文穷尽性地研究汉语四音节缩略语的音步类型和构词类型。首先将其分为平衡型和不平衡型缩略语,然后对每一类型进行详细的分类与描写,通过对不同类型及其数量、比例的分析,得出以下结论:

首先,汉语四音节缩略语以平衡型的[2+2]类型居多,虽然内部成分构成不同,但总体来看,还是趋向平衡构词,不平衡的[1+3]式和[3+1]式有其特殊的构造原因,数量也较少。

其次,汉语的四音节缩略语有其存在的必要性,由于表义的复杂性、丰富性以及避免歧义的需要,一些词语无法缩减为双音节,只能停留在四音节阶段。当然,在特定场合,它们还是有继续检索的潜力。

最后,汉语的四音节缩略语倾向于名词性特征,并具有较强的书面语体特征。

参考文献

［1］陈建民（1963）现代汉语里的简称——附论统称和词语的简缩，《中国语文》第4期。

［2］程　荣（1992）试谈词语缩略，《语文研究与应用》第7期。

［3］冯胜利（1996）论汉语的"韵律词"，《中国社会科学》第1期。

［4］冯胜利（1998）论汉语的"自然音步"，《中国语文》第1期。

［5］冯胜利（2000）《汉语韵律句法学》，上海：上海教育出版社。

［6］冯胜利（2005）《汉语韵律句法研究》，北京：北京大学出版社。

［7］冯胜利（2006）《汉语书面用语初编》，北京：北京语言大学出版社。

［8］冯胜利（2009）《汉语的韵律、词法与句法》，北京：北京大学出版社。

［9］冯胜利、王洁、黄梅（2008）汉语书面语体庄雅度的自动测量，《语言科学》第2期。

［10］宫　齐、聂志平（2006）现代汉语四字词语缩略的制约条件，《语言文字应用》第1期。

［11］郭国权（2011a）20世纪50年代以来缩略语研究述评，《求索》第1期。

［12］郭国权（2011b）缩略语的界定原则及相关问题刍议，《探索与争鸣——理论月刊》第7期。

［13］韩　昉（2007）缩略语的产生特点及其规范性，《语文学刊》第11期。

［14］黄　梅（2012）《现代汉语嵌偶单音词的韵律句法研究》，北京：北京语言大学出版社。

［15］黄　梅、冯胜利（2009）嵌偶单音词句法分布刍议——嵌偶单音词最常见于状语探因，《中国语文》第1期。

［16］李　润（2011）缩略语概念及分类分析，《咬文嚼字》第2期。

［17］李熙宗（1983）论语词的紧缩，《语文现代化》第1期。

［18］刘贝贝（2010）《现代汉语缩略语认知探析》，曲阜师范大学硕士学位论文。

［19］刘　杰（2004）《现代汉语缩略语论析》，安徽大学硕士学位论文。

［20］骆健飞（2014）汉语缩略语的构成与自然音步的关系，《邵阳学院学报》第5期。

［21］吕叔湘、朱德熙（2005）《语法修辞讲话》（重印本），沈阳：辽宁教育出版社。

［22］马庆株（1987）缩略语的性质、语法功能和运用，《语言教学与研究》第3期。

［23］马庆株（1988）关于缩略语及其构成方式，《语言研究论丛》第5期。

［24］牛晓雁（2004）《现代汉语缩略语研究及规范》，河北师范大学硕士学位论文。

［25］田　宗、肖九根（2006）汉语缩略语的构成方式及缩略机制，《江西师范大学学报》第6期。

［26］筱　文（1959）现代汉语词语的简缩，《中国语文》第3期。

［27］徐耀民（1988）缩略语的划界和规范问题，《语文建设》第3期。

［28］殷志平（1999）构造缩略语的方法和原则，《语言教学与研究》第2期。

［29］殷志平（2002）数字式缩略语的特点，《汉语学习》第2期。

［30］余东衍（2011）《试论汉语缩略语的构造特点和规范原则》，湖北师范大学硕士学位论文。

［31］袁　晖、阮显忠主编（2002）《现代汉语缩略语词典》，北京：语文出版社。

［32］张　瑜（2008）《基于优选论的汉语缩略语研究》，湘潭大学硕士学位论文。

［33］张治国、杨　玲〔2003〕缩略语成因之探究，《山东外语教学》第2期。

［34］赵　国（2007）新词语中的缩略语，《语言应用研究》第7期。

［35］周　荐（1988）缩略语与缩略词，《语言研究论丛》第5期。

"别看"与主观小量①

于　萍

摘　要　"别看"是一个主观减量标记，承载了传达说话人主观评价的功能，体现了说话人强烈的主观态度，即"看轻"义。在"别看p, q"句中，"别看p"分句给人一种说话人要把事情的重要性往小里说的感觉，p所描述的事件或状态在说话人看来无足轻重，对结果或结论q几乎不造成影响，p具有"主观小量"的特征。

关键词　别看　连词　主观性　减量标记

一、引言

"别看"是现代汉语表示让步关系的连词（《现代汉语词典》第7版，2017），从对外汉语教学的角度来看，我们十分关心"别看"和"虽然"在表达让步—转折功能时有何不同。前人对这个问题的关注十分有限，目前只有屈指可数的文献可供参考。

施玲丽（2014）意识到"别看"具有"主观评价"功能，能够表达说话人的主观看法。但她并没有进一步说明这个"主观看法"是什么。

彭思（2015）指明，褒扬义是"别看……"句式的一个情感主观性表达，表达对人对物的赞美之情，前后分句是"先抑后扬"的关系，即：前分句往小里说、往差里说或是往人们认为是需要保护的群体上说，而后分句则与之相反或出人意料；或者前一分句往大里说、好里说，后一分句则在前一分句的语义上递进，表达其褒扬义。彭文给了我们很好的启示，但是我们也找到

---

①　本成果受北京语言大学院级科研项目（中央高校基本科研业务专项资金）资助，项目编号17YJ080206。

了反例，如：

（1）入赘古已有之，当然这种情况最引人注目的当属皇亲国戚——驸马爷。【别看】他们"嫁"入皇室风光无限，可在皇宫里人家公主叫你往东不敢往西，叫你打狗不敢撵鸡！

（2）我认为现在北京它这个，【别看】上边什么高楼大厦，宽马路，人多车多，实话实说，咱们市政基础设施是很薄弱的。

这样的例句并不是少数，前分句往大里说、往好里说，而后分句则与之相反或出人意料，前后分句是"先扬后抑"的关系。我们认为彭文的数据和分析还不够全面。

张金圈（2016）提到了"别看"句和"虽然"句的三点区别。一是从语义上来说，现代汉语中典型的让步连词"虽然""即使""尽管"所连接的分句都含有"退一步说、姑且承认如此"义，但"别看"所接分句的语义却距此较远。用"让步"来表示"别看"所在前分句的功能则实在难以让人满意。二是从语用上来说，"别看 p，q"句体现出更强的人际互动性，即通常用于对话语境中。这两个观点我们完全同意，但张文提到的第三点区别我认为还需要更多的例证来支持。他认为，"别看 p，q"句都是先在认知上隐含某种预期或推断，然后指出与该预期或推断相悖的情况，形成一种隐性转折；"虽然 p，q"句中并没有这种隐含的认知过程，而是直接在前后分句间形成一种显性让步—转折关系。这可以通过以下两个例句的比较表现出来：

a.虽然他的身子骨儿小，嗓门倒很响亮。
b.别看他的身子骨儿小，但是嗓门却很响亮。

仅从以上两个例句的对比我们无法看出"虽然 p，q"是如何体现显性让步—转折关系的，张文应该拿出足够的证据和分析来证明自己的结论。

关于"别看"句和"虽然"句的区别，前人的研究还缺乏足够的说服力，有进一步研究的必要。

本文语料来自中国传媒大学的"媒体语言语料库",设置检索范围为"语体:多人谈",检索出符合要求的用例212条。

二、"别看p,q"句的语义类型

本文认为,"别看p,q"句体现了说话人强烈的主观态度,即"看轻"义。p作为客观事实是存在的,但说话人主观上认为这一事实并不重要,是小事一桩,并不影响其最终结果或结论q。我们结合p和q所表现的语义来看。

2.1 p的消极的事实

p展现的是消极的事实,通常被人们认为是一种劣势、不利条件。这类例句共有132个,占62%。

首先,数量最多的例句措述的是身体上的劣势,占31%,常见的有年龄太小或者太老、个子矮小、身材瘦弱:

(3)这是11岁的密云小姑娘赵家跃带来的京韵大鼓《重整河山待后生》。【别看】她年龄小,学习京韵大鼓已经4年了。

(4)【别看】今年汪老已经是88岁的高龄,可耳不聋,眼不花,这戏迷协会的许多活动汪老也都是亲自上阵。

(5)我那天看了你说的《哈利·波特》,什么七,我看什么呢,看了半天故事也不大吸引我,我看衣服,服装,你【别看】那个小个,哈利·波特小身子短腿的,他的衣服相当的合身,包括那西装,包括他穿一个格子衬衫。我跟你说,我一看就知道,看上去像是小孩穿的格子衬衫,绝对便宜不了。

(6)【别看】我很瘦,我铅球还很好。我爸爸是铅球三级运动员,我是我们以前学校的铅球纪录保持者。

其他身体上的不利因素还包括健康状况、相貌、甚至性别:

(7)溜完弯,王大爷还是闲不住,又当上了社区里的治安协管员,【别看】他身体不是很好,不过抓起小偷来,77岁的王大爷可毫不含糊。

（8）我觉得困难其实还有，就是让我感觉最深刻的，【别看】我是全盲的，出去街头采访的机会比较少，但是这个给我留下的印象是挺深的。

（9）台上此人姓杨，名光合，今年三十有四。【别看】相貌平平，却可以让蛇从鼻子里进，从口里出。听听就会让你全身战栗，况且人家还有很多更为惊奇的表演，因此才会有咱节目开头提到的那封写给大哥的信。

（10）当时因为三亩地，里面有11间房，两个车库，【别看】我是女孩子，里面很多的围栏、狗圈都是自己亲手一个钉子一个钉子铆进去的。

其次，还有17%的例句中明确含有"小量"的语义特征，如体积、长度、数量方面等等，"小、少、短"通常会被人所看轻，无法引起足够的重视，是一种不利条件，很难实现理想的结果。

（11）在王府井新华书店门前，每天早八点到晚八点都停着一辆采血车，【别看】这车不大，里面的装备可是一应俱全。

（12）最近，一个简易的售货摊儿摆在了中国政治青年学院的校园里，【别看】这个小摊儿卖的货不多，但还是吸引了不少顾客。

（13）在团结湖北五条有一条南北向的小马路，【别看】马路不长，可是却集合了污水、电力、供暖等多个单位的工程井，这井盖一多，问题也随之而来。

（14）打好了基本功，贺燕萍又开始摸索着用油盐酱醋调成汤料，煮粽子。汤水煮粽子，【别看】就这么一个小小的改动，煮出的粽子却大不一样。甜咸适中，滋味均匀，每粒米中都有味道。

（15）这么多品牌为什么愿意花钱去做广告，那是因为现在品牌对我们消费者选择商品产生了越来越大的作用，你【别看】他嘴上就说那么两句，下回可能你去超市的时候你真就盯着那牌子的凉茶就买了。

再次，很多例句中含有消极意义的形容词，如"差""脏""旧""落后""慢""不起眼儿"等等，这些状况对现实非常不利。

（16）一百块钱一个月只管提供车位，刮蹭一律不管，【别看】服务这么差，要想在朝阳区平乐园小区里租个地方停车您还得快点出手，因为这里的车位实在是太炙手可热了。

（17）对，现在都在聊了，说是【别看】人家朝鲜可能武器稍微落后一点，可是人家那个火炮，你的问题是你的首都离三八线太近了，朝鲜那边据说是，一天之内，能把首尔打到20世纪80年代。

（18）【别看】它脏，它也是一门技术，还挺尖端的。

（19）有像一件脏衣服，有的真是脏得不行了，但是有的【别看】它旧，但是很干净，穿着很利落，有这种感觉。

（20）熊白齿大而发达，咀嚼力强，粗壮的四肢粗锋利的爪子每走一步都会山动地摇，【别看】平时慢吞吞，追赶猎物时速可达48公里。

（21）有时候我大多数时候在想，我给很多人也在说，我说【别看】我是一个很不起眼的小丑，小人物，但是我感觉我自己做的是很伟大的事情，我给千千万万个人送去欢乐和祝福，我觉得我做的是一件不平常的事情。

最后，在很多例句中，p所体现出的事实是社会公认的不良行为、不符合大众价值观的做法，大家对于这些行为带有不赞成、批评、鄙视等态度。

（22）所以说有时候你【别看】这俩人吵架，你觉得吵架不好看，但是可能一个人可能敢站起来吵架，也说明他对他个人的权利，我有什么权利，是吧。

（23）现在应聘者的要求也挺高，你【别看】现在失业率挺高，但是其实他们要求也并不低.

（24）（网球）这种运动，你【别看】裙子穿那么短，实际上是一种挺绅士范儿的这么一个传承。

（25）我跟你说，人类的最祖先的王是母系氏族，我觉得我们应该寻根，就是向女人学习。你【别看】我过去花钱，说实在的忏悔啊，大手大脚的，现在我看见那女的特喜欢，你知道吗？有些女孩子，尤其是中国女孩子，你发现没有？她就是老爱算钱，其实有时候男人是大男子主义，说不要省这点钱，但是我每碰见这种女人，我心里总是觉得特别温暖，我喜欢这种女的，就是说那个多贵啊，那个咱们能省一点钱，其实真的我觉得特别好。

（26）甚至王朔，你【别看】他写那个小说，我认为王朔有文人气。

（27）他是要求很高的一个人，【别看】他的那些电影，大家感觉是一个闹剧、喜剧。他是一个要求很高的人。

在例句（3）-（27）中，p展现的虽然是人们公认的劣势条件，但在说话人那里这些都不重要，不影响结果或者结论q的实现，q通常含有赞扬的意思，比如例句（6）（11）（21）（24）。这一语义类型也就是彭思（2015）所说的"先抑后扬"，但从比例上来看，这一类例句只有62%，不占绝对优势，因此我们不能说褒扬义是"别看"句的核心语义。

2.2 p为积极事实

p展现的是积极的事实，具有"高大上"的特征，比如体积大、数量多、地位高、能力强、发展快、经济发达等等，这些通常都是人们眼中的有利条件、是成功的象征，是大众羡慕、赞扬的对象。这一类例句共有58个，占27%。

（28）这是我们海南特产尖堆，炸尖堆。你【别看】它大，其实里面是空的。

（29）我认为现在北京它这个，【别看】上边什么高楼大厦，宽马路，人多车多，实话实说，咱们市政基础设施是很薄弱的。

（30）由于我们的管理问题就促使了，一个是规划差，一个是管理差。首先说我们城市的规划是比较差的，【别看】发展速度比较快。

（31）我还是自我陶醉、自我欣赏，我觉得现在我不比别人差，【别看】人家有车、有房子，我也不羡慕，我把我大量的时间，我都在学习。

（32）入赘古已有之，当然这种情况最引人注目的当属皇亲国戚——驸马爷。【别看】他们"嫁"入皇室风光无限，可在皇宫里人家公主叫你往东不敢往西，叫你打狗不敢撵鸡！

（33）【别看】这影视明星受万人瞩目，可是甭管哪位只要进了这小院就都成了刘先生的朋友了，有的时候还得听刘先生指挥呢。

（34）我们是均衡的，我们是能捏成一个拳头的。他捏不成一个拳头，一个手指头长、一个手指头短，哪跑风漏气的他弄不到一块，所以说那要真打的话那是日本人真不是个，你【别看】他网友说这个厉害那个厉害，就是从我们专家的角度来讲，你光讲武器是不可以的，你必须把武器和人和战争的正义性，和整个战队的运筹绐结合在一块去做综合评判。

从以上好几个例句中，我们明显体会到了一种讽刺、批评的意味。这是因为p虽然是社会公认的"高大上"，但在说话人眼里，这些优势不值一提，说话人意在提醒大家，不要被这些表面看到的繁华现象蒙蔽了双眼，重要的是看清后边提到的事实真相。

2.3 p为客观陈述

在其余10%的例句中，p所展现的情况不体现为明显的优势或者劣势，说话人只是在进行客观的陈述。

（35）【别看】叫快板，却能让你的心情慢慢地平稳下来。

（36）在这个事故当中还有一位英雄式的人物，他的名字叫李莉，【别看】他叫茉莉花的莉，可这是一位相当魁梧的壮汉。

（37）印度文化跟我们文化差异化非常大，【别看】都是亚洲国家，他的种姓文化，他人是分三六九等，他的种姓文化是所有文化之上，是最后一个背景。

（38）所以说建设的问题，【别看】都进了一个门，各个屋的温度也是有差异。

（39）而且山里边气候和咱们这儿完全不一样，一到下午四五点钟，你【别看】中午挺热的，一到四五点钟立马就阴下来，然后立马就变黑。所以大家在出去旅游的时候，正好借机也跟大家提个醒，您要参加像这种探险，驴友这种，一定要找有资质的旅行团带着您一起去，别自个儿三五个人组织。

乐器的名字叫"快板",人物的名字叫"茉莉花",印度和中国"都是亚洲国家","进了一个门",这些客观事实无所谓有利或不利、优势或劣势,基本上不体现人们的主观态度。"中午挺热"而下午变化大,这种气候是一种客观存在,说话人不是为了评价这种气候的好坏,只是为了"跟大家提个醒"。

这一语义类型比例很小,我们认为不是"别看"的典型用法,受研究者水平的限制,不在本文的讨论范围之内。

三、"别看"与主观小量

"主观性"(subjectivity)是指在话语中多多少少总是含有说话人"自我"的表现成分。也就是说,说话人在说出一段话的同时表明自己对这段话的立场、态度和感情,从而在话语中留下自我的印记(Lyons,1977:739)。"别看"作为一个连词,它在语言交际中发挥的作用绝不仅仅是连接句子与句子、标明句子之间的逻辑关系,它更多地承载了传达说话人主观评价的功能。通过上文的分析,我们已经看到,"别看"句给人一种说话人要把事情的重要性往小里说的感觉,p所描述的事件或状态固然存在,但在说话人看来并不重要,是小事一桩,不值一提,因此"不看"也罢。需要说明的是,说话人不是对事件本身进行褒贬评价,而是对p的重要性进行主观认定,说话人认为p固然存在,但是无足轻重,"看"与"不看"都一样,对结果或结论q几乎不造成影响。

一般观点认为"别看"是一个表示让步关系的连词,张金圈(2016)却提出了反对意见,他认为现代汉语中典型的让步连词"虽然""即使""尽管"所连接的分句都含有"退一步说,姑且承认如此"义,但"别看"所接分句的语义却距此较远。根据本文的分析,我们也同意这一看法。"别看"不仅没有"退一步""姑且承认",反而要进一步无视存在,表达了说话人强烈的主观态度。

说话人把p往小里说,看轻其重要性,也就是降低了p对q的价值或分量,使p具有了"主观小量"的特征,因此"别看"也可以看作是一个主观减量标记。这里的"量"不是我们通常所看到的事物、事件和性状的量,而是更为主观的反映事件在人们心理重要性级别的态度量。

为了进一步验证我们的看法，我们搜索了"病""死""杀""英雄"这些词与"别看""虽然"共现的情况。"病""死"这样的事件通常是值得人们重视与同情的，很少有人会认为这是"微不足道"的事情，也不适宜公开流露出丝毫"看轻"的态度；"杀"人是违法的事情，杀人者剥夺了他人的性命，造成家庭痛苦、社会不稳定，通常会激起民愤，性质罪大恶极，无论是谁也不会轻视这样的事件；"英雄"本身就是一个褒义词，是全民赞美和歌颂的对象，是大家学习的榜样，不存在"往小里说"的语用动机。这些词从社会公认的价值观上来说，都不容轻视，不适合加上主观减量标记"别看"。果然，在全部2亿字次的语料中，我们没有发现"别看+病"、"别看+杀"和"别看+英雄"的用例，仅有1个"别看+死"的用例：

（40）最可气的是什么呢，您【别看】死刑犯，一个个的，都走桃花运，反倒是看管他们的狱警，成了老大难了，打光棍的比比皆是。

什么人的"死"是不值得同情、"微不足道"的呢？——"死刑犯"，说话人使用"别看"表达出强烈的蔑视、讽刺和生气态度：竟然有很多女人认为敢于杀人的死刑犯很酷，纷纷给他们写求爱信，正义的警察反而找不到女朋友。

我们意识到这样一个问题：好人可以"死"，坏人也可以"死"，于是我们将"死"替换为含有礼貌说法的"去世"，好人的"死"通常不会无足轻重，果然，一个用例也没有找到。

跟我们预想的一样，不含有主观轻视态度的"虽然"可以自由大量地与上述词语共现：

（41）所以我们还是建议，因为【虽然】有先心病，我们有些疾病是可以打（疫苗）的，但是如果说这个疾病刚好在一个活动期，那我们还是建议不要打，或者是缓做，或者是干脆不要打了。

（42）【虽然】拉登现在死了，这个组织现在作用也不大了，但是他对美国的改变太大了。

（43）【虽然】他在战争中杀了你的父亲，你现在不能随便杀他来报仇。

（44）说到王海这个名字，大家都不会陌生的，但是他【虽然】被称为"打假英雄"，可处境却一直相当艰难。

四、结论

本文认为，"别看"是一个主观减量标记，除了连词基本的连接作用以外，它更多地承载了传达说话人主观评价的功能，体现了说话人强烈的主观态度，即"看轻"义。在"别看p，q"句中，"别看p"分句给人一种说话人要把事情的重要性往小里说的感觉，p所描述的事件或状态在说话人看来无足轻重，对结果或结论q几乎不造成影响，p具有"主观小量"的特征。

参考文献

［1］刘　焱（2009）反预期信息标记"别看"，《汉语学习》第4期。

［2］彭　思（2015）褒扬义"别看……"句式的使用考察，《延边教育学院学报》第4期。

［3］沈家煊（2001）语言的主观性与主观化，《外语教学与研究》第4期。

［4］施玲丽（2014）连词"别看"研究，浙江师范大学硕士学位论文。

［5］王　卉（2015）《"别看"的语篇分析》，山东师范大学硕士学位论文。

［6］徐沙沙（2011）《现代汉语"看"的多角度考察》，山东大学硕士学位论文。

［7］张金圈（2016）"别看"的连词化及话语标记功能的浮现，《汉语学习》第1期。

［8］中国社会科学院语言研究所词典编辑室（2017）《现代汉语词典》，北京：商务印书馆。

［9］Lyons. J.（1977）*Semantics*. 2 vols. Cambridge: Cambridge University Press.

试论形旁与声旁分别表义的形声字 ①

——以"故"为例

张熙昌

摘　要　在汉字系统中有一类特殊的形声字，其特点是：它们所表示的一部分词义来自形旁，而另一部分词义则来自声旁。当声旁表义时，这类形声字的字音和字义与声旁作为独立汉字时的字音和字义相同或相近，而形旁只是区别性符号。受传统"六书"观念的影响，从古至今的辞书大多有意无意地无视此类形声字的存在，甚至对这类形声字所表示的某些意义的解释穿凿附会，给使用者准确掌握这些形声字的音义造成较大困难。本文以"故"为例，通过考察辞书对"故"字形与字义的解释，还原其形义关系的本来面貌，探究以"故"为代表的这类特殊形声字的表义特征，以实现正确理解这些形声字字义的目的。

关键词　故　形声字　声旁　《现代汉语词典》《字源》

一、缘起

在《现代汉语词典》（下文简称《现汉》）中，"故"被分为"故¹"和"故²"两个单字条目分别释义，共包含8个义项：

故¹：① 事情；事故：细~｜变~。② 缘故；原因：无~缺勤｜不知何~。

---

①　本研究得到北京市社会科学基金项目（编号：17YYB014）与北京语言大学梧桐创新平台项目（中央高校基本科研业务专项资金）（项目批准号：17PT02）与北京语言大学院级科研项目（中央高校基本科研业务专项资金）（批准号：19YJ0A215）的资助。

③ 故意；有意：～作镇静|明知～犯。④ 所以，因此：因大雨，～未如期启程。
⑤ 姓。

故²：⑥ 原来的；从前的；旧的：～址| ～乡|依然～我。⑦ 朋友；友情：
亲～|沾亲带～。⑧（人）死亡：病～|染病身～|父母早～。

按照《现汉》凡例，"形同音同而在意义上需要分别处理的，也分立
条目"，"故"即如此。那么，为什么《现汉》将"故"分为两个条目进行
解释？"故¹"和"故²"所表示的意义需要分别处理的原因何在？二者所表
示的意义与其字形之间具有什么样的关系？本文拟以相关辞书的释义为依
托，探究"故"的形义关系；并在此基础上，揭示"故"所属特殊形声字
的表义特征。

二、辞书对"故"的分析

2.1 《说文》对"故"的分析

许慎《说文解字》："故，使为之也。从攴古声。"段玉裁对此的解释是：
"使为之也。今俗云原故是也。"根据《现汉》，"原故"与"缘故"为异形词，
意为原因。由上可知，"故"为形声字，"攴"为形旁，"古"为声旁，本义为
"原因"。

"故"从"攴"，"攴"为手持器具之形，取役使之意，表示"故"的本义
应当与治事有关。《说文解字》所言"故，使为之也"即由此而来，表示"做
事情的原因"义。可见，"故"的"缘故、原因"义源于形旁"攴"。

在先秦文献中，"故"表示"原故"义很常用。如：

胡宁瘨我以旱？憯不知其故。（《大雅·云汉》）
微君之故，胡为乎中露。（《邶风·式微》）
予若吁怀兹新邑，亦惟汝故，以丕从厥志？（《尚书·商书·盘庚中》）
秋，为戎难故，诸侯戍周。齐仲孙湫致之。（《左传·僖公十三年》）

2.2 《字源》对"故"的分析

《字源》是由众多权威专家共同编纂而成的大型字源辞书。书中关于"故"的论述，我们整理如下：

就字形而言，《字源》认为"故"为形声字，从攴，古声。

就来源而言，"古"为"故"的源头、声首与初文，西周金文已见"古"字。初始以"古"为"故"，西周金文始见"故"字。

就意义而言，依据《说文》，认为"故"本义为"使为之"，即原因、原故。后来引申为连词"所以"；引申为"故旧"、"以往"等意义。还可通"辜"，表示罪过义；通"固"，表示"本来"义。

对于上述分析，我们有以下两点疑问：

一是，"初始以古为故"是说本来"古"与"故"字义相同，"古"为古字，"故"是后起字；还是说当'故"的字义（使为之）出现的时候，并未创制专门的汉字来表示，而是假借已有的音近字"古"来代替？

二是，《字源》只是指出"故"的本义、引申义和通假义，但至于是怎么由本义引申而来，又是如何假借的，并未予以说明。

基于第一个疑问，我们考察了辞书中对"古"的释义与分析。详见下文。

2.3 《说文》《字源》对"古"的分析

许慎《说文解字》："古，从十口，识前言者也。"段玉裁注云："识前言者，口也。至于十则展转因袭，是为自古在昔矣。"这也就是说，"口"代表言说，"十"代表极多，二者组合起来即为"一代代口口相传的那个久远过去"。

《字源》中关于"古"的论述，我们整理如下：

（1）指事字。"古"字所从的中、十（按：横笔加粗，以示指示的所在）等在甲骨文、西周早期金文中都是"盾"的象形，下面加上区别符号"口"构成指事字，是"坚固"之"固"的本字。"盾"的特点是"固"，所以能从十分化出"古（固）"。自西周中晚期盾形线条化成"十"之后，形体基本稳固，即"古"。

（2）许慎所说的"从十、口，识前言者也"是据后代的字形说后代的字义。如果只就小篆等后起字形和"古"的常用义"时间久远"而言，是合理的，经过十人之口传下来的故事，正是时间久远。

（3）在对"故"的解说中有"声符古为从十从口的会意字"和"古为故的源头、声首与初文"的论断，这是关于"古"字形与"古""故"关系的说明。

由上可知，"古"字最早见于甲骨文，上半部分为盾形，下半部分为区别符号。这一字形解析基本为学界共识。朱方圃（1962）、唐兰（1981）、丁山（1999）、林沄（2000）、孟蓬生（2007）均持这一看法。

就字义而言，学界看法不一。朱方圃（1962）、唐兰（1981）、孟蓬生（2007）认为"古"初义为盾；如朱方圃将"古"读同盾，唐兰认为"古"字的上部分"本象盾形"，孟蓬生认为"古"字上部分为"盾"形字符，是"橹"（意为大盾）的本字。而丁山（1999）、林沄（2000）认为"古"本为坚固义，如丁山释"古"为"四塞为固之本字，象以盾守关塞之口形"；林沄将"古"看作会意字，"盾形符号下加一口符，就是强调这个盾不再表示这种物品，而是用来表示这种物品的特性——坚固"。《字源》的看法为"古"本为"盾"，因为"盾"有坚固的特点，所以从中分化出表示坚固的"固"，也就是说"固"为"古"的后起分化字。

对于《说文》"古"义的解析，《字源》明确指出其是根据后代的字形解释后代的字义，即依据小篆字形的理据解释"古"的常用义"时间久远"。从形义角度而言这是合理的。

综上所述，"古"存在两种形义关系：一是甲骨文中，"古"由象盾形的十与区别符号"口"构成，为指事字，表示"盾"义；二是以小篆字形分析，"古"由表示数多的"十"与表示言语的"口"构成，为会意字，表示"时间久远"。就此朱星《汉语词义简析》提出这一观点，即："本义可分两种：一种是应用的本义或后起本义，一种是原始的本义，即初义，是古义中最古的。"按此观点解释，上文"古"的第一种形义关系当为"古"的"原始本义"，即"古"之初义；而第二种形义关系（《说文》释义）则为"古"的"后起本义"，即"应用本义"。

后者"时间久远"义与《字源》"故旧，以往"义和《现汉》"原来的；从前的；旧的"义直接相关。

2.4 "故"与"古"的关系

由上文可知,"古"是"故"的初文,"初始以古为故","故"的本义是"使为之也",即"原因、缘故"。而"古"的本义是"盾",其常用义是"时间久远",该义是依据小篆等后起字形理据重构而成。

《字源》认为"古"的本义是"盾",表示"坚固"义的"古(固)"是"古"的分化字。然而我们翻查《汉语大词典》(1450页)发现,"古"有"古¹""古²""古³"三个单字条目,其中"古²"的第2个义项为:通"固"。该义项包含两个意义:①姑且。马王堆汉墓帛书乙本《老子·道经》:"将欲擒(xié,打击)之,必古张之。"②本来。银雀山汉墓竹简《王兵篇》:"然则兵者,古所以外诛乱,内禁邪。"由此可知,虽然《汉语大词典》列"古"通"固",但其所录"姑且"和"本来"两义却与"坚固"义无关,相反却与"古"的"时间久远"相关,因为无论是"姑且"还是"本来"都与时间有关。

一般而言,随着社会的发展,人们的思维日趋缜密,大量的新事物、新概念产生,由于没有现成文字与之对应,于是依声托事,假借已有的读音相同或相近的汉字来表示新事物或新概念。《字源》所说的"初始以古为故"即如此。当古人产生"使为之"的概念时,由于没有现成文字与之对应,于是就以与之声韵相同的"古"来表示。"故依声而讬以事焉。视之不必是其字,而言之则其声也;闻之足以相谕,用之可以不尽。是假借可救造字之穷而通其变。"(孙诒让)综上所述,在"故"字出现之前,"古"字表示两种意义:一是常用义"时间久远",一是假借义"使为之"。后来,为提高文字记录词汇的准确性,人们在"古"的基础上通过添加形旁"攴"创制"故"字来承担"使为之"这一意义。这也就是说,"古"与"故"为古今字,"古"为古字,"故"为后起分别字。

这样就出现了一个令人费解的问题:"古"是"故"的初文,当然先于"故"出现,由于"古"的本义"盾"没有流传下来,后来依据后起字形而得的"时间久远"成为常用义。"如果只就小篆等后起字形和'古'的常用义而言,是合理的"(《字源》P.64),这说明在小篆阶段"时间久远"就已作为

"古"的常用义使用，而《说文》又指出"故"本义为"使为之"。可见，在小篆阶段，"古"的常用义与"故"的本义是完全不同的。那么，为什么在《说文》以及更早的《尔雅·释诂》中却都释为"古，故也"？如果按照常理，后出的"故"应该用先出的"古"来解释，即"故，古也"才是合理的。

段玉裁似乎也觉察到了《说文》在"古""故"解说上大相径庭的问题，所以在对"古"进行说解时专门对这个问题进行了说明："古、故也。攴部曰。故，使为之也。按故者凡事之所以然。而所以然皆备于古。故曰古、故也。"这样的解释显然太过迂曲，太过穿凿附会，难以令人信服。

三、对《现汉》中"故"的意义的分析

根据《说文》与《字源》，"故"是"从攴古声"的形声字。下面我们以此为基础，运用汉字形义分析法，对《现汉》中"故"的8个义项进行分析。

3.1 对"故¹"所辖义项的分析

在《现代汉语词典》中，"故¹"共5个义项，分别是①事情，事故；②缘故，原因；③故意，有意；④所以，因此；⑤姓。

"故"的形旁"攴"为手持器具之形，其意义与"手持工具做事"有关。因此，"故"的意义自然应与治事（做事情）有关。义项①"事情"义即由此而来，常见的词语有"典故（有依据的故事）""世故（世间的事情）"；而义项①"事故"义，现在通常指的是"意外的事情"，则显然是由"事情"义通过词义缩小而成。在现代汉语中，"事故"义是"故"的常用义，使用频率远比"事情"义高得多，比如事故、变故等。

义项②"缘故，原因"源于义项①"事情"义，是由"事情"义引申而来，因为人们所做的事情既可能是造成某一后果的原因，也可能是某个原因所导致的后果。比如"因故"，意为"因为（这件）事情"，"（这件）事情"在这里正好处于"因为"之后，所以被解释成"原因"是再自然不过的了，其所构成的词语还有"借故"、"无故"等。我们认为，《说文》将"故"本义释为"使为之"（即"原因"），与其字形不完全相符。根据考察可知，"故"本义并非"缘故、原因"义，而是形旁"攴"和形声字"故"共有的"事情"

义，该意义与形旁"攴"直接相关；而"缘故、原因"义应是由"事情"义引申而来，与形旁"攴"间接相关。

义项④"所以，因此"直接源于义项②"缘故，原因"。当处于含有因果关系的句法环境中、处于连接原因与结果的句法位置上（结果句句首）时，"故"经过语法化由表示"缘故"义的名词发展为表示因果关系的连词。由其构成的词语有"故而"、"故此"等。

义项③"故意，有意"也是由"事情"引申而来。既然从"事情"可以引申出"意外事故"，那么"意外事故"也可看作是有意为之，这是人们很自然的想法。表示"故意，有意"义的"故"所构成的词语有"故意"、"明知故犯"等。

3.2 对"故²"所辖义项的分析

在《现代汉语词典》中，"故²"共三个义项，分别是：⑥ 原来的，从前的，旧的；⑦ 朋友，友情；㊆（人）死亡。

如前所述，"故"是一个"从攴古声"的形声字。而义项⑥"原来的，从前的，旧的"，显然与"故"的形旁"攴"的意义没有关系，但却与"故"的声旁"古"的意义密切相关。因为"古"的常用义是"时间久远"，从"时间久远"自然会引申出"古老，古旧"义，进而引申出义项⑥"原来的，从前的，旧的"义。表示这一意义的"故"具有很强的构词能力，其所构成的词语有"故人、故乡、故纸堆"等，还有"故事①"（［1］旧事，旧业。［2］先例，旧日的典章制度。［3］典故。［4］花样。［5］叙事性文学作品中……的生活事件。［6］文学体裁的一种。）就"故事"的这六个意义而言，前三个意义与"古"的"时间久远"义直接相关，而后三个意义是前三个意义引申而来。

义项⑦"朋友，友情"义应该是由义项⑥引申而来。比如"故人"这个词，"故人"中的"故"就包含"原来的，从前的，旧的"的意思。"故人②"的释义：［1］旧交，老友；［2］古人，死者；［3］对门生故吏的自称；［4］

---

① 该词条的释义来自《汉语大词典》（2915页）。
② 该词条的释义来自《汉语大词典》（2915页）。

指前妻、前夫或旧日的情人。与"故人"的结构相同，意义相近的还有"故友①"：❶旧交，老朋友；❷亡友，死去的友人。若将表示义项［1］［3］［4］的"故人"和表示义项❶的"故友"简称为"故"，那么，"故"就自然发展出义项⑦"朋友，友情"义。由表示"朋友，友情"义的"故"所构成的词语有"沾亲带故"、"非亲非故"等。若将表示义项［2］的"故人"和表示义项❷的"故友"简称为"故"，那么，"故"则发展出"死者、亡友"义；"死者、亡友"义进一步引申，则发展为义项⑧"（人）死亡"义。由表示"死亡"义的"故"构成的词语有"病故"、"故去"等。

3.3　小结

综上所述，《现汉》中"故¹"与"故²"所辖各义项来源不同："故¹"的前四个义项均与形旁"攴"的意义有关；而"故²"的三个义项均与声旁"古"的意义有关。正因为编者认识到"故"的这两组意义之间具有本质的区别，因此，《现汉》将"故¹"与"故²"分为两个条目分别进行说明。

一般认为形声字的形旁表义，声旁表音。而由上文分析可知，就"故"而言，它所表示的意义，一部分源于形旁"攴"，即"故¹"所表示的意义；另一部分源于声旁"古"，即"故²"所表示的意义。对于"故²"来说，声旁"古"既表音又表义，而形旁"攴"则失去表义功能，仅为区别性符号。可见，"故"既不同于一般的形声字（形旁表义、声旁表音），也不同于一般所说的声旁表义的形声会意字，而是一类特殊的形声字。

四、对形声字表意方式的再认识

4.1　对"六书"理论的再认识

古文字在创制过程中，并没有严格意义上的可供遵循的原则。"六书"其实是汉代学者根据古文字的构成与使用方式归纳的六种类型。这些规则对于大部分汉字的形义关系是适用的，但是对于一些汉字的形义关系则不能做出合理的解释。

就创制合体字而言，造字方法不止一种。但有一点是可以肯定的：构成

---

① 　该词条的释义来自《汉语大词典》（2915页）。

部件对字义的指示作用越大，对字音的指示作用越强，这个字的音形义结合得越好，创制就越成功，流传下去的可能性就越大。用这样的方法创制的汉字未必总能符合"六书"的理论，比如"故"，但是这并不妨碍这类汉字的使用和流传。

4.2 对形声字表意方式的再认识

对于形声字，传统的观点是形旁表示字义，声旁表示字音。但也存在以下两种特殊情况：一是声旁既表音又与形旁一起表示字义，构成形声会意字，这类形声字很早即为人们所认识并关注，如宋代王圣美所提"右文说"。二是声旁独立表示合体字的字音与字义，也就是说，合体字的字义和字音与声旁作为独立汉字时的字义和字音相同或相近；而形旁则完全失去表义作用，成为区别性符号。后者就是本文所探讨的特殊形声字。比如，对"故[2]"来说，其字音和字义均来自"古"，而"攴"的作用只是区别性符号。表示"松散"义的"松"也属于此类形声字，下面具体说明。

4.2.1 对"松"的形义分析

《字源》（P501）对"松"的解释如下：

"（松）形声字。从木，公声。树木名，松树。《说文》：'松，木也。'……又借为松散、松弛之'松'（本作'鬆'）。《字汇补·木部》：'松，与鬆同。'新中国成立后，'鬆'被并入了'松'字。"

由此可知，《字源》认为"松"的"松树"义与形旁"木"相关，而"松散"义是由"鬆"而来，即假借"松"为"鬆"，"松散"是"松"的假借义。这种做法显然有舍近取远、穿凿迂曲之嫌。其实，"松散"义本就蕴含在"松"的字形结构中，即"松散"义源于声旁"公"。

《说文》对"公"的解释为："公，平分也。从八从厶。"所谓平分，概括而言就是分，分就有"分开"义，可引申为松开、松散。"公"这种由"分"发展为"松散"的引申趋势，也可以"解"由"分解"引申为"松懈"义作为佐证。因此，我们认为"松散"义并非借于"鬆"，而是取义于表示平分义的声旁"公"。在表示松散义时，"松"字的声旁"公"既表音也表义，"木"仅为区别性符号，其构字方式与表意特征与表示"原来"、"从前"义的"故[1]"

相同。而"鬆"则是在"松"表松散义后而产生的后起分别字,专用于表示头发的松散。

《现代汉语词典》将"松"分为"松¹""松²"两个条目是正确的,具体如下(部分例词有删节):

松¹:①松树;②姓。

松(鬆)²:①松散(跟"紧"相对)。②使松:~劲。③经济宽裕。

　　　　④不坚实:蓬~。⑤解开;放开:~绑。

　　　　⑥用鱼、虾、瘦肉等做成的绒状或碎末形的食品:肉松。

但《现汉》遵从成说,将含"分"义者——"松²"归源为"鬆"欠妥。由上可知,"松²"所辖6个义项均与"分"义相关,均含"松散"义,均源于声旁"公"。可见,就"松¹"而言,形旁"木"表义,声旁"公"表音;就"松²"而言,声旁"公"既表音又表义,形旁"木"为区别性符号。因此我们说"松"与"故"具有相同的表意特征。

4.2.2　对"掌"的形义分析

对于"掌",《说文》解释为:"手中也。从手尚聲。"《现汉》在"掌"的条目下共收录了包括"手掌""用手掌打""掌管,控制"等在内的10个义项,这些义项均与形旁"手"有关,涵盖了词条"掌"下所列的除"掌故"以外的所有词语。

《现汉》《辞源》《汉语大词典》《古代汉语词典》等工具书均收录了"掌故"一词。《现汉》分析意义以现代汉语为准,因此释义为"历史上的人物事迹、制度等"。而其余三部词典均收录"旧制旧例(国家的故事)"与"官名"两个义项,但两义项的先后顺序有别:《辞源》与《古代汉语词典》先列"旧制旧例"、后列"官名",《汉语大词典》则相反。词典中义项的先后顺序体现了编者对义项产生先后的看法。我们赞同《辞源》与《古代汉语词典》的处理,即我们认为"掌故"的本义应为"旧制旧例(国家的故事)",随后发展出"掌管礼乐制度等故事的官名"这一意义。这样的话,"掌故"中"掌"的意义应与其形旁"手"无关,那么其意义由何而来呢?对此,《现汉》《辞源》等四部词典均未收录，这似乎是一个较大的疏漏。

根据对"掌故"和"故"的意义与"掌"字形的分析，我们认为"掌故"中"掌"的字义与其声旁"尚"有密切关系。《汉语大字典》（P563）中"尚"条目下义项⑪：

久远。《小尔雅·广诂一》："尚，久也。"《吕氏春秋·古乐》："故乐之所由来者尚矣，非独为一世之所造也。"高诱注："尚，久也。"《史记·三代世表》："五帝、三代之记，尚矣。"司马贞索引："刘氏云：'尚，猶久古也。'"《元史·河渠志一》："水为中国患，尚矣。"

由上引注解可知："掌故"中的"掌"，其字义应来自声旁"尚"。"尚"有"久远"义，"久远"即含"古老"义；而"故"可表"事情"义，因此"掌故"可表示"历史上的人物事迹、制度等"意义。对于表示"久远"义的"掌"来说，声旁"尚"既表音又表义。在这一点上，"掌"与上文"故"、"松"两字是完全一致的。

五、结语

六书理论自诞生以来沿用至今。按照该理论，形声字的字义来自形旁，字音来自声旁。该理论对大部分形声字是适用的。可是还有一些特殊的形声字，它们所表示的不同意义分别来源于其形旁与声旁。当意义源于形旁、声旁表音时，该字属于一般形声字。当意义源于声旁、形旁不表义、而仅为区别性符号时，该字为特殊形声字。本文所论"故""松"即属于这类特殊形声字。

有人认为来自声旁的意义应该是由于假借而造成的。但是假借通常是本无其字或者本有其字，依声托事，用一个读音相同或相近的已有汉字来表示一个新义。而本文讨论的这类特殊形声字，其部分意义就是该字声旁作为独立汉字时所表示的意义，这些意义不是新产生的，而是早已有之。

受传统"六书"理论的影响，对于部分字义来自声旁的这类特殊形声字，人们不愿意承认它们的存在，因为它们不符合形声字的定义。正是这种似乎是有意的回避，才导致辞书明明将一个汉字由于其所表示的意义差别太大而不得不分为两个条目时，却不能明确说明这样处理的原因，比如"故"；或者穿凿附会地用所谓假借字来解释，比如"松"；有的辞书为了不给自己找麻烦，竟然采取完全无视的态度，干脆不收录这一意义，比如"掌故"中的"掌"。之所以如此，原因在于人们受六书理论影响，没有勇气面对这类不合六书理论的反例。

在探索汉字形义规律的实践中，我们应该秉持一切从实际出发、实事求是的态度，既要尊重六书理论，更要尊重客观事实，在实践中不断地发现和总结新的规律。只有这样，我们才有可能不断加深对汉字形义关系的理解。

参考文献

［1］陈复华主编，《古代汉语词典》，北京：商务印书馆，1998年。

［2］段玉裁，《说文解字注》，上海：上海古籍出版社，1988年。

［3］汉语大字典编辑委员会，《汉语大字典》，武汉：湖北辞书出版社，成都：四川辞书出版社，1986年。

［4］汉语大词典编辑委员会，《汉语大词典》，北京：汉语大词典出版社，1997年。

［5］李学勤主编，《字源》，天津：天津古籍出版社；沈阳：辽宁人民出版社。2012年。

［6］孙诒让，《与王子壮论假借书》，载《籀顾述林》，北京：中华书局，2010年。

［7］许　慎，《说文解字》，北京：中华书局，2011年。

［8］中国社会科学院语言研究所，《现代汉语词典》，北京：商务印书馆，2016年。

对外汉语教材研究

中韩 HSK5 级教材对比研究

——以中国《HSK标准教程5》与韩国《新HSK 5级一本通》

(버전업! 新HSK5 한 권이면 끝) 为对象

［韩］李秀彬

摘　要　本文分别以中韩两国HSK5级教材中的《HSK 标准教程 5》与《新 HSK 5 级一本通》为研究对象，在前人研究的基础上，对两套教材中编写理念和原则、它们与HSK大纲词语及语言点的对应率、展现方式等方面进行了数据分析。在此基础上提出四条编写 HSK 教材的微见：（1）教材中的词语、语言点等与HSK大纲对应重合率要尽可能高。（2）教材内词语练习与展现方式要尽可能多样化。（3）教材编写原则、理念、方式要进一步与时俱进、敢于创新。

关键词　HSK大纲　HSK教材编写　中韩　对比

一、绪论

1.1　选题缘由

随着中国国际地位的不断提高，中国和韩国在经济、政治、文化上，交流越来越密切，汉语在韩国的重要性日益突显，越来越多的韩国人开始学习汉语。目前韩国经济不太景气，就业时拥有HSK证书，就代表着多一份竞争力。2015年韩国参加HSK考试的人数已突破10万。考生人数增加的同时，考生选择的考试等级也在不断提升，HSK5级考生最多，6级次之，接下来是4级和3级。截至2015年，在韩国12个城市共设有22个考点，甚至开始试行网络考试。韩国新开发的汉语教材也不断涌现，主要分为两种：一种是会话课教材，另一种是备考HSK的教材。备考HSK的教材中，最受学生欢迎的是面向HSK5级的教材。韩国的HSK教材是多以试题训练为主，经笔者近三年在实际教学中所使用和接触到的韩国人编写的教材，初步判断是它们的编写形式基本相同，主要区别在附录和解析部分。韩国人买教材时最关注的部分是教材是否提供词表、解析部分是否清楚。汉语补习班在选用HSK教材时，都会看重这两点。韩国面向HSK的教材种类繁多，如模拟试题集、考试技巧分析、专攻阅读阶梯教材、专攻书写教材等，它们在图书市场上几乎随处可见。与韩国不同的是，中国出版的HSK教材多以功能为主，重在培养语言应用能力，兼顾HSK。

本稿以中国出版（指由中国人编写并在中国出版发行）的《HSK标准教程》和韩国出版（指由韩国人编写并在韩国出版发行）的《新HSK한권이면끝》（《新HSK一本通》）为研究对象。对两套教材中的结构布局、听力、阅读、写作与解析进行考察和对比研究，找出相同点与不同点，以及各自的优缺点，希望能为HSK教材编写，尤其是面对韩国汉语学习者的HSK教材，提出一些微见。如果能为韩国本土的汉语教材编写起到一定的推动作用，则是笔者之大幸。

1.2 研究对象

1.2.1 研究对象简介

本研究选取的两套教材《HSK标准教程5》（以下简称《教程》）和《新HSK5级一本通》（以下简称《一本通》），基本情况如下：

（1）《教程》是由姜丽萍主编，经国家汉办授权，由北京语言大学出版社联合汉考国际（CTI）共同研发的教材，于2015年由北京语言大学出版社出版发行。该教材将HSK真题作为基本素材。它是一套充分体现"考教结合、以考促学、以考促教"理念的新型汉语教材。基本适用于多国孔子学院，也可供其他汉语教学培训机构和个人自学。

（2）《一本通》（30天完成完美的计划）是由한선영（韩善英）主编，2011年동양BOOKS（DONGYANG BOOKS出版社）出版。这套教材的编者韩善

英教授是韩国汉语研究领域的知名教授，以讲授HSK而闻名。教材包括5级技巧书（试题分析集）与5级解析集（每题用韩语翻译解释）两个部分。技巧书以试题的技巧训练为主题。解析集是以试题解析为主题。每套技巧书配备考试技巧介绍、试题分析、试题解释、重点词语、考试常出现的语法点等，每套解析集配备每个试题及试题中涉及的重点词语的韩语解释。

1.2.2　研究对象选取原则

（1）适用对象基本一致

两套教材都是面向HSK5级的教材，适用对象是母语为非汉语的外国成人，但是两套教材适用对象所在地区有些许差异，《教程》主要适用对象于中国国内外的汉语学习者，《一本通》的主要适用对象是以韩语为母语的学习者或在韩国学习汉语的其他外籍学习者。从整体来看，两套教材的共同点多于不同点，这也是将两套教材拿来对比的重要依据。

（2）较高的权威性和代表性

两套教材分别由中韩汉语国际教育、教学界的专家编写，《教程》的编者是北京语言大学的姜丽萍教授，《一本通》编者是延世大学外国语学堂、柳韩大学及首尔孔子学院的韩善英教授。两套教材的出版社分别是北京语言大学出版社和东洋BOOKS出版社，都是汉语国际教育学界比较知名的出版社。

（3）针对性强

这两套教材的针对性非常强，《教程》将HSK大纲词汇、HSK试题中话题与文本材料作为重点，并以学生为中心，在培养学生语言综合运用能力的前提下来提高学生的应试能力和水平。《一本通》则侧重分析HSK题型，向学生详细介绍如何准备考试及考试中常见、必备的词语，注重应试技巧和方法的说明。

二、对两套教材编写理念、原则的考察与分析

2.1　编写理念

两套教材编写理念有些不同，《教程5》的主要编写理念是"考教结合"，教材里不仅体现"考教结合"，还注重培养学生的听说读写等综合运用能力，同时融入交际法和任务型语言教学，体现了主题式教学的理念。《一本通》编

写理念是"以应试为主"，教学生如何准备考试，帮助学生在短时期内考到好成绩，该教材在韩国HSK教材中销量最高。

（1）考教结合

原来旧版HSK是"考教分离"，这一原则使得学生在汉语学习上缺乏因考试带来的成就感，导致有些没自信的学生放弃了HSK考试，甚至放弃了汉语。"考教结合"的前提是为学生提供考试服务。满足学生的需求，不仅可以准备考试，又可以强调提高学生的语言综合运用能力。这就是"考教结合"的含义。《教程5》的编写理念是"考教结合""以考促学"，是现有HSK教材当中唯一体现"考教结合"的教材，这套教材当中不仅覆盖了大纲词、大纲的话题、大纲的语言点，而且几乎每个话题都富有幽默感，比较能吸引学生注意力。

（2）应试为中心

"应试教育"可以说是机械化模式的教育，应试教育模式能提高教师工作上的成就、学生的学业水平，但是这种教育模式往往忽略学生本身的能力和创意。韩国比较重视"应试教育"，现有外语教材基本编写理念几乎都是"应试为主"。笔者认为韩国重视"应试教育"的原因在于韩国与其他国家相比，比较重视"学历教育"。韩国有三大名牌大学（SKY大学：首尔大学、高丽大学、延世大学），这三所大学是韩国学生与父母的目标学校，甚至是人生奋斗的目标。最早的应试教育是从韩国的英语教育开始的。中韩建交之后，韩国越发重视汉语学习，"应试教育"融入韩国的汉语教育中。有很多大学优先录取外语成绩优秀的学生，因此韩国学生以汉语学习高分通过HSK作为目标。另外，很多公司优先录取汉语能力强的人才。很多学生在大学毕业之前，参加HSK、JPT等外语考试。韩国社会对外语人才非常重视。这不仅仅体现在就业方面，还有入学（国际学校与大学）考试、公务员选拔及公司内的升职与就业签证等领域，汉语成绩都是重要的参考依据，所以很多人以短期内得到考试证书为目的而学习外语，当然也包括汉语。总之，韩国在外语学习当中离不开"应试教育"。

《一本通》跟已经出版的HSK教材一样，主要体现了"以应试为中心"，教材对HSK题型和做题技巧进行了分析，并归纳提炼出考试中常出现的词语等。"应试"在该教材中主要体现在HSK提问形式、回答形式、考题分析等方面。

2.2 编写原则

教材设计与编写工作中会出现很多原则。对外汉语教育学界很重视对教材编写原则的研究，很多学者都对教材编写原则进行了研究（如吕必松、刘珣、李泉等知名学者）。主要可归纳为以下几个方面。

（1）结构、功能和文化相结合原则

它吸取了交际法与任务法的理念和实践，同时结合语法翻译法与听说法的优点。教材编写原则对对外汉语教育学产生了很多重要影响，同时提升了教材编写质量。结构、功能和文化相结合的教材把结构、功能、文化作为编写教材的目标指向，使得教材在编写上比较完整。这样一种较为完整的教材设计体系，在为学生提供基本讲解之外，还可通过配套语境让学生更易于接受和掌握，另外也适当补充了目的语国家的文化和习俗。但是从严格意义上来说，这两套教材在这一方面还有进一步提升的空间。

（2）针对性原则

《教程5》是面向HSK，以HSK六纲为依据而编写的教材，主要面向准备HSK考试的学习者。该教材注重培养考生的语言应用与考试能力。从教学目标来看，学生使用这套教材后可得到更高的分数，同时能检验自己现有的汉语水平。提及HSK教材上的"针对性"，笔者认为至少体现在三个方面，第一是针对HSK考试，第二是符合HSK大纲，第三是满足考生的需求，学生的需求主要指HSK试题练习充分、足够的词汇讲解、练习以及适量的虚词讲解与练习等。《一本通》在韩国国内很有影响力。它针对HSK考试，以已经出版的模拟试题与真题为依据，面向准备HSK考试的学习者，长于词语分析、试题分析和试题讲解。同时紧扣HSK大纲要求，可以说是一部针对性较强的实用型教材。

（3）交际性原则

《教程5》是从三个方面来凸显交际性原则的。姜丽萍（2015）在关于这部教材的编写说明中指出，它是一部语音知识介绍与交际性并重的教材。将声韵调等知识融入交际会话用语中。在学生熟悉汉语语音的同时，图文并茂地教授问候、告别、致谢、致歉等常用交际用语。二是有序地进行单音节、双音节、三音节词语的练习，为后续的词语、语法、句法学习奠定基础。三是设立双音节词语声调搭配"标准词"模式，重视"标准词"的示范作用。现代汉语常用词语中大部分为双音节词，双音节词的声调组合模式不仅在于双音节词中的常用，而且它也是三音节、多音节声调组合模式的基础。我们为每个双音节声调模式确定一个"标准词"，也就是强调其声调的范式作用，让学生把它当作乐谱一样记忆保存，以后再学习相同声调模式的词语时，就以这个"标准词"作为范本来模仿。

《一本通》从三个方面来体现交际性原则：首先通过话题分类讲解词语部分，一个话题包含7–16个生词，告诉学生按照一个话题内选词的基本范围。其次讲解汉语写作规则与写作形式。最后是教材内的练习与注释部分。

（4）实用性原则

《教程5》采取了交际法和任务型语言教学的核心理念，因此教材内设计了多样的话题。这套教材内设计的话题选自真实生活，反映多样的情景、多样实际语境。如：北京的四合院、修养身心、体育、军事、医疗、影视艺术、建筑、语言文字、饮食、电脑网络等。

《一本通》在韩国是一部具有一定典型性和代表性的应试教材。这套教材是以模拟题与真题为中心而编写的教材，设计了试题分析。试题分析首先分析试题的"话题"类型，然后设计词语练习。

三、两套教材词语部分的对比研究

3.1 两套教材词语与HSK大纲5级词对应重合率研究

3.1.1 《教程5》与HSK大纲5级词对应重合率考察

《教程5》的词语展现方式有两种，分别是生词表里的词语和扩展部分的词语。根据统计，《教程5》中的总词语数量是1732个，包括上下册课文生词表里的词语共1371个，每课平均有37个词语、超纲词有71个、重复的词语数量是114个。

表1　《HSK标准教程5》词语数量统计

《教程5》上　总词汇量	706
《教程5》下　总词汇量	665
《教程5》上　扩展部分总词汇量	184
《教程5》下　扩展部分总词汇量	220
《教程5》上　超纲词总数量	126+47（专有名词）
《教程5》下　超纲词总数量	188+27（专有名词）
《教程5》上　每课平均词语数量	39.2
《教程5》下　每课平均词语数量	36.94

　　本文认为属于大纲1—5级以外的词都是超纲词。根据大纲统计，超纲词可以分为5个部分，分别是重组默认词、减字默认词、特例词、其他词、6级词。《教程5》的超纲词中，特例词共74个，其中上册47个，下册27个；6级词共129个，包括上册57个，下册72个；重组默认词只有1个（下册36课）；减字默认词则为零；其他类超纲词157个。

表2　《教程5》与HSK大纲5级词对比考察

《教程5》词语总数量		1732	
《教程5》重复的词语量		114	总结
《教程5》超纲词量		361	
《教程5》5级词语数量		1300	
《教程5》超纲词	重组默认词	1（《教程》下册-分享）	
	减字默认词	0	大纲5级词1300全部覆盖了
	特例词	74	
	其他词（超纲词）	157	
	6级词	129	

3.1.2　《一本通》与HSK大纲5级词对比考察

　　《一本通》词语展现途径主要有三种：技巧书的试题文本词库、技巧书的词语+tip词库与主题词语、解析书的试题文本词库。

　　《一本通》的词语总数量是6723个，分别是技巧书的试题文本词库的词语1189个、技巧书的词语+tip词库与主题词语的224个、解析书的试题文本词库的词语5310个。

表3 《一本通》与HSK大纲5级词对比考察

《一本通》词语总数量		3178	
《一本通》重复词语量		1078	总结
《一本通》超纲词量		1431	
《一本通》5级词语数量		669	
《一本通》超纲词	重组默认词	22	
	减字默认词	11	
	特例词	25	大纲5级词1300中覆盖了669个词语。
	其他词（超纲词）	1103	
	6级词	270	

本稿认为属于大纲1—5级以外的词都是超纲词。根据大纲统计，超纲词可以分为5个部分，分别是重组默认词、减字默认词、特例词、其他词、6级词。《一本通》的超纲词中，特例词共25个；6级词共270个；重组默认词22个；减字默认词11个；其他类超纲词1103个。

3.2 两套教材词汇与HSK大纲5级词汇对比考察与分析

表4 两套教材词汇与HSK大纲5级词汇总对比

	总词语量	5级词语量	超纲词量	覆盖率百分比
《教程5》	1775	1300	361	100%
《一本通》	3178	669	1103	51.46%

本节探讨了两套教材的词语部分，首先统计了两套教材词语部分的词语数量，然后在此基础上，将统计结果与HSK词语大纲进行对比分析，最后在与HSK大纲5级词比较的基础上，对两者对应率进行研究。

通过以上考察可知两套教材在编写过程中注重词语学习与练习。从大纲5级词汇量来看，《教程5》已经达到了基本要求的1300词，但是《一本通》没达到基本要求的1300词。从词语讲解方面来看，笔者认为《教程》注重学习者的词语运用能力与词语的语境理解，但《一本通》以考试为目的，在词语部分采取各种讲解方式。因此，笔者认为以后的HSK教材可以结合这两本教材的优点。

四、两套教材语言点的对比研究

4.1 两套教材语言点与HSK大纲5级语言点对应研究

4.1.1 《教程5》的语言点与HSK大纲5级语言点对应的考察

《教程5》语言点呈现方式是词语注释方式展示语言点。词语注释中选取HSK5级大纲语言点23个。四级以上"大纲"没有语法要求，基于对真题的统计，我们对四至六级的语言点进行了补充，补充的原则如下：（1）将前三级出现的"超纲"语言点补充到四至六级的语言点大纲中。（2）以语法词定级别。比如，"与其""要不""假如"是五级词，由这些词衍生的语言点分别归入五级和六级的语言点大纲中。（3）难度逐级递增。五级除了注重词法、句法外，还重点借鉴《对外汉语教学语法大纲》（王还，1995）、《对外汉语教学初级阶段教学大纲》（杨寄洲，2005）、《国际汉语教学通用课程大纲（修订本）》（国家汉办，2014）等著作中的教材编写要求。

4.1.2 《一本通》的语言点与HSK大纲5级语言点对应的考察

《一本通》中专门讲解语言点的部分有48处，其中与新HSK5级语言点大纲中对应的只有8个。大纲中的语言点总数是32个。《一本通》的语言点选择偏重"复句"，这可能与HSK5级偏重复句有关。由此可见，《一本通》的语言点还不算多，需要在练习中增加语言点。《一本通》选取的是模拟题、真题内出现频率高的语言点，同时也参考了韩国国内已经出版的语法方面的教材。

4.2 两套教材语言点异同的考察与分析

两套教材中的语言点都有与HSK5级语言点大纲重合的部分。

表5 两套教材语言点与HSK大纲5级语言点对应重合率考察

教材	与大纲对应的语言点数量	对应重合率
《教程5》	23	71.3%
《一本通》	8	24.8%

4.2.1 两套教材相同语言点的考察与分析

两套教材都布置了5级的语言点。比如：所；A不如B（这么/那么）+形容词；宁可……，也不/也要……；与其……，不如……；万一……,（就）……；除非……，不然……；等等。这些都是日常交际和写作中常用的语法点。通过这些语言点，可看出两套教材都考虑到了学习者的需求。

两套教材都是面向HSK的教材，虽然编写理念和原则各有不同，但教学对象一致，并且都覆盖了一定的5级语言点。从这点可看出两套教材的教学目标是培养学习者的考试能力及语言运用能力。它们都体现了针对性原则，以服务考试、面向学生为中心。

4.2.2 两套教材不同语言点的考察与分析

表6 两套教材不同语言点的整理

《一本通》特有： 假如……，就……；哪怕……，也/还……	《教程》特有： 以来、多亏、靠、难免、便、根本、简直、难怪、勿、朝、趁、于、至于、以及、似的。 不但不/不但没有……，反而……；（幸亏）……，不然……

资料均来自《来华留学生简明统计》（1999–2013年）（教育部国际合作与交流司编）

（1）语言点难度等级不同。两套教材虽然都是HSK5级教材，但《教程5》的难度适合HSK5级的学习者，而《一本通》则适用于一般的学习者。从这一点来看，笔者认为韩国HSK教学更注重基础性语法。

（2）侧重点不同。《一本通》注重HSK5级大纲里的语言点讲解，而《教程5》注重HSK试题当中的难点与复句。

五、HSK教材编写建议

虽同为HSK教材，但两套教材的语言点设计方式不尽相同。首先从对应重合率来看，尽管《教程5》出版日期比HSK大纲早，但仍能达到71.3%，能做到这一点确实不易，可见《教程5》的编者已熟知5级语言点的难度情况。而《一本通》的语言点与HSK5级大纲语言点的对应重合率为24.8%，远低于前者。显而易见，与大纲对应重合率越高越容易通过HSK。其次从选取的语言点整体难度来看，《教程5》难于《一本通》。基于以上对比，笔者初步提出以下微见：

首先，HSK教材编写过程中，教材与大纲对应重合率要尽可能高。HSK大纲是HSK的基础，也是HSK教材编写的基本参考标准，不符合大纲就不容易通过考试。韩国编写HSK教材只关注词汇大纲，应该除参考词汇大纲之外，还应参考语言点大纲、话题大纲、任务大纲等进行编写。

其次，HSK教材编写原则、理念、方式要努力开辟新道路。这条建议是面向韩国HSK教材编写方面的建议。先前的HSK教材侧重于培养学习者的考试能力，注重反复做模拟题，背大量大纲词。但笔者认为HSK的主要目的不是培养考试能力，而是通过考试来刺激学习者提高听说读写等语言运用能力。

最后，HSK教材编写方面要敢于创新。目前除了《教程5》以外，很少见到考教结合的教材。现在整个HSK教材几乎都偏向于应试。如果编者敢于创新，将考试与语言实际运用巧妙结合或许更能激发学习者的汉语学习兴趣。

参考文献

1. 参考教材

［1］韩善英（2014）《新HSK5级一本通》，韩国：曈洋BOOKS出版社。

［2］姜丽萍（2015）《HSK标准教程》，北京：北京语言大学出版社。

2. 参考大纲

［1］孔子学院总部/国家汉办编制（2015）《HSK考试大纲4级》，北京：人民教育出版社。

［2］孔子学院总部/国家汉办编制（2015）《HSK考试大纲5级》，北京：人民教育出版社。

［3］孔子学院总部/国家汉办编制（2015）《HSK考试大纲6级》，北京：人民教育出版社。

3. 国内文献

［1］卞惠银（2009）《韩中两国教材对比研究——以<中国语>和<博雅汉语>为例》，上海师范大学硕士学位论文。

［2］王佶旻（2007）汉语水平考试（HSK）改进方案，《世界汉语教学》第2期。

［3］崔仁荣（2014）《提高韩国留学生汉语听力水平的教学方案 ——以新HSK听力理解为例》，黑龙江大学硕士学位论文。

［4］崔晓玉（2010）《〈汉语会话301句〉》与《〈JRC快乐汉语〉》的比较研究》，东北师范大学硕士学位论文。

［5］付文萍（2013）语法的三个平面理论在HSK教学中的体现，《语文建设》第2期。

［6］何洪霞（2010）HSK听力短文题型障碍分析及训练对策，《沈阳教育学院学报》第5期。

［7］胡明扬（1999）对外汉语教学基础教材的编写问题，《语言教学与研究》第1期。

［8］姜丽萍（2015）《HSK标准教程》系列教材的编写理念与实践，《国际汉语教学研究》第2期。

［9］姜丽萍（2008）《对外汉语教学论》，北京：北京语言大学出版社。

［10］罗莎新（2014）《〈HSK词汇大纲〉》中单音节多义实词及教学研究》，四川师范大学硕士学位论文。

［11］孔建源（2013）汉语双音节合成词的词义透明度分析——以HSK词汇大纲为例，《现代语文（学术综合版）》第8期。

［12］刘颂浩（2009）对外汉语教学中练习的目的、方法和编写原则,《世界汉语教学》第1期。

［13］刘 珣（2014）"结构—功能—文化相结合"的汉语教学理念再思考，《国际汉语教学研究》，第2期。

［14］李遂完（2013）《新HSK五级词汇的汉韩比较分析》，广西大学硕士学位论文。

［15］李　泉（2006）《对外汉语教材研究》，北京：商务印书馆。

［16］李泉（2002）近20年对外汉语教材编写和研究的基本情况述评，《语言文字应用》第3期。

［17］李　泉（2006）对外汉语教学语法研究述评，《世界汉语教学》第2期。

［18］李　泉（2007）论对外汉语教材的实用性，《语言教学与研究》第3期。

［19］李　泉（2004）论对外汉语教材的针对性，《世界汉语教学》第2期。

［20］王　娟（2012）2009年国内HSK考生数据库，《中国考试》第3期。

［21］赵金铭（1997）对外汉语教材创新略论，《世界汉语教学》第2期。

［22］赵金铭（2004）跨越与会通——论对外汉语教材研究与开发，《语言文字应用》第2期。

［23］赵金铭（2008）汉语作为第二语言教学:理念与模式，《世界汉语教学》第1期。

［24］赵金铭（2011）国际汉语教育研究的现状与拓展，《语言教学与研究》第4期。

4. 国外硕博文献

［1］주업흥 新 HSK 사자성어 연구 ＝（A）study on the Chinese four-character idioms of new HSK 원광대학교대학원

［2］김춘옥 新HSK 어휘집에 수록된 심리동사 연구 ＝（A）study on the psychological verbs in new HSK vocabulary 강릉원주대학교대학원

［3］문미진 新舊 HSK 비교 연구: 시험내용과 문제유형을 중심으로 中國人文科學 Journal of chinese humaities. 제47호（2011년 4월）

［4］정한나 중국어 동사 유의어 분석: 신 HSK 5급 어휘를 중심으로 서울: 한국외국어대학교 교육대학원, 2011.2

［5］성윤숙 새로운 중국어능력평가방식 신HSK 분석연구: 신HSK 5급과 구HSK 초·중급의 비교를 중심으로 언어과학연구. 제54집（2010년 9월）

［6］全媛媛（中国）对韩汉语教学研究：由HSK试卷浅探第二语言教学 A Study on the Teaching of Chinese to Koreans 숭실대학교 2010년

［7］金民正（2010）《汉语会话教材中出现的熟语应用状态与效果研究-以<新攻略汉语-水平提高篇（上）>~<新攻略汉语-完成篇>为列》，江陵原州大学硕士学位论文。

5. 其他参考资料

［1］国际在线《新HSK汉语水平考试考生突破百万》［N］http://gb.cri.cn/42071/2014/09/02/7551s4677100.htm。

［2］精品学习网《韩国汉语水平考试人数将超10万人》［N］http://news.51edu.com/news/18875.html。

［3］中华人民共和国教育部《2015年全国来华留学生数据发布》http://www.moe.gov.cn/jyb_xwfb/gzdt_gzdt/s5987/201604/t20160414_238263.html。

短期进修旅游汉语教材《观光汉语》的特色、问题及建议 ①

许 博

摘 要 编写适合留学生短期进修的初级对外汉语课本是探索短期旅游汉语教学的有益尝试，而韩文版《观光汉语》（上下册）正是一套适合韩国留学生在中国短期进修旅游使用的国别化旅游汉语初级教材。本文拟从形式和内容两方面分析此套教材的特色，并针对其国别化旅游汉语教材编写中存在的问题，对国别化旅游汉语教材编写提出相应的一些建设性建议，希望通过本文的研究对今后开展对韩旅游汉语教材研发及教学工作有所助益。

关键词 短期进修 旅游汉语教材 特色分析 编写问题 研发建议

一、引言

据教育部网站的数据显示②，在2016年，非学历来华留学生达232 807人，占来华留学生总人数的52.58%。2018年3月30日最新公布的一组数据显示，2017年共有48.92万名来华留学生，其中学历生24.15万人，占总数的49.38%，同比增幅15.04%，预计今后将会每年以10%速度增加人数。由此可见非学历留学生仍是来华学习主体，但是目前国内更关注学历留学生教育，非学历留学生教育并未得到足够的重视和关注。国内各高校开设的非学历汉语进修课程，无论是在培养目标、管理方法还是课程设置方面都没有统一的规范或模

---

① 本研究得到北京语言大学校级项目的资助（2018年度研究生创新基金项目）（18YCX136）。

② 中华人民共和国教育部［2018-03-30］，http//www.moe.gov.cn/jyb_xwfb/gzdt_gzdt/s5987/201803/t20180329_331772.html。

式，相关研究也十分有限（米南，2015：307）。凌德祥（2006）在其《走向世界的汉语》一书中也指出，来华留学生的教育从汉语言教学为主体，逐步拓展到各种类型、各种层次和各种专业的教育。但满足个性化需要的汉语教学课程仍显不足，尤其目前我国接受来华留学生教育人数更多的非学历教育相关研究相对缺乏，而如"旅游汉语"这样针对性短期进修特色教材研究则更显不足。

另据刘东青（2016）对全球教材库中不同中介语教材的统计显示，2000年到2015年4月，在全球范围内出版发行的以英语为媒介语的教材达2665册，韩语有1106册，日语1068册，泰语271册，俄语185册，德语155册，法语133册，西班牙语104册，还有印尼语、蒙古语、波斯语、波兰语、斯洛伐克语、斯瓦西里语、印地语、希伯来语、尼泊尔语等作为中介语的教材。可见新世纪以来，国别化汉语教材开发的规模和速度是惊人的，体现出教材本土化的大趋势。回望几十年来海外汉语教材的概貌，无论是通用型教材在海外的使用，还是一些国家自主编写的汉语教材，尽管它们对海外的汉语推广事业起到了不可磨灭的积极作用，但是其不足也是十分明显的，其最大缺陷就是缺少针对性，无论是在教材所表现的生活内容上，还是在不同的思维习惯上。除此之外，语言知识上的不同也会干扰本国人正确掌握汉语的语音、词汇和语法等。由此，一些汉语国际教育的研究者，认为必须改变一部教材打天下的传统做法，提出要根据不同国家和地区的特点、编写出真正适合海外使用的国别化教材的设想。如施春宏（2010）认为，国别化教材是针对教学对象所在国家的语言、社会、文化等背景及学习者的认知方式、心理特征而编写出的适用性教材。"沈庶英（2012）认为，国别化教材可以在一定程度上摆脱传统教材编写的束缚，可以使教学活动更灵活、真实，更具操作性。综上，我们可以认定国别化教材是为了针对某一个国家的学习者，并根据该国学习者的语言和文化背景编写的、符合实际学习情况、便于该国学习者学习的语言教材。笔者认为应在利用他们所提出的国别化教材特点的基础上，进行适当的研究，找出韩国国别化教材的特点，编写适合韩国学习者并富有成效的国别化汉语教材为宜。那么究竟该如何编写国别化教材呢？衣玉敏（2011）在《对外汉语国别教材建设研究》中提出了编写对外汉语国别教材的5个具体措施，即：突出教材的针对性；适时进行汉字与汉语的分合；合理进行语言与文化的融合；中外合作，突破教材编写者语言文化状况的制约；教材立体化的实现途径。正如陈绂（2010）指出的："适用性是海外汉语教材的生命线。""所谓适用性就是要保证教材的整体框架、语料内容以及用来操练的各种练习等，必须按照所在国的整体状况和学习者个人的具体情况设计和编写。"

　　笔者认为以上学者所提出的措施基本适合国别化教材的编写，但是对韩国人的针对性仍不够强，本文将在前人和时贤研究的基础上对韩国国别化教材提出更有针对性的建议。考虑到现代学习者的视觉敏感性，教材的表现形式也不容忽视，教材的形式部分也应和内容一样重要，一样值得研究。由Schumann（1978）创建的文化适应模式理论提出的"文化适应假说"认为，习得一种语言的过程，就是适应这种语言所在国家文化的过程，对其文化的接受程度直接影响到语言习得的效果。可见，在外语学习中文化的地位不可忽视。目前文化方面的对比研究相对薄弱，需要进一步深入探讨。我们通过调查发现，在华留学和攻读汉语的排在首位的韩国学生，其中有不少是来中国一边学习、一边旅游的"修学旅游者"，不少是出于了解中国、来中国观光的学习动机而学习汉语的成年人。他们在汉语初级水平时，普遍反映需要注释为韩国语的、具有针对性的汉语教材。也有在华观光旅行的韩国留学生反映，在使用"通用型"教材学习汉语语法时，往往不能理解英语的注释。如能编写有韩国语注释和翻译的，并且注意两国语音、词汇、语法等语言知识点对比的针对性强的教材，则有利于韩国汉语学习者在学习汉语初期提高学习效率，并且有利于提高学习者对知识点的认知准确度。有鉴于此，编写"国别化"教材，进行针对韩国留学生的观光汉语类教材编写与研究十分必要。本文希望通过对韩文注释版《观光汉语》教材（上下册）的系统分析研究，能够针对韩国国别化汉语教材的问题编写提出一些建设性建议，尽快使中国汉语教材满足韩国本土化需求，提升韩国国别化教材的编写质量，提高韩国学生学习汉语效率。

二、《观光汉语》教材特色分析

本文将从短期进修韩文注释版《观光汉语》教材（上下册）的形式和内容两方面进行分析，从而展现这套教材的国别化旅游汉语教材特色。

2.1 《观光汉语》形式特色分析

2.1.1 插图特色分析

插图是插在文字中间用以说明文字内容的图画，对文字内容作形象的说明，以加强教材的感染力和书刊版式的活泼性。有关实验证明，用有插图的教材学习的学生成绩比没有插图的教材学习的学生成绩高36%。插图不仅能美化教材，也是提高学习效率的一种手段。除此之外，外语教材的插图还应该反映目的语文化，并能准确地传达出目的语文化的信息。《观光汉语》的插图既有精美的旅游景点图片，又有许多韩国留学生实地修学旅游在当地真实景点中留下的照片，内容丰富，基本每课都能保证有充足的插图供韩国留学生学习。这其中，既有根据课文内容、练习内容制作的插图，又有根据风景区制作的观光图、风景图，还有许多是韩国留学生在中国旅游时亲自拍摄的美丽照片。这些插图的运用，使得韩国留学生能够图文并茂地学习汉语，且插图和课文内容相关性很强，能够帮助理解课文内容、能够反映文章主题。另外，插图体现出众多文化元素也很多，如下册第六课"传统文化"所用的插图，是曲阜孔庙的照片，还有孔子的画像图片、孔子家酒的广告图片，既让韩国留学生了解中国古代建筑的特色，又能体会中国酒文化的千年传承。

2.2 《观光汉语》内容特色分析

2.2.1 课文编排特色分析

在教材编排中，一般是课文前一部分设计为至少五段基于具体旅游实际情景的"会话"，布控必要的词语、基本句式，设置相关语境；后一部分则设计为"短文"，将前一部分习得的知识再现于游览风景名胜、体验民俗风情的实际描述中，后面也附有中韩文交替的"词语"，强化语言实践。本套教材努力做到一个旅游交际任务项目既是学生在课堂上的学习任务，又是在交际中可以实际运用的交际内容。另外，在课文编写方面,《观光汉语》涉及话题多,内容丰富。总有六个会话，前三个会话对初级阶段适用，后三个会话较长较难，对初中级阶段适用。

2.2.2　词汇特色分析

本套《观光汉语》（上下册）中词汇量足够，词汇等级以一级（初级）词为主，对初级短期班学习者合适。此外，与旅游有关的词汇多，针对性较强。因为是针对于修学旅游的韩国留学生，这些词汇有一定数量是与参观、旅游有关系的，而且还选用了一些他们感兴趣的地方名词和人物名词。由于一般认为韩国归属于汉字文化圈，所以词汇量还适当扩大了一些，以便选用。因此，注重词汇是本套教材的一个特色。关于词汇和语法的教学，陆俭明（1998）曾指出，"初级阶段词汇是重点，量要大，而语法不宜过分强调"。这都与编者的编写词汇方法吻合，且比较符合韩国留学生的学习特征。

2.2.3　语法点特色分析

在语法等级方面，两本教材都以甲级语法为主，对初级短期班学习者合适。在语法解释方面,《观光汉语》汉语与韩语对比进行解释，通过调查发现，大部分留学生认为《观光汉语》语法解释合适，符合韩国学习者的学习要求。

2.2.4　练习题特色分析

2.2.4.1　练习内容特色分析

《观光汉语》练习内容上有两个显著的特点：一是趣味性较强。用学习者感兴趣的内容和图片做看图说话的材料，如:在下册"轻松游中国"的第四课参观用语中的"看图练习"下面列出故宫博物院、上海野生动物园、上海大剧院的门票插图，要求识别名称并介绍你所拥有的各种门票，既实用又有交际性，提高了学习者的学习兴趣。二是部分练习题与文化栏目的内容相关联。例如，文化栏目是"游景点须知"，练习中"完成对话"的例句是"什么季节去长白山最好"，根据文化栏目内容可知"有的景点适合于夏季游览，如长白山"则对话答案一目了然。学习者如果不学习文化栏目的话不能正确回答。这样的设计一方面可以巩固语法点，另一方面也能强化学生对中国文化知识的了解和运用。

2.2.5　文化栏目特色分析

《观光汉语》的文化栏目是以每个单元后面的"文化点滴"呈现的。上下两册合计共有十个"文化点滴"，分为上册"轻松学汉语"的"社交须知、饮食须知、住宿须知、购物须知、坐车须知、送礼须知"6项和下册"轻松由中国"的"购票须知、参观须知、旅行社旅行须知、游景点须知"4项 。另外，在下册"轻松游中国"的附录部分，编者也列出了"中国已被列入《世界自然与文化遗产名录》的景区、中国国家重点风景名胜区、中国政区、中国风景名胜分布图、中国铁路"5项与旅游直接相关的信息条目，可以作为韩国留学生观光中国的参考。"文化点滴"部分适时根据本单元所学的内容对旅行中应该注意的事项以"须知"的文体格式介绍给留学生，后面还贴心附有韩文的注释，让韩国留学生轻松、愉快地学汉语的同时，也对中国国情有了较为合适的理解。可见，文化栏目的设计是《观光汉语》匠心独运之处，希望可以在这方面继续努力，加强文化因素的潜移默化的影响。

三、《观光汉语》存在的问题及再版改进建议

3.1 《观光汉语》存在的问题

3.1.1 版面设计问题

本文所分析的教材版面设计包括两个方面：生词排列方式、课文拼音编排。

《观光汉语》的生词排列方式为汉字、拼音、韩文释义。汉字之后紧随拼音，告诉学习者怎么写怎么读，不过可惜的是没有标注词性和例句，韩国留学生不一定记得牢固。反观韩国版汉语教材，则大部分都采用汉字、拼音、词性、词义这种类型的生词排列方式。如韩国的教材《汉语第一步的一切》中的生词展现形式就比《观光汉语》设计得巧妙。

关于拼音编排方式，参考以往的韩国版汉语教材，拼音并没有固定的位置，每部教材的拼音位置都不同，但是现在把拼音放在汉字下边的方式似乎变成了一种不成文的规矩，无论是儿童教材还是成人教材，大部分都选择把拼音放在汉字下边。根据对出版社编辑访谈得知，拼音在汉字下边的编排适应了人们从上向下读的习惯，能提高文字的易读性。所以在这方面《观光汉语》还有很大的提高空间。

3.1.2 词汇编写问题

在生词编排方面，《观光汉语》生词编排在会话的下边，而其他同类韩国出版的教材则是把生词编排在会话的上边。通过调查结果看，韩国学习者较喜欢生词编排在会话的上边。韩国出版教材的生词编排方式更符合韩国学习者的要求，应该生词呈现早于会话为宜。在生词排列方面，《观光汉语》设计的"汉字—拼音—词义"方式，而通过调查发现，韩国学习者更多选则"汉字—拼音—词性—词义"方式。因此，生词排列方式上需要进一步改进，增加词性说明项为宜。

3.1.3 练习题编写问题

3.1.3.1 题量

《观光汉语》每课约14頁，练习约占4页，占全课的28.5%，比例较小。《观光汉语》上下册合计30课，共有122个练习题，平均每课4个练习题，题量较小。

3.1.3.2 题型

《观光汉语》中以复现性和运用性练习为主，每课的至少4个练习题中，都会有属于复现性练习的"替换练习"和属于运用性练习的"看图说话"和"完成对话"三种题型存在，而且比例相当高。另外，从题型数量上，是替换练习＞完成对话＞看图说话。还有值得一提的是，《观光汉语》练习题型中不管什么题型，很少有提供韩语翻译的练习题，纵览上下册，只见到上册中的"第十二课 去大韩民国临时政府旧址参观"的课后题中有一道是要求阅读汉语的历史文献并翻译成韩文，还不到整个练习题的1%。替换是复现性练习，跟其他题型相比，是较容易的题型，理论上来说很适合初学者，但实际上并未受到欢迎。主要原因在于，即使不知道正确的语法点用法只按照结构替换位置也能答对，所以初学者不能判断自己是不是真的掌握了该语法点，他们认为没有太大的意义。鉴于《观光汉语》中"替换练习"过多的情况，建议再版时改变一下题型。另外，韩国出版教材中常见的"选词填空"题型比例在《观光汉语》中比例较低，建议再版时改进增加为宜。

3.1.4 文化栏目编写问题

《观光汉语》这套教材的课文中文化方面的话题多，但后面单独设计的文化项目较少。此外，整个文化项目以传统文化内容为主，当代文化内容相对较少。

3.2 《观光汉语》再版改进建议

3.2.1 编排方式改进建议

从编排方式上来看，生词表应安排在课文的下边，生词排列以（汉字、拼音、词性、词义）的顺序为宜，拼音设置在汉字的下边更受欢迎。而且，除了课文对话部分以外，若将其他在语言点、练习、文化栏等处出现的生词也编排在其中的话，会更有利于学习者通过生词对照理解句子，提高学习效率。

3.2.2 配套材料改进建议

第一，提供"互联网+"思维下可以在智能手机终端等播放的视频讲座等配套材料。随着韩国互联网和智能手机的广泛使用，学习者可以通过互联网和智能手机自己学习。这种紧跟时代潮流的配套材料，更能够满足用现代化手段学习外语的韩国学习者的需要。

第二，《观光汉语》后边的词汇表可以改成便于随身携带的单独手册，并用数字标明每个词语的HSK级别。韩国学习者把HSK看得很重要，所以按HSK级别来表示的话，对韩国学习者会有更直接的影响。通过学习《观光汉语》能掌握多少词语，对HSK的考试帮助有多大，会成为韩国学习者选择该教材的主要动机。

3.2.3 文化栏目改进建议

第一，增加文化栏目的数量，并与课文会话话题相关联。《观光汉语》文化栏目的数量跟韩国学习者的要求相比明显不足，每课介绍一个"文化点滴"更为合适。此外，如《观光汉语》上册"轻松学汉语"的第三课的话题是"交朋友"，根据《国际汉语教学通用课程大纲》（2015）中五级目标的"文化意识"目标描述下的"文化知识"一栏中的第8项"了解汉语文化中的交际礼仪与习俗"的目标暗合，如果话题和文化内容之间能够形成一定的相关性，把语言和文化结合起来，让学生通过课文不但学到了语言，也了解了文化，则更有利于汉语课程的开展。

第二，内容介绍应简单化，版面结构设计应简洁。《观光汉语》"文化点滴"对初学者来说不应该篇幅过长和过于复杂，需要缩减文化内容并突出重点。文化栏目的版面设计若采用表格、色彩标记关键词等方法，会使文化栏目的内容简单易懂，帮助学习者集中在主要内容上。

第三，采用中韩文化对比的介绍方式。很多韩国学习者想了解韩中两国文化之间的异同点，所以把两国文化一起比较介绍，使学习者明了两者之间的差异及原因。比如，分别介绍中国人和韩国人喜欢、不喜欢的颜色，中国早餐和韩国早餐，韩中两国感叹词，韩国人喜欢的中国菜和中国人喜欢的韩国菜等。这样的设计更有针对性，更能引起学习兴趣，激发学习热情。而且学习者通过对这些文化习俗差异的了解和掌握，比如，可以比较韩国人结婚时包礼金时用"红信封"还是"白信封"等等差异，进而加深对中韩文化差异的理解程度，如此方能在实际生活中与中国人更好地交流，避免不必要的误解，深化了解，畅游中国。

四、短期进修旅游汉语教材研发改进策略

4.1 注重需求分析，恰当定位旅游汉语教材作用

注重分析来自学生和教师为主的市场需求，也要关注旅游事业发展形势的变化。应该认识和把握好教材在专业教学和语言教学中的地位和作用，突出专业性和针对性，深入研究影响旅游汉语发展的经济、社会、文化的因素，在理论上对旅游汉语的学科性质、地位、培养目标等方面形成统一认识，从而把握国别化旅游汉语教材在国际汉语教材中的地位、作用。

4.2 始终贯彻"以学生为中心"的教材编写理念

应该坚持"以学生为中心"的教材编写理念，除了要了解学生的一般情况外，还应对学习者原有的学习基础、动机、兴趣、习惯等进行调查和了解。针对旅游汉语教材而言，要从学生的视角选取教材的内容发，根据教师的经验设置练习与语法点，把自主学习理念、课堂互动的方式、任务型教学法等新的教学理念融入教材中为宜。

4.3 加强对旅游汉语及旅游专业的研究

编写者应了解旅游专业发展的基本情况，深入探索和总结旅游汉语的语用特征，把握汉语在旅游教学和工作中的使用特点，从而能够编写出专业性和实效性更强的旅游汉语教材。具体而言，可以让编者考虑在教师用书或者教材中增加更新版的旅游景点和导游工作的背景知识，当然作为选读内容亦可。介绍旅游文化时可以考虑通过高频词汇、典型句式、经典篇章、常用交际策略等手段丰富起来，让学习者尽量掌握好旅游汉语的精华，为日后能从事相关工作打好专业基础。

4.4 适当补充旅游文化知识，提高学生跨文化交际能力

体验和了解异国文化是国际旅行者的重要兴趣点，文化是旅游汉语教材编写中的重要内容。留学生对各国文化理解得越多，在跨文化交际过程中遇到交际障碍就越容易克服，对文化的阐释和沟通理解也就越顺畅。因此，编写者应在教材中逐步渗透文化的内容及多元文化并存和互通的观念，培养留学生跨文化交际的意识和能力。

4.5 鼓励教材正规化、系列化、立体化、国别化发展

开发旅游汉语教材，不能仅仅停留在以旅行为主题的基础汉教材的水平，要结合学科发展的需要走向正规化和系列化；要结合当代留学生的学习特点，充分利用现有的编辑出版的手段和教学条件，开发立体化教材，除了增加练习册、试听材料、教师参考材料、课件以外，应重点开发利用多媒体环境为师生创制更为直观、生动的学习内容和学习方式，为学生探索自主性学习、体验性学习及个性化学习方式创造良好条件。而"国别化"发展，则要求编写团队除了在语言对比方面下功夫以外，也应针对性地根据不同国家学生特点及旅游业发展的趋势，开发出实用性更强的本土化教材，以满足国际汉语教学的实际需求。

五、结语

综上所述，在对外汉语教学时代快速转型为国际汉语教学时代的今天，要求我们从海外社会的实际需要和所在国的国情出发，针对不同教学对象的特点，编写出更多适合外国学习者、富有特色的、传播汉语和中华文化的教材，但国别化旅游汉语教材开发与研究方面的工作起步较晚，希望学界同仁关注旅游汉语发展，促进新的国际汉语教学门类生成并加强学科建设，关注教材编写问题，从教材的针对性、趣味性、专业性、实用性等多角度深入钻研，期望在短期进修教育视角的国别化教材研究热情的积极推动下，使汉语进修教育研究更具特色，推动国际汉语教育事业继续发展。

参考文献

［1］陈　绂（2010）我们如何编写美国AP中文教材，《世界汉语教学学会通讯》第2期。

［2］程晓堂（2011）《英语教材分析与设计》，北京：外语教学与研究出版社。

［3］金主希（2012）《韩中初级汉语教材对比研究》，北京大学硕士学位论文。

［4］孔子学院总部/国家汉办（2015）《国际汉语教学通用课程大纲（修订版）》，北京：北京语言大学出版社。

［5］李　泉（2002）近20年对外汉语教材编写和研究的基本情况述评，《语言文字应用》第3期。

［6］李　泉（2004）论对外汉语教材的针对性，《世界汉语教学》第2期。

［7］李　泉（2006）《对外汉语教材研究》，北京：商务印书馆。

［8］凌德祥（2006）《走向世界的汉语》，北京：文化艺术出版社。

［9］刘东青（2016）《对外汉语教材开发与研究纵览》，北京：华语教学出版社。

［10］陆俭明（1998）对外汉语教学中经常要思考的问题，《语言文字应用》第4期。

［11］米　南（2015）中外高校非学历留学生汉语课程研究，《语言艺术与体育研究》第5期。

［12］沈庶英（2012）《对外汉语教材理论与实践探索》，北京：北京语言大学出版社。

［13］施春宏（2010）面向第二语言教学的语言学教材编写中的若干问题，《语言教学

与研究》第2期。

[14] 许嘉璐主编（2010）《第九届国际汉语教学研讨会论文选》，北京：高等教育出版社。

[15] 衣玉敏（2011）对外汉语国别教材建设研究，《重庆与世界》第15期。

[16] 于锦恩、蒋海宁、程倩倩（2011）当前国际汉语教材国别化的走势简析——以2010年20种优秀国际汉语教材为例，《汉语国际教育》第2期。

[17] Schumann, J.H.（1978）The acculturation model for second language acquisition ,in R.C. Gingras.edn. *Second Language Acquisition and Foreign Language Teaching.* Arlington, VA : Center for Applied Linguistics.

从两部教材的对比浅谈"中国概况"类教材的编写①

张维嘉

摘　要　中国概况课是来华留学生的一门重要课程。本文以两部具有特色的"中国概况"类教材作为对比样本，探讨了在此类教材中文化历史传统讲不讲，讲多少；此类教材应是知识学习，还是语言学习；要不要进行文化对比；应注意读者的接受程度；内容的时效性与稳定性；应重视练习；增加趣味性；补充立体化资源；体现教学过程和教学理念等问题。最后提出了一个编写设计方案，希望能为此类教材的编写提供一些启示。

关键词　中国概况　教材　对比　编写方案

中国概况课是来华留学生的一门重要课程。2017年三部委发布《学校招收和培养国际学生管理办法》，中国概况成为国际学生高等高学历教育的必修课。对于一门课程而言，教材是重要的一环。相对于综合类教材百花齐放而言，这类教材数量并不多，但是特色鲜明，本文选取两种较有代表性的教材进行了对比和分析。

为了表示尊重，本文隐去各教材的名称、作者和出版社信息，分别称为样本一、样本二。下面对各个样本的内容做简单的介绍。②中国概况类教材的编写确实存在难度，我们无意对教材进行优劣高下的对比，两部教材各有特色，我们旨在通过对比突出二者的亮点，呼吁市场出现更加优秀的教材。

---

① 感谢中山大学张世涛老师，他即将出版的教材对我们有很大的启发。感谢使用两部教材的若干高校的意见反馈，为尊重隐私，我们隐去学校名称和教师姓名。

② 需要说明的是，样本一实际上是"当代中国概况"，选择这个样本是因为它代表了一种倾向，就是中国概况以当代为主，甚至完全是当代的内容。

一、两种教材的对比

1.1 适用对象

样本一在前言中说，本教材"是为外国本科留学生、研究生编写的一部教材"，适合"中国概况""中国国情""现代中国社会概况"或"当代中国专题"，"同时也可以作为汉语进修生和自学者的参考用书"。

样本二在前言中说，本书是"来华留学生必修课'中国概况'用书，也可以作为海外孔子学院的学习者了解中国文化和中国国情的读本。"

从适用对象看，两者都适合"高等高学历教育"，样本一虽然在内容上侧重"当代"，但还是认为本书可以用于"中国概况"和"中国国情"课程的教学。

1.2 内容选择

样本一强调本书以"简洁明了、通俗易懂为基本原则，强调知识性和系统性。"全书选取了20个专题，基本是对当代中国进行了全方位的展示。这20个专题见下表1：

表1　样本一专题

第1单元　中国人文地理	中国的国土与资源 中国的人口 中国的民族 中国当代史
第2单元　中国政治	中国的政治制度 中国的法制建设 中国的外交 中国的国防
第3单元　中国经济教育科技	中国的经济 中国的金融和保险业 中国的教育 中国的科学技术

第4单元　中国社会	中国人的宗教信仰 中国的环境保护 中国的媒体 中国的体育
第5单元　人民生活	生活变迁 求职与就业 爱情与婚姻 人际关系

样本二共十六章，作者强调本书内容的选择和编排兼顾"系统全面"与"条理清晰"，体现时代气息，反映时代变化。这16章见下表2：

表2　样本二各章内容

第1章	中国的国旗国徽和国歌
第2章	中国的行政区划
第3章	中国的地理与资源
第4章	中国的人口民族与语言文字
第5章	中国的历史
第6章	中国的政治制度
第7章	中国的经济
第8章	中国的外交
第9章	中国的科技
第10章	中国的教育
第11章	中国传统思想
第12章	中国的文学
第13章	中国的艺术
第14章	中国的习俗
第15章	中国的体育
第16章	中国的民生

对比两个样本，排除一些名字不同而内容相同的章节，样本一缺少的内容是"中国的国旗国徽国歌""中国古代史""中国的传统思想""中国的文学""中国的艺术""中国的习俗"。样本二缺少的内容是"中国的法制建设""中国的国防""中国的金融和保险业""中国的宗教信仰""中国的环境

保护""中国的媒体""求职与就业""爱情与婚姻""人际关系"。从内容来看，两个样本内容的不同之处基本上是样本不同的侧重和定位造成的。样本一更偏向当代，也更偏重民生。样本二中，第1、2、3、4、6、7、8、15、16等九章内容都是讲现当代中国，而其余的七章现代与古代的内容都有大致一半一半，从篇幅上说当代的内容占到了70%以上。对照《高等学校外国留学生汉语言专业教学大纲》的要求："介绍中国的地理、人口、民族、政治、法律、经济、外交、教育、科学、语言文字、文学艺术、民间习俗等国情的基本情况"。可以说两个样本基本上都做到了前言中所说的内容的选择"面面俱到"或"系统全面"。而且二者在主题的选择时，都注意要有"时代感"。

1.3 教材构成

样本一在每个单元下面设置章。每章的第一部分是"热身讨论"，共3道题。第二部分是"概述"，用介绍性的文字概要介绍中国国情。"概述"的后面附有"生词"和"专名"并加注拼音，选取的标准是"难认的字词"。第三个部分是"选文"，作者选取了"3-5篇阅读文章"，这些选文的来源作者在前言中介绍说："其中 1篇的词汇量控制在理科留学生入学的最低水平，而另外的1-2篇阅读文章则尽可能少改动原文，多从专业教科书中选取，以帮助学生与大学专业教学相衔接。"每篇阅读文章后面均附有读后问题、生词和专名。以第一章中国的国土与资源为例，选文是概述的补充，共4篇，分别为"中国五大名山""京杭大运河""香港特别行政区""附：中国行政区划表"。第四部分是注释。第五部分是练习。下文还会对注释和练习详细说明。表3说明每章的构成：

表3 样本一的构成

构成	说明
热身讨论	共3题，前两个针对本章内容，第三个问题相对开放
概述	后附生词和专名
选文	3-5篇，对"概述"部分进行补充
注释	含难理解的词、短语、专有名词
练习	

样本二板块相对简单。章下分节，每章都有3节。首先在每章之前有一段提示性的文字。随课文有图片和注释。在每章的后面附有"思考与练习"。全书最后有附录，"中国历史年代表""中国的世界遗产""中国地图""世界地图"。

从构成来看，样本一的编排有一定的突破性，确实做到了样本一在前言中所说的："打破了以往同类教材仅以叙述来介绍中国的框架"，"改变该课程只能采取'讲座式'的教学模式"。

1.4 生词、注释和图片

样本一在"概述"和"选文"的部分都有生词，以第一章为例，"概述"的生词有"交往、面积、接近、距离、宽阔、岛屿、地形、海拔、丘陵、纬度、倾斜、气候、周期、干燥、阻挡、均衡、自然灾害、资源、应有尽有、耕地、森林、矛盾、尖锐、有限、频繁、节约、水库、矿产、（煤铁铜铝）稀土金属、储备、超过、有利有弊、规模、开采"共34个。另有专名"朝鲜、俄罗斯、哈萨克斯坦"等23个。选文中的生词共有54个，专名11个。第一章总体生词88个，专名34个，见下表。

表5 样本一的生词及专名统计情况

	概述	选文1	选文2	选文3	附	总计
生词	34	17	22	15	0	88
专名	23	0	11	0	0	34
总计						122

样本一将注释单列为一部分，注释中有词、短语，有专有名词，如第一章的注释共8个，分别为："位于、除了……以外、于、漕运、南水北调、由……组成、就、一国两制"。本书无图片。

样本二没有生词。样本二的注释均为随文注释，数量不多。以第一章为例，三节的注释共有两个，一个是"中华人民共和国国旗的升旗仪式"，一个是《风云儿女》。纵观全书，注释多是对背景较为复杂的词语的注释和对内容的补充，如"径流""六朝古都""羊城"等等。全书配有大量的彩色图片，全书共有图片90余幅。这些图片的作用可以分为几种：

A. 美化作用。如中国的地理与资源中插图"熊猫"，熊猫不是疑难词，大家也都见过，但是憨态可掬的熊猫让读者眼前一亮。这样的图片，还有"兵马俑""九寨沟""幸福的四口之家"等等。

B. 对内容起到注释的作用。有时正文内容难以理解，想用常用词汇解释又十分困难，用一张图片就能解决。如"中国的科技"一章讲到"竹简""算盘""墨子号"就采用了图片来说明。

C. 增加读者阅读兴趣。图片形象生动，能够激发读者的兴趣。"中国的文学"中讲到了"苏轼在书法方面取得了很高的成就"，就用一张著名的"新岁展庆帖"激发读者的兴趣；讲到"上古神话"时，用了一副"《山海经》中的异兽"，可以想象学生在看到这张图片时的好奇心，说不定自此以后对中国神话产生浓厚兴趣。

D. 对内容的总结归纳。本书"中国的经济"一章，有大量的数据，这时用一张图表来概况，清晰明了。

从我们得到的市场反馈来看，无论是学生还是老师，都反映目前的中国概况类教材难度较大，内容领域广，生词和专名太多；而且，学生程度不同，又没有大纲。所以这类教材的编写，都要注意难度的控制。两个样本中，都提到了这一点。样本一的其中一篇选文"词汇量控制在理科留学生入学的最低水平"，但是没有说明是具体什么水平。样本二"运用电脑分词软件对全部文本进行了技术分词，并根据分词的结果，对超疑难词汇进行了人工干预及专门处理"，但是什么是"超疑难词汇"，和什么大纲对照，全书是怎样的难度水平，都没有提。（具体行文中的难度如何，下文我们还将详细说明。）

所以，这类要特别注意降低难度。生词、注释、图片，都是降低难度的手段，样本二在这方面的做法是值得推崇的。

1.4.3 小结

样本一中的"注释"相对样本二也丰富很多。除了和样本二一样对一些有特殊背景的词进行注释外，还对一些词语进行了注释，主要是一些关联词语和结构，帮助理解语义。但注释的编排方式同样是堆砌在文章的最后，不方便使用。同时，"注释"怎样使用呢？前言中没有提到。是在阅读前学习还是在阅读中查找？如何操练？怎么考察学生是否读懂了呢？这些"注释"的词语，在练习中也没有再现。（下文我们对练习的分析中，还会提到这点。）

样本二的图片丰富，但注释过少，全书仅79处，大约4页一处。而且这些注释点是怎么选出来的呢？书中也没有提到标准。"长江三峡"做了注释，"南沙群岛"为什么不注释呢？同样是少数民族服饰，维吾尔族服饰"袷袢"做了注释，畲族"凤凰装"为什么不加注释呢？

1.5 练习

样本一的第一部分是"热身讨论"，每章有3-4个问题。前两个问题是针对本章内容的提问，而第三个问题是与内容相关的相对开放的问题，激发学生的兴趣。比如第一章中热身问题是"如果坐飞机从中国的东部到西部，或者从南方到北方旅游，需要几个小时，你能告诉我吗？""在中国，你最想去的地方是哪儿？能谈谈为什么吗？""你们国家的水资源丰富吗？你能为中国解决缺水问题出些主意吗？"第十三章"你觉得儒家思想是宗教吗？"第十五章"中国新兴媒体与你们国家比较有哪些特点？"等等。样本一前言中提到，希望通过练习"扩大词汇量，提高阅读和口语能力"。相应的，课后的练习题型包括三类：一类是提升语言能力的习题，题型有"选词填空""口语练习"；一类是对学生阅读情况的考察，题型包括"判断正误""阅读理解"；第三类是开放性的习题"思考与讨论"，如第一章"一国两制对中国有何意义"，"中国的经济"一章"你对中国经济的前景怎么看"，需要学生结合课本，查询资料之后整理回答。下表中是本书练习的举例：

表6 样本一练习举例

选词填空	影响　理念　时尚　竞争　节奏 1.喜欢奢侈品的人往往都对流行和（　　）非常感兴趣。
阅读理解	1.阅读《中国的人口》，填写下面表格。
判断正误	1.1972年中国和美国建立了外交关系。（　　）
口语练习	说说你家乡的一年四季。
思考与讨论	1.在你的国家，人们喜欢什么运动？为什么大家喜欢这种运动？ 2.你觉得中国人喜欢的健身方式和你的国家有什么异同？ 3.如果你的朋友不喜欢运动，你要怎么说服他来参加运动呢？

样本二的题型有填空、选择和简答三种，都是针对本章知识的考察。下表7是本书练习的举例：

表7 样本二练习举例

填空	1023年，宋朝开始发行世界上最早的纸币——_____。
选择	下列中国古代朝代更迭顺序正确的是_____. A明–清–元 B元–明–清 C清–元–明 D 元–清–明
简单	辛亥革命的意义是什么？

由此我们可以概括如下：

（1）练习的设置反映了作者对"本课程与提高汉语水平的联系"这一问题的思考。

样本一练习中，"选词填空"是对词语的考察，口语练习和思考与讨论都希望能够提升学生的口语水平，阅读理解和判断正误都是考察学生阅读时对细节的把握。同时，该书的"注释"部分的重点词语、关联词语和一些语言结构都立足于提升学生阅读的能力。

然而，样本一的"选词填空"中词语有的来自"生词"和"注释"，但也有的不出自这两部分，不清楚选择这些考察点的标准是什么。

生词、注释、练习这几个部分的设计和练习不够周密。

样本一中，口语练习和思考与讨论都希望能够提升学生的口语水平，但是这部分的练习如何使用呢？口语输出需要思考，需要时间，这些题是全部完成是选择完成？是课内完成，还是课后准备下节课在完成？我们觉得都应该说明。

（2）练习的设置，还体现了编者对跨文化对比能力的重视。

样本一要求学生进行跨文化对比，而样本二则没有这方面的要求。

（3）练习的设置，还反映了作者希望学生学完本课程后需要达到的目的。

样本一，显然希望学生在了解中国概况的同时，扩大学生词汇量，提高学生读和说的能力，开拓学生文化视野提升学生跨文化比较的能力，需要学生课后查找资料进行。而样本二是希望学生在大量的内容中，找到本课的知识重点。

1.6 以"中国的教育"为例看两个样本的具体内容

下面我们以两本教材中关于"中国的教育"的具体内容及行文进行详细对比。详见下表8、表9。

表8 样本一"中国的教育"内容

版块	标题	具体内容
概述	改革开放之后，中国的教育经历的3个阶段及其特点（本文作者自拟）	第一阶段： 1.文革之后恢复高考结束了高校招生的"阶级路线" 2.高考的恢复调动了全社会的学习热潮 3.提高了中小学教育质量 4.职业高中蓬勃发展，并提供了一部分就业途径 第二阶段： 1.1988年中小学开展改革，教育走向市场 2.义务教育遇到得挑战 3.家长和学校对高考的重视加重了学业负担 第三阶段： 1.义务教育法通过 2.经济体制带来的教育弊端 3.义务教育法的特色教育走向公平，素质教育走上舞台
选文1	我的高考	1.中国恢复高考 2.我为了找到好工作走出农村，决定参加高考 3.我付出的努力取得了成功
选文2	基础教育：从"一纲一本"到"一纲多本"	1.改革开放之前，一个大纲一套教材 2.改革开放后，一个大纲多种教科书 3.20世纪后新一轮的改革，有了新的编写原则
选文3	中国"虎妈妈"比美国妈妈强吗	1.什么是虎妈 2.虎妈的家规 3.虎妈反对西方父母的做法 4.虎妈引起的争论
选文4	中国留学政策的变化	1.1950—1965，只前往苏联和东欧 2.1966—1971，停止 3.1972—1978，到西方国家留学，但多为语言专业 4.1979—1995，留学热潮，自费留学越来越多 5.1996—现在，吸引留学人才回国，公费自费留学均大幅增长

表9 样本二"中国的教育"内容

版块	标题	具体内容
第一节 教育历史	古代教育	1.原始社会就有了教育的萌芽 2.官学和私学、书院的历史发展、作用和影响 3.中国古代教育的特征
	近现代教育	1.1840年向世界近代教育转变 2.北大、山大等高校建立
	当代教育	1.1949–1966对教育的重视,教育体系高校建立 2.改革开放后教育体制改革,多项法律出台 3.90年代后科教兴国,推行素质教育 4.21世纪以来教育的完善 5.2015年"双一流"建设
第二节 教育现状	学前教育	2015年工作规定,2016年统计报告
	义务教育	什么是义务教育 义务教育法及其规定 2015年2016年义务教育新动态
	高中阶段教育	高中教育构成 2017年公布高中阶段教育计划 2016年高中阶段教育情况
	高等教育	高等教育构成、要求 2016年情况
	成人教育培训与扫盲教育	构成 2016年情况
	特殊教育	定义 构成 2016年情况
	民办教育	定义 2016年民办教育促进法 2016年情况
		国家中长期教育改革和发展规划纲要
第三节 高考制度、教育扶贫与国际教育	高考制度	高考制度的设立、目前高考的形式、1999年高校的扩招、2014年高考改革
	教育扶贫	教育扶贫的内容和举措、农村教育是重点、
	国际教育	1978年以后国际交流日渐频繁,2017年留学趋势和外国留学生情况,孔子学院的建立和发展,近年来国际教育交流新举措

根据以上内容，我们需要明确以下几个问题怎么处理：

（1）历史文化传统到底要不要讲

从"中国的教育"一章的对比和分析中，我们认为"时代感"要体现，但历史文化传统还是要讲的。并多少，我们认为要有一个标准，那就是这些讲解是否可以帮助学生学习汉语、中国文化，或者是否解决生活中的困惑，是否能够消除对中国的误解。

以样本二的中国古代教育为例，如果没有对中国古代教育的介绍，学生就不容易理解孔子一生有学生三千，孔子为什么带着学生去各个国家，为什么孔子在中国教育史上地位那么重要；读中国一些古代文学作品时就容易理解为什么"中举"对中国文人这么重要，就能理解中国人对高考的重视并不是今天才有的；知道北京大学是什么时候创办，为什么它在中国的地位和影响这么大。

（2）内容要不要面面俱到

样本二虽然做到了"系统而全面"。在本章体现也许不是很明显。但是在"民族"一节中，列出了56个民族的名称、习俗、节日；"省和自治区"一节中，列出了全部省和自治区的简称、资源、人口等情况。这样不免让学生觉得难、没兴趣。我们的调查中，这样的反映也确实不少。而样本一对内容的处理相对灵活，从面到点，甚至有故事。

（3）如何处理时效性

在样本一中虽然语料时间从2008年到2010年不等，与今天相差了8年仍然并不十分过时，因为内容相对稳定。而样本二所用数据非常新，均为2016年数据，如果使用8年看起来就非常陈旧了，即使是6年以后完成修订，也相对陈旧了。数据新既是样本二的长处也是短板。

从对比和分析，可以看出样本一：重当代；重视跨文化对比；适度地进行语言训练，扩大词汇量，提升阅读和口语能力；用生词和注释降低难度；行文由面到点。

样本二则具有如下特点：重现代，也有古代；没有跨文化比较；重知识讲授，不进行语言学习和操练；用图片和注释降低难度，提升美感；内容系统且面面俱到。

二、编写建议

两个样本可以说各具特色，都对同类教材的编写有一定的启发。但纵观市场同类产品，我们认为中国概况教材还具有很大的改进空间，可以在如下几个方面有更好的提升。

2.1 文化历史传统要讲

通古才能更好地知今，历史文化传统还是要讲的。讲多少，我们认为要有一定的比例，要有一个标准，那就是这些讲解是否可以帮助学生学习汉语、中国文化，是否有助于解决生活中的困惑，是否能够消除对中国的误解。不能厚古薄今，也不能一味强调时代感，忽视传统。只有重视传统，才能让学习者通过文化深入地了解中国，理解中国、中国人的思想观念、思维方式，才能更多挖掘深层文化，让学生知其然也知其所以然。

2.2 重在知识学习

中国概况课程是为留学生开设的中国文化类课程，通过学习学生要了解中国国情、中国社会、中国文化，要通过学习能解决生活中的困惑，消除对中国的误解。这门课应该首先是知识的学习，而不应将重点放在语言技能的训练上。样本一刻意在选文中制造对比和话题，在注释中列出了一些词语和结构，在练习中有词汇训练题，有口语练习还有讨论题，如果是语言课，我们觉得做的非常好，但是作为文化类课程，我们认为从量上看，注释和练习中的词汇训练，有些喧宾夺主。另外，我们觉得可以将语言学习融入知识的学习，比如在"中国的教育"中加入"棍棒出孝子""鲤鱼跃龙门""望子成龙"等等，将这些俗语放在中国教育的大背景下，更加容易理解，教材也生动起来。

2.3 从异文化的角度重新审视中国文化

中国概况教材的编写，切忌从中国人的角度出发，自说自话，应时刻注意要从异文化的角度出发，重新审视中国文化。样本一比较非常重视文化的对比，选文中"中国妈妈和美国妈妈""中国北斗美国GPS"的对比，练习中也有对比，如"人多好不好""你们国家有没有孙中山邓小平毛泽东这样的人""你的国家的政党制度是什么样的",等等。但是这些对比有些流于表面,这和本教材对深层文化的挖掘不足有关。最好将对比放在中国文化和中国人价值观念与外国文化、外国人的价值观念的对比上,例如,中西家庭概念比较,集体主义和个体主义,中国人的聚会和西方人的Party,中国人的勤俭节约与西人的按时作息,中餐与西餐的不同,等等。这种对比更能引发学生思考,启发学生对中国文化做更深入的了解。

2.4 要注意读者的接受程度

读者接受程度包括以下方面:

(1)读者对教材语言的接受程度。这类教材的语言不能过难,语言要清晰易懂,教材适合哪类学生就要符合哪类的大纲要求,在词汇和语法方面都要控制。两个样本在这方面都做得不是很好,语言正式、词汇和语法的难度都较高。市场上的同类教材几乎都存在这个问题。虽然中国概况类教材有着自己的特殊性和困难,但可以用其他的办法降低难度,如生词、注释、图片、英文翻译等等。

(2)读者对教材内容的接受程度。这要求编写中国概况教材时多从留学生学习的角度考虑,关注留学生学习中国文化的不同兴趣与特点。从这个角度我们来思考样本二的"国旗国徽国歌",这章的内容虽然在中国概况这一大的框架下,但是是否需要单独列一章来讲,是否要面面俱到,是否要在教材中正儿八经地讲,就需要做一番考量。如果这是学生必须要掌握的内容,符合教材的设计思路,是不是可以换个方式讲。

(3)读者对行文方式的接受程度。"面面俱到"的讲述,虽然全面系统,但是重点就不够突出,读起来"泛泛"。反观样本二中国的教育一章,可谓面面俱到,如果是针对中国学生的教材,这样做没有问题,但是针对留学生的教材,这样的做法就值得反思。留学生有没有必要了解中国教育的方方面面,这些内容连中国人都不一定知道,而中国人生活中相对重要而密切相关的"高考"没有突出出来,"高考为什么重要"没有讲清楚,留学生可能感兴趣的"中国大学的层次和情况"没有突出出来。

2.5　内容的时效性与稳定性

按照我们的经验，一部教材第一年并没有产生销量，第二年第三年经过宣传进入爆发期，随后经过优胜劣汰，逐渐稳定下来，这时候的教材市场反馈和表现都可以进行跟踪。如果5年一次修订，作者修改的时间，加上出版需要的时间，大约需要1年。所以对于中国概况这类教材，6年出一个新的版本是可行的。这就需要教材的内容相对稳定。

2.6　重视练习

从教材的练习题设置来看，内容单调，没有合作设计，缺乏交际性。上文我们提到"要重视文化对比"，其实更重要的是处在不同文化中的人。我们之所以提出"中国的教育"这章进行对比，是因为这一章对学生来说，密切相关。练习就显得格外重要，两个样本中，练习题内容都比较单调，样本二更是集中在理解、记忆类练习上。

所以，我们建议（1）丰富练习，增加文化对比；（2）练习应与课文内容互为补充。（3）作为从课堂内到课堂外的延伸，有一些教材56个民族没有全部都讲，挑出了其中的藏族、壮族、蒙古族讲解，但是可能引起其他民族的不满。作为出版物我们有社会责任维护民族团结。作为外宣性出版物，这样的做法有可能引起误解："其他民族不重要吗？""中国政府对不同的民族有偏向吗？"但是如果全讲，又可能像样本二那样，泛泛罗列又无趣。我们建议在这种情况下更好地利用练习，可以让学生查查中国有哪些民族，学生对哪个民族感兴趣，谈谈这个民族的名称、习俗、节日。看看你身边的中国朋友都是什么民族的，有没有少数民族的，采访一下这位少数民族的朋友，等等。

2.7　增加趣味性

样本二教材的内容和语言比较正式、严肃，而且有一定的难度，容易让学生产生枯燥感和厌倦感。这在我们的市场反馈调查中也得到了印证。增加趣味性，体现在内容的选择，语言的选择，行文的特点上，同时还可以采用增加讨论、设计课外活动等形式。

2.8 补充立体化资源

在对读者的调查中，学生基本都提出了一条，就是希望有丰富的视频资源和图片。然而教材容量有限，不可能都放在教材中。我们建议附加一些课件，在课件里补充图片、视频等。

2.9 体现"如何使用"本教材

一本优秀的教材，推广的不仅仅是一本书，而是一种教学模式。这两个样本中，在编排上，还需要加强，以样本一为例，概况和选文怎么使用，分配时间如何，生词和注释老师如何处理，练习怎么做，如何考核，都应该有一定设计。

三、编写设计

要提高中国概况教材的教学效果，在编教材之前，应回答如表8所列的这些问题，为这本书奠定基础。

表8 "中国概况"类及教材编写设计方案

适用对象及定位	1.主要的适用对象和次要的适用对象分别是谁。 2.遵从哪部大纲，是否符合课程的设置，课时是否足够。 3.遵从哪些编写理念，或者说要达到什么目标，比如： A.更关注表层文化还是深层文化； B.侧重古代还是现代； C.是否注重文化的对比，是否要培养跨文化交际的能力； D.是否培养学生的语言能力，培养学生听说读写哪方面的能力。
主题的选取	1.是否符合大纲要求。 2.是否是涵盖了留学生感兴趣的点。 3.是否加深了留学生对在中国的认识。
每章内容安排	1.要讲哪些点，学生是否感兴趣，是否解决学生困惑。 2.是都都是正面的，是否需要加入一些可以激发学生讨论的社会问题。 3.这些点中深层文化表层文化的比例如何，古代与现代的比例如何。 4.这些点中哪些是相对稳定的，哪些需要不断更新，比例是否合适。
难度的控制	1.能否控制词汇和语法难度。 2.还有什么其他方法降低难度。 3.是否添加注释、生词，如果添加，添加多少，添加的标准是什么。 4.是否增加英文，用多少，在哪里用，标准是什么。 5.是否使用图片，用多少，在哪里用，标准是什么。

续表

课堂教授的内容与课外扩展的比例	1.将列出的内容做一个分类，哪些一定要在课内讲，哪些可以放在课外学生自学。 2.哪些要放在课件等资源中。
练习的定位与总量	1.练习的定位是什么，考察学生学习的程度，还是对课堂教学的补充。 2.有哪些题型，不同题型的目的是什么，比例是多少。 3.是否考虑学期结束时的考核方式。

参考文献

［1］冯　锐（2012）《对外汉语中国概况类教材的对比研究》，中山大学硕士学位论文。

［2］国家对外汉语教学领导小组办公室编（2002）《高等学校外国留学生汉语教学大纲：长期进修》，北京：北京语言文化大学出版社。

［3］韩秀梅（2004）谈《中国概况》课的教学思路，《云南师范大学学报》第9期。

［4］姜兴蔚（2015）《〈中国概况教程〉和〈中国概况〉教材对比研究——以"中国的教育"专题课为例》，中山大学硕士学位论文。

［5］李　泉（2004）论对外汉语教材的针对性，《世界汉语教学》第4期.

［6］罗玉姣（2015）《对外汉语教材文化对比研究——以〈中国概况〉和〈说汉语谈文化〉》为例，湖南师范大学硕士学位论文。

［7］周小兵（1996）对外汉语教学中的跨文化交际，《中山大学学报（社会科学版）》第6期。

［8］祖晓梅、陆平舟（2006）中国文化课的改革与建设——以《中国概况》为例《世界汉语教学》第3期。

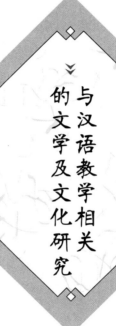

与汉语教学相关
的文学及文化研究

从孟、荀的"天人合一"到鲁迅的新"天人合一"

吴竞红

　　摘　要　孟子和荀子是孔子"人学"的继承者和发展者，都建立了植根于"天德"的"心"的意识。本文以荀子独特的心灵样态为基点，首先概括了鲁迅与荀子以及孔、孟内在的关联性，继而着重探讨了鲁迅的反思精神和"自我的理想"意识——鲁迅以"纯粹的'人'"的"爱与牺牲"相对于孔、孟植根于"天德"的"仁爱"，以"个体人格独立"的现代精神取代已经僵化的"封建礼教"，以示其人格的应变性；而保持孔子合理做人处事（以心度物）的"人道主义"原则，兼涉"万物一体"的"爱"，以示其人格的稳健性。鲁迅人格的应变性和稳健性交汇出了一种新的"天人合一"精神。

　　关键词　孔孟　荀子　鲁迅　天人合一　心

一

　　孟子和荀子是孔子"人学"的继承者和发展者，他们像孔子一样，认为人的内心具有价值自觉的能力，追求人格的完善，强调学习、反思和教育。孟子、荀子又各自建立了不同的"心"的意识以及天、人关系。

　　在孟子思想中，道德的根源是义理之天（宇宙最高的原理），"天以心性的形式存于人"，天生的内容——仁、义、礼、智，就是人性的内容，也与人"心"相连。每个人天生都有四心——恻隐之心、羞恶之心、辞让之心、是非之心，分别为仁、义、礼、智四德的善端。如果人充分发挥出自己良善的天性，就是"天人合一"（与天心和天性合一）了。

　　而在荀子的思想中，"天"首先是自然的"天"（广大的自然）（庞朴，2004：159-163），既主张单纯的"天人合一"，即对四时变化的顺应，又有天、人之间对立统一的意识——天或代表会发生自然灾害的自然界，或代表人内在的自然"性"。对于自然界，人应该"制天命而用之"——发挥主观能动性，通过掌握自然规律，控制和利用自然。而人只有以"群"的状态应对自然界，才能保障自身的生存和发展。人类社会成员为了分享（食物等），需要有现实的秩序规范（"礼"）来"止争"（李泽厚，1986：110-122）。荀子将其所看到的社会中"争夺""残贼""淫乱"等不良现象，归因于"好利""疾恶""好声色"等"恶"的人性。

"性者，天之就也"，"本始材朴也"，"吾不能所为也，然而可化也"。荀子认为人的本性是自然造就的，是有待人后天加工的原始材质，也即有待通过教育予以改变："习俗移志，安久移质；并一而不二，则通于神明，参于天地矣"（章诗同，1974：74-259）。这里的思想颇符合《尚书》的思想：尧命羲和恭谨地遵循上天的意旨行事，根据日月星辰的运行情况来制定历法，以教导人们按时令节气从事生产活动。人顺应四时的变化不仅为了物质意义上的生存，也意在获得治世的"功绩"[①]。诚然荀子的人性改造思想极度弱化了《尚书》中那种"神灵之天"的意识，但和"天性"相区分的另一种"天"的含义也彰显了出来——"天"不再是普通的自然，而是升华了的被人立心的刚健"天道"了。人应刚健自强，效法天道，而效法天道的人（圣人、君子）又能以自强不息的状态，与天地并列。也就是说，荀子在自然天性以外又建立了一种天道之心，作为自然天性发展的目标和实现目标的引导。荀子所建立的"天心"是一种理性思维趋向，有辩知善恶、学习礼仪、创制法度的能力和作为。这种思维主张人用心来发挥主观能动意志，努力达到自身理性的高度，改造人感性、混乱、自私的自然倾向。荀子提出将原始的"自然人性"和"人心改造人性之作为"相统一的"性伪合"："无性则伪之无所加，无伪则性不能自美。性伪合，然后成圣人之名"（章诗同，1974：213）。在荀子重理轻性的心理结构中，理性和自然人性对立，但又能统一在一起，皆因"心"（和孟子的"心"一样）具有"通情"、"通理"的性能。荀"心"因没有被预设孟"心"中"善端"那样具体的内容，又有独特的"虚"性（梁涛，2017），故而也会通了老子的"道"的永恒的变化的特性。

---

① 参见王世舜：《尚书译注》，成都：四川人民出版社1982年版，第5-9页。

　　《老子》曰："天地之间，其犹橐龠乎？虚而不屈，动而愈出。""橐龠"之所以能不断鼓动排风，是因为能保持"虚"。从老子顺其自然并且"无情"的观点来看，唯有虚心，才能"应物而无累于物"（兰喜并，2005：23-25）。荀子的重理精神也有"无情"的一面（相对于孟子以恻隐、同情为"心"的首要内容），与老子的"天地无情、圣人无情"相似，但荀子为老子的"道"的自然而然的变化增加了积极主动的人为的因素，也即《易传》中"天行健，君子以自强不息"那样的刚健奋斗的精神[1]。就"道"来说，其通过体内阴、阳两个对立面的"互照""互动"来启发在二者的"边缘领域"不断生发出新的东西。[2]受老子之道影响的《易传》提出"一阴一阳之谓道"，阴阳对立转化化生万物，化生万物是"善"的，也是生生不停的（周振甫，1991：18-235）。《易传》讲"生生之为易"，荀子也讲"天地始者，今日是也"，按照老子的"反者道之动"的观点，这是循环性的"生育"，但是《易传》主张"道"的变化是"乾、阳"所主导的，阳刚精神的加入使得"天地始者，今日是也"以及"生生之为易"可被看作是在循环基础上的新生：宇宙不断创化，每一天都是创世（余英时，1987：82-83），都展现天、地、人新的面貌。老子只是以"无为"的心态看待事物彼此间相对的现象，而荀子则要以"有为"的心意来将自然人性转变为道德理性。在荀子的思想逻辑中，"人追求善，恰恰是因为人性恶"（梁涛，2017）。在人"虚心"的理性心理状态下，人清醒地发现了自身的自然性恶，因而激发了向善的意志。荀"心"之善，并不是像孟"心"那样，因初始就有"善"的内容而善，而是因能主动运动——具有创生能力而善。"心"能主动以"天君"的身份统帅"天官"（感觉器官），对感知来的认识进行分类、辨别、取舍，同时做到"虚心"、"专心"和"静心"。荀子说，所谓虚，是不以所藏害所受，即不以已获取的认识阻碍和干扰接受新的认识（陈清，2000：95-96）。如果说，老子的"反者道之动"是在阴阳、善恶、美丑等对立面之间生发出更接近中性的新事物，呈现为静态无为的辩证反思，荀子则以心善统摄性恶，即"性伪合"所产生的新事物是

---

　　① 参见李泽厚：《中国古代思想史论》，北京：人民出版社1986年版，第122页。
　　② 参见滕守尧：《"创生'与中国诗学》，谢冕、吴思敬主编：《字思维与中国现代诗学》，天津：天津社会科学院出版社2002年版，第76-82页。

"伪"（人心之作为）所主导的单纯朝善的目标。当荀子把儒家（"天行健，君子以自强不息"）的主动择善的精神与老子的自然而然的"反者道之动"相结合，就是以"为者道之用"取代了老子的"弱者道之用"，既强调后天有为的道德使命，又未脱离"天德"意识。

二

孟子和荀子植根于"天"的"人学"（"心学"）思想，分别好似孔子所说的"仁者安仁，知（智）者利仁"。但荀"心"独特的"虚"性，使其有着不同于孟"心"的"发展的自由度"，更具有文化创新的力量。我们可从荀子心学中提取两个相关的人类心理要素：（1）以理性的反思能力识别自身的不足；（2）生成学习或创造行为的追求理想实现的精神意志——以此为基点探讨鲁迅先生与荀子心理时空内在的关联性：其一，他们在社会生物学方面的关联。鲁迅是学医学出身，相信达尔文的进化论，根据社会生物学"人类作为第四个社会系统的顶峰，保持了脊椎动物的自私性"这一点可以解释荀子所观察到的人性"恶"的倾向以及鲁迅思想中强烈的自我反思意识。不过人类又进化出深长的时间意识，有能力记忆以往的旧事、感知长远的后果并预设未来（张祥龙，2015：30–34），因此人类能创造文化，实现自我超越，这一点可以解释包括孔、孟、荀、鲁在内的一切文化先贤的伟大作为。其二，鲁迅提倡精神自觉。一是反对19世纪后叶以来越发普遍的"物欲"现象，这一点似乎继承了荀子对低层感性的批判精神。二是反对封建社会中的固化"礼法"，使其最终变成束缚人的绳索的做法[1]——这一点，虽可被看作是对荀子理性主义的反思，但是这一反思精神却是从荀子与时俱进的心理土壤中生长出来的质变，是荀子理性文化心理结构的自我更新，理性生发出了从全面角度尊重个体生命的精神。鲁迅"精神自觉"的"人学"精神会通了荀子"文化物质"的思想特质。荀子"以心治性"的思维方式不单是强调物质世界"自然性"的一面，更强调"自然"背后的人文属性——关心人类总体命运的

---

[1] 参见张梦阳：《反抗"质化"倾向的"精神界之战士"——鲁迅价值重估》，《文艺报》，2016年9月23日。

"心善"性①，但是鲁迅又比荀子这一"人类族类的整体意识"多了孟子那般的伟大的个体人格的观念②。鲁迅"立人"的启蒙主义思路旨在促使"国人之自觉至，个性张，沙聚之邦，由是转为人国"。"人国"是个体人格确立的结果（徐麟，2001：371-372）。其三，鲁迅极其重视通过翻译吸取外国文化的精华来建构"新人"和"新文艺"——这一点和荀子与时俱进、虚心接受新事物的精神是一脉相承的。下面我们着重探讨鲁迅的反思精神和"自我的理想"意识。

先以鲁迅的小说《狂人日记》为例。小说意在暴露家族制度和礼教的弊害（鲁迅，1958：190），如果把社会"人群"浓缩为一个个体，那么狂人所说的"人吃人"，本质上就是强势的理性对弱势的感性的压迫。感性的生活是暂时的，可能充有混乱、腐化、堕落的行径，但是当理性压制感性的时候，恶劣的情绪虽然得到了控制，却也可能丧失情感的权利，使得人的生命力萎缩，变成没有独立精神和创造意识的弱者，甚而面临生存危机。基尔凯郭尔、尼采的唯意志思想启发人们追求感性的美学精神③，通过提高感性尊严来消除感性受到的误解和排斥。但感性美学的极端，比如粗野、狂放、毫无节制的酒神精神，也会引起文明社会中人们的担忧（陈炎，1989：72）。鲁迅安排了一个具有消沉意味的狂人复原的结尾，多少暗含了一点理性对于感性的"自我解放"的怀疑。感性和理性如何能和谐地统一在一起？仍得依靠"通情达理"的载体——心，但为了彻底纠正封建社会中，义理之"天"已异化为神灵之"天"的威权的现象，鲁迅否定了传统的植根于"上天"的"仁义道德"观，转而提倡和强调"纯粹的'人'"的意义上的情感和理念，比如爱与牺牲精神。

在《我们现在怎样做父亲》一文中，鲁迅专门谈了父母的爱，意在批判父子关系已变成威严的"神灵之天"与个体的"人"的关系：父子关系并不是自然意义上的，而是社会意义的"天"和作为社会存在的"人"的关系，

---

① 参见吕庙军：《"荀子研究的回顾与新探索"国际学术研讨会召开》，《中华读书报》，2014年8月6日。

② 参见李泽厚：《中国古代思想史论》，北京：人民出版社1986年版，第110-115页。

③ 参见刘放桐等编著：《现代西方哲学》，北京：人民出版社1981年版，第69-547页。

是施恩者与受恩者的关系①。鲁迅首先是复原父子的自然关系。他给出进化论的观点："依据生物界的现象，一，要保存生命；二，要延续这生命；三，要发展这生命（就是进化）。生物都这样做，父亲也就是这样做。""后起的生命，总比以前的更有意义，更近完全，因此也更有价值，更可宝贵；前者的生命，应该牺牲于他。"自然界的安排，"不用'恩'，却给予生物以一种天性，我们称他为'爱'。动物界中除了生子数目太多——爱不周到的如鱼类之外，总是挚爱他的幼子，不但绝无利益心情，甚或至于牺牲了自己，让他的将来的生命，去上那发展的长途。"鲁迅继而把自然之情往理性意识上转化，发出了自然意识应该往社会意识转化的信号，说应将这天性的爱，更加扩张，更加醇化，用无我的爱，自己牺牲于后人：首先是理解孩子。第二是作为指导者、协商者指导孩子，而不是命令者。须培养孩子能在世界新潮流中游泳，不被淹没的力量。第三，解放孩子。应该尽教育的义务，交给他们自立的能力；也应同时解放，使他们成一个独立的人。"总而言之，觉醒的父母，完全应该是义务的、利他的、牺牲的，很不易做"，犹如"自己背着因袭的重担，肩住了黑暗的闸门，放他们到宽阔光明的地方去"——"此后幸福的度日，合理的做人"。鲁迅发自"爱心"的教育跟"礼教"的不同在于，前者撤去了"上天"意识对人的影响。孔孟"父慈子孝"思想的文化根源是"天地"生养众生的"恩惠""仁慈"给人的启示，启发出了人"返本报源"的"孝"的情感和理念。孝是人的一种价值自觉能力。因为动物一般不会敬老养老，所以"孝"比动物普遍具有的亲子之"慈"更彰显"人"的素质。人自然的动物性的慈爱不一定能将"孝"引发出来，故而才需后天的"礼"的教育。而在鲁迅的思想中，"父"和"子"则都回归到自然、齐物的统一体中。"慈""孝"合一，是使人类生命延续的"爱"的链条上一个个承前启后的环节。"子"对"父慈"的回应不是"天恩"意识引导出的"道德义务"意识和行为，而是"爱"——源于人幼小时自然产生的"爱父母"的本能，但这种本能往往也需后天的"引发"或"教育"才能变成恒定持久的

---

① 参见庞朴：《作为生存背景的天人合一论》，刘小枫、陈少明主编：《康德与启蒙：纪念康德逝世二百周年》，北京：华夏出版社2004年版，第161-162页。

"爱"的能力[①]。

就"父"的形象来说，其实也是鲁迅自己作为启蒙者的形象：其一，如果父对子的慈爱发展成了很不易做的"牺牲"精神，那么具有牺牲精神的父亲也能为社会尽孝，作为民众服务的孝子。其二，在和客体（被启蒙者）的关系中，启蒙者"化对立为统一"的主观能动性伴随着反思意识：既不能像封建礼教那样以理性压制感性，也不能走向以感性情绪和意志压制理性的另一个极端，而是要藉"爱"的意识实现理性和感性的合一。鲁迅"解放孩子"的思想属于其启蒙思想中"确立个体人格"的意识。就"子"来说，因为有了这样的启蒙之父，作为被启蒙者才会"幸福的度日，合理的做人"。如何进一步理解"幸福的度日，合理的做人"？鲁迅非常看重"生存、温饱、发展"这三项目标，而"生存和温饱"观必然涉及避免"纯粹兽性方面的欲望的满足"，生存还涉及正确处理自我和他人的关系。这都与儒家的实用理性有内在的联系。如果往生存的最高境界上发展——于孔子，是"仁"（慈爱与礼敬合和）的境界；于鲁迅，是物质和精神相统一的境界[②]。鲁迅以"纯粹的'人'"的"爱与牺牲"相对于孔、孟植根于"天德"的"仁爱"，以"个体人格独立"的现代精神取代已经僵化的"封建礼教"，以示其人格的应变性，而保持孔子"己所不欲勿施于人"［以心度物（胡适，1997：78）］的合理做人处事的"人道主义"原则，以示其人格的稳健性。鲁迅人格的稳健性还关联着我们前面论述的自然、齐物之"爱"——也是他深爱并翻译了的荷兰童话《小约翰》中那作为宇宙万物的本质的"爱"。鲁迅心中能"幸福度日"的未来新人，是接受过父辈发自"爱心"的教育的人，是小约翰象征的能与宇宙同在，但终究要怀着对人类的爱面向现实生活的人（舒晋瑜，2017）。无论中国传统的"万物一体"的"仁"，还是"万物一体"的"爱"，都是能包容宇宙万物"不同"之象的"大同"精神。鲁迅人格的应变性和稳健性交汇出了一种新的"天人合一"精神——如张世英先生提出的：将物我相分、人我有别的"主体性"精神纳入中国传统的"万物

---

① 参见张祥龙：《<尚书·尧典>解说》，北京：生活·读书·新知三联书店2015年版，第38—146页。

② 参见张梦阳：《反抗"质化"倾向的"精神界之战士"——鲁迅价值重估》，《文艺报》，2016年9月23日。

一体"观之内，在"万物不同而相通"的整体中，既承认彼此"不同"而肯定每一自我的独特性，又承认彼此"相通"而肯定人我间的相互支持，从而在新的局面中实现"仁者爱人"的伟大理想（张世英，2011：315-316）。

参考文献

［1］陈清编著（2000）《中国哲学史》，北京：北京语言大学出版社。

［2］陈　炎（1989）《宗教与准宗教》，高旭东、吴忠民等著：《孔子精神与基督精神——中西文化纵横谈》，石家庄：河北人民出版社。

［3］胡　适（1997）《中国哲学史大纲》，上海：上海古籍出版社。

［4］李泽厚（1986）《中国古代思想史论》，北京：人民出版社。

［5］梁　涛（2017）廓清荀子人性论的千年迷雾，《中华读书报》，2017年4月5日。

［6］鲁　迅（1958）《中国新文学大系》小说二集序，《鲁迅全集》第六卷，北京：人民文学出版社。

［7］兰喜并（2005）《老子解读》，北京：中华书局。

［8］庞　朴（2004）《作为生存背景的天人合一论》，刘小枫、陈少明主编：《康德与启蒙：纪念康德逝世二百周年》，北京：华夏出版社。

［9］舒晋瑜（2017），《"小约翰"在中国的奇妙之旅》，《中华读书报》（2017年10月1日）。

［10］徐　麟（2001）《首在立人》，一土编：《21世纪：鲁迅和我们》，北京：人民文学出版社。

［11］余英时（1987）《从价值系统看中国文化的现代意义——中国文化与现代生活总论》，"文化：中国与世界"编委会编：《文化：中国与世界》（第一辑），北京：生活·读书·新知三联书店。

［12］章诗同注（1974）《荀子简注》，上海：上海人民出版社。

［13］周振甫译注（1991）《周易译注》，北京：中华书局。

［14］张祥龙（2015）《〈尚书·尧典〉解说》，北京：生活·读书·新知三联书店。

［15］张世英（2011）《中西文化与自我》，北京：人民出版社。

浅析电视节目主持人语误

赵全备

摘　要　电视节目主持人由于受到心理、知识等各种因素的影响，在电视节目直播过程中可能会出现语误。常见的电视节目主持人语误包括词语误用、语句结构方面存在问题、语义以及语用问题等。因此，针对这一在语言生活中普遍存在的问题，本文从其界定、类型、原因及合理化建议角度入手，对电视节目主持人语误进行例证和分析。

关键词　主持人语误　语误类型　语误原因　建议

一、电视节目主持人语误的界定

"语误"一词在《现代汉语词典》（第7版）中有两种意思：一是指语音不准；二是指语言谬误。陈—（2002）认为：语误是语言使用者运用某种表达形式时对语言规范的消极偏离，也就是语言表达中的不规范问题，对语误问题进行归类，可以分为语言结构、语义、语用等方面的语误。李桃（2018）认为可以将语言使用者出现的语误问题分为两类：一类为有声语言失误，包括语音以及音义结合体等；另一类与之相对的为副语言失误，包括体态与服饰以及时空感觉显示失误等。我们在借鉴前人研究的基础上，将电视节目主持人语误界定为：电视节目主持人在电视节目的直播过程中所产生的言语错误，它既包括主持人在语音、词汇、语法、语义等方面无意识的消极偏离所形成的语误，也包括主持人自身语言基本知识、情感以及逻辑常识的错误使用所造成的语用失误。

二、电视节目主持人语误的类型

电视节目主持人所从事的工作是以语言为工具的，他们是语言的使用者。语言的使用直接影响到他们的工作质量，他们的语言又影响到别人对语言的运用。（荣晓，2015）电视节目主持人的语误体现在：

1.1 词语误用

主持人在语言表达中的词语误用有多种情形：

1.1.1 词义不明

有些词所指的虽然是同一事物，但其中涉及的面有宽有窄，范围有大有小。例如：

（1）下面我们就为你播放这首歌。（黑龙江电视台《您好星期天》1992年11月1日）

在这里，主持人将"我们"和"咱们"错用了。其实，作为包括式的"咱们"和作为排除式的"我们"在这里是不能混用的。

1.1.2 感情色彩混淆

词的感情色彩不是任意堆加的，而是在词语的使用中逐渐形成的，是附着在词的理性意义的基础之上，由语境所赋予人的特定的感受、情调等意义。常见的电视节目主持人词语感情色彩混淆所形成的语误，包括褒词贬用和贬词褒用（匡藐男，1999）。

1.1.2.1 褒词贬用错误

（2）两年来，刘某率领张三等多人，经常进行违法犯罪活动。（黑龙江电视台《新闻夜航》2007年4月12日）

"率领"是个褒义词，不应该用在抢劫、盗窃团伙的头子身上，应该将"率领"改为"纠集"，才能使贬义鲜明。

1.1.2.2　贬词褒用错误

（3）没有老师的帮助，我是绝不会到这种地步的。（黑龙江电视台2012年8月17日）

"地步"一词往往指的是不好的境遇和情况，用在这个表示肯定和赞许的句子里，就与全句的感情色彩不一致。该句可改为"没有老师的帮助，我是绝不会成功的。"

1.1.3　语体风格失调

电视节目主持人在节目中具有现场性的特点，其在词语运用时往往会出现语体风格失调的情况。语体风格失调表现为：

1.1.3.1　口语词用于书面语体

（4）从报端获悉，此药用于治疗结巴有良好疗效，我按捺不住内心的喜悦，急忙跑去告诉我的挚友。（吉林电视台2013年2月11日）

1.1.3.2　书面语词用于口语语体

（5）所有的重活儿，服务公司都派人承担。（辽宁电视台2015年8月12日）

此句话风格更接近于口语，"重活儿"是口头语，"承担"是书面语。这样，将书面语词用于口语语体中，也就显得不协调。如果把"承担"改为"干"或者"做"，将会更加贴切和自然。

1.2　语句结构方面的问题

1.2.1　杂糅套叠

有些电视节目主持人在选择表达方式时，常常将两种方式纠缠在一起，既想用这种表达方式，又想用那种表达方式。

（6）他们向你们表示辛苦了。（湖南电视台）

"他们向你们表示敬意（或慰问）"和"你们辛苦了"本来是两句话，主持人把它们糅合在一起，形成了首尾牵连的语病。

（7）有没有什么地方可以躲一躲吗？（江苏电视台）

这是"有没有……呢"和"有……吗"的套叠。

（8）股票投资是否有没有风险？（广东电视台）

这是"是否有……"和"有没有……"的套叠。

1.2.2 话语结构不完整

电视节目主持人由于话语结构不完整导致的语误，可能是主持人在言语表达中忽略了一些必要的成分导致的。例如：

（9）祝愿你们能创造出更好的广告，祝愿大家。（湖北卫视《创意无限》2001年7月1日）

这个例子前后两个部分语义一致，但结构上却不相同。前一部分结构完整；"祝愿"后面是一个主谓短语，既明确了"祝愿"的对象是谁，又明确了"祝愿"人家怎么样；后一部分，"祝愿"后面只有一个句子成分，即只有一个代词，缺乏组句的必备成分，话语结构不完整。

1.2.3 语序不当

从汉语的特点来看，汉语是孤立型语言，缺少词形变化。因此，对于汉语来说，语序是非常重要的。在词语的运用时，电视节目主持人往往将正确的词语顺序颠倒，导致句子不通顺，引起语误。

（10）他的爱对妻子永远不变。（广西电视台）

从句义看，"对妻子"不能在谓语部分作状语，应该在"的"的前面作"爱"的定语，即说成"他对妻子的爱永远不变"。

（11）这个厂三十年来一直是从事拖拉机修配的老厂。（黑龙江电视台）

这句话中"三十年来一直是"是润饰"从事……"的，不应该放在"是"的前面，应当改为"这个厂是三十年来一直从事拖拉机修配的老厂"。

1.3 语义方面的问题

1.3.1 语义悖反

在一些谈话类电视节目中，有些主持人有时会出现把话说反的情况，可以称之为语义悖反。例如：

（12）两天的事一天就干完了，真是事倍功半呢！（河北电视台）

"事倍功半"强调的是"花费的时间、精力很多，但收到的效果很小"，主持人却把其中的"事"当成了"任务"之类，把"功"当成了"功夫（工夫）、时间"之类，结果把话反说了，在这里强调是"用力小而收获大"，所以应将"事倍功半"改为"事半功倍"。

1.3.2 语义重复

语义重复指的是一些电视节目主持人在一句话中重复使用了意思相同的词语来进行表达。

（13）欢迎大家前来光临惠顾。（黑龙江电视台广告用语）

该句中"前来"、"光临"、"惠顾"是同义词，在这里是明显的语义重复，保留"光临"或"惠顾"中的一个即可，为避免语义重复，其他词语都应该删去。

（14）本市今年第一起交通肇事逃逸案宣布告破。（密山电视台）

这个例子中"告破"的"告"就是"宣布"、"宣告"之义，前面再用"宣布"，就形成了语义重复的问题。

（15）参赛者年龄悬殊特别大。（中央电视台）

"悬殊"即差别大的意思，和"特别大"连用，是典型的语义重复。同样的例子还有"悬殊很大"之类，都存在一样的问题。

1.4 语用方面的问题

电视节目主持人语用方面的语误问题指的是电视节目主持人由于语言在实际运用中运用不当而出现的语误现象。

（16）下面就请我们一起来欣赏这首歌。（辽宁电视台）

这句中的"请"是表示提议的敬辞，后面出现的应该是代表谈话对象的词语，如"您"、"你们"、"大家"，说"请我们"是不得体的。

（17）我们两位主持的这个节目……（内蒙古电视台）

"位"本来是用于他人身上的，具有表敬作用，现在很多主持人常把"位"用在自己身上，是很不合适的。

（18）某电视台主持人在介绍一个公司的情况后说："欢迎广大朋友到贵公司来选购现代办公用品"。（浙江电视台）

"贵公司"是对谈话对方的敬称，这里用于他称，是明显的错误。

三、电视节目主持人语误的原因

造成语误的原因可能是多种多样的，如缺少基本的语言知识、逻辑常识以及心理因素、知识因素等。我们认为电视节目主持人语误原因可归类为心理因素、情绪因素以及传媒方式的影响。（刘安祺，2014）

2.1　心理因素

奥地利心理学家弗洛伊德在《日常生活的心理分析》一书中指出，由于心理动力因素的作用，使得某些内容更易出现错误。他认为，这些错误来自于说话人的意识或者意愿，根据弗洛伊德的观点，我们了解到所有的语误实际上都是由"在无意识中被压制的意念，入侵到有意识的言语输出中"（张竹，2016）所引起的。

很能说明这一观点的例子是：一次电视节目主持人在直播的过程中，错误地将"下面我宣布四十九届运动会开幕"说成了"下面我宣布四十九届运动会闭幕"，之所以出现这样的语误，可能是"闭幕"在说话人的头脑中占据了主导地位，所以导致"闭幕"一词自然浮现出来，取代了"开幕"一词。正如弗罗伊德所解释的那样，口误的内容往往是我们内心深处真实想法的客观反映和写照，口误在某种程度上可以反映出我们心中的某些真实想法。

2.2　情绪因素

电视节目主持人在电视节目直播的过程中，过于愉悦的情感、过于集中的注意力以及过于紧张的心理状态，很容易把台词讲错。有的电视节目主持人在第一次正式的电视节目直播过程中，由于过于紧张与激动，在未打开话筒之前，便说道："电视机前的观众朋友们，大家好！您现在收看到的是18届亚洲运动会男子足球比赛的决赛……"话音未落，便注意到旁边搭档奇怪的眼神，主持人由于紧张便在心里嘟囔着："哎呀，好像忘开话筒了"。其实，每个人在生活中都会出现口误，电视节目主持人出现口误，往往是因为某种过激的情绪反应导致的。

2.3　传媒方式

我们平时交流中会出现一些口误，但只要不给交际的双方造成困扰，不影响正常的沟通，一般我们不会刻意纠正。但是由于电视等大众媒体具有现场性的特点，主持人在电视节目中一旦出现语言表达不当，平时交流时不易发现的错误此时可能成为一个明显的问题。这种不明显的"小失误"会被放大，会影响到电视节目主持人现场的发挥，可能会导致主持人心慌失措，不断出现语误。由于需要现场与观众进行互动，更容易使人紧张、倍感压力，因而，电视这种现场性的传媒方式也是造成电视节目主持人语误的重要原因。

四、针对电视节目主持人语误的合理化建议

伴随着电视节目产业化的发展，对国家语言文字规范以及电视节目主持人提出了更高的要求，为了减少电视节目中的语误，国家语言文字规范工作应该努力做到：

3.1　提升电视节目主持人准入标准

更加重视对电视节目主持人语言能力的考察，并设定严格的考核标准与准入门槛，对经常出现语误以及严重影响节目质量的电视节目主持人实行淘汰制度。

3.2　要制定统一的电视节目主持人语言规范标准

语言规范化是国家语言发展战略中的重要组成部分，是指使用某种语言的人所应共同遵守的语音、词汇、语法、书写等方面的标准与典范。语言是否规范将直接影响人们之间的交际活动。我们需要努力提升电视节目主持人的基本素养，制定统一的电视节目主持人语言规范标准，将电视节目主持人语误对大众的影响降到最低。

3.3　改善心理素质，提高应变能力

电视节目主持人在面对观众时，必须要具备良好的抗压能力和克服紧张的能力，使语言表达流畅通顺。面对各种各样的突发情况，电视节目主持人

要应变自如，能灵活应对各种情况。心理素质的改善以及应变能力的提高离不开不断地进行实践摸索和经验积累，良好的心理素质已成为优秀的电视节目主持人必须具备的基本条件。电视节目主持人若不具备良好的心理素质，在面临一些紧急情况时，只会自乱阵脚、无所适从，更何谈镇定自若、临危不乱。电视节目主持人需要具备良好的心理素质，以便随时应对各种突发情况与突发事件。

3.4 合理分配注意力，练好业务基本功

电视节目主持人在主持节目时往往具有现场性的特点，这就要求电视节目主持人能够保持注意力高度集中，以便及时应对各种情况，避免"尴尬"的节目场景出现。出色的基本功可以使电视节目主持人具备较高的职业素养，具有良好的职业操守，时刻保持专注，使整个节目能够顺利进行。练好业务基本功，是电视节目主持人的基本素养和必备条件。

3.5 扩大知识积累，提高业务水平

电视节目主持人在现场主持节目时，往往需要应对观众或者嘉宾所提出的超越主持人自身知识储备范围的问题，作为一名合格的电视节目主持人，有必要扩大知识的积累，以便更好地应对自己的"知识盲区"。语言的输出是建立在语言的储存的基础之上的，若无知识的积累，语言便无法储存，语言的输出也无必备的材料，语言的表达也只是空谈。电视节目主持人不仅要努力学习新闻学、语言学等专业领域的知识，也应该对逻辑学、自然科学以及人文科学领域的知识有所关注与了解，以便扩大自己的知识面，从容跨越"知识障碍"，提高业务能力。

3.6 调整说话的速度，调整节目主持时的状态

电视节目主持人在主持节目时，由于紧张、压力等因素的相互作用和影响，往往会出现语速过快或者过慢的现象，这样的临场表现往往难以吸引观众的目光，使整个节目黯然失色。一名优秀的电视节目主持人，要及时调整自己主持时的状态，要充满热情、淡定自如的主持节目，避免过于亢奋或者过于冷漠，要将自己最好的状态呈现给电视观众。主持人需要用声音打动观

众，因此，说话的语速要适应现场观众的听感需求，能够吸引观众的注意力，以求得最好的节目效果。

五、总结

尽管在如今的电视节目中，电视节目主持人语误的现象仍然十分普遍，但我们认为通过个人、社会与国家层面的不懈努力可以使电视节目主持人语误逐渐减少。电视节目主持人语误的逐渐减少，离不开个人层面认真分析造成语误的类型和原因，不断提高自身的基本素养和业务水平；也离不开社会层面给予电视节目主持人更多的实践机会，并以宽容的心态接受电视节目主持人在主持节目时所出现的一些问题，以帮助电视节目主持人及时总结经验，更快地成长与进步；更离不开国家层面加强语言文字规范化开展工作，建立起统一的语言使用规范和标准，以促进语言的规范化。通过对电视节目主持人语误的分析，有助于我们更加全面、深入的认识这些错误，根据语言的发展规律，明确标准，克服语病，使语言更加规范化。

参考文献

［1］中国社会科学院语言研究所（2017）《现代汉语词典》，北京：商务印书馆。

［2］陈　一（2002）《现代汉语语误》，哈尔滨：黑龙江人民出版社。

［3］李　桃（2018）电视新闻直播节目的主播语误研究，《现代语文》第3期。

［4］荣　晓（2015）《大陆电视节目主持人语误分析》，山东师范大学硕士学位论文。

［5］陈海庆、李忠美（2009）指示语"我们"与"咱们"的异同及其语用含义探析，《语言应用研究》第5期。

［6］匡貌男（1999）贬义词褒用和褒义词贬用，《修辞学习》第2期。

［7］周长秋（1990）《现代汉语病句类释》，山东：山东教育出版社。

［8］刘　倩（2009）现代汉语口误研究，东北师范大学硕士论文。

［9］黄伯荣，廖序东（2011）《现代汉语》，北京：高等教育出版社。

［10］刘安祺（2014）央视主持人口误现象的心理语言学分析，《齐齐哈尔师范高等专科学校学报》第2期。

［11］张　竹（2016）口误的综述研究，《校园英语》第4期。

［12］徐海霞（2010）播音员口误的类型、原因与对策，《辽宁医学院学报》（社会科学版）第2期。

［13］周　悦（2015）英汉口误研究浅析，《教育教学论坛》第4期。

［14］叶蜚声、徐通锵（2010）《吾言学纲要》，北京：北京大学出版社。

长期进修留学生中华文化认知调查实验报告 ①

李　婷

摘　要　对中华文化的了解与热爱是来华留学生学习汉语的主要动力之一，所以对来华留学生有针对性地开展中华文化认知的调研，可以提升我们的汉语教学效果，有的放矢。通过调查，我们发现，留学生对中华文化要素的认知大部分还集中在饮食、名胜、节日、才艺等浅层文化方面，对体验式浅层文化要素的认知有由近及远的特点，对精神文学等深层中华文化要素的认知程度还比较低。我们建议，要利用留学生汉语学习的高度兴趣，延长留学生的汉语学习时间，提升留学生对中华文化，尤其是中华非物质文化和现当代文化的认知程度。

关键词　长期进修来华留学生　中华文化传认知　问卷调查

据调查，来华留学生学习汉语的目的包括：希望在中国工作生活；了解中国的历史及文化；进一步学习专业知识；结交中国朋友；喜欢学习语言；方便与中国的亲戚朋友交流沟通；等等。其中，对中华文化的了解和热爱是一个很大的驱动力。本次调研希望对来华长期进修汉语的留学生进行中华文化认知的调查，从而了解他们对中华文化的认知程度，以便我们在教授汉语、推广中华文化的过程中有的放矢。

长期进修留学生主要指来华学习汉语一年及以上时间的留学生，本次调研的时间为2017年9月至2018年6月，主要调查对象为汉语进修学院初级系的留学生，共进行了6个班约120名学生的调查问卷的发放和回收，回收问卷103

①　本成果受北京语言大学院级科研项目（中央高校基本科研业务项资金）资助，项目批准号18YJ080207。

份，其中有部分问卷没有回答完全，包括中间有漏项的或者没有写完的，视为无效问卷，实际回收有效问卷96份。

一、调查对象的个人信息

1.1 调查对象的年龄分布

19岁以下，10人，约占10%；20–29岁，80人，约占83%；30–39岁，2人，约占2%；40–49岁，4人，约占4%；50岁以上，0人。调查的留学生绝大部分是29岁以下的年轻人，约占到94%，30–49岁之间的中年人约占到6%，本次调查对象中没有50岁以上的中老年人。

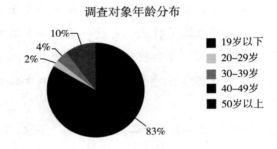

调查对象年龄分布

1.2 调查对象的学历分布

高中及相当学历，22人，约占23%；高中以上本科以下学历，16人，约占17%；大学本科学历，36人，约占38%；研究生及以上学历，22人，约占23%。大学本科及研究生以上学历者占到大多数，本次调查对象的来华留学生受教育程度较高。

调查对象学历分布

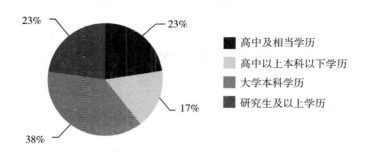

1.3 调查对象的国籍分布

来自亚洲国家的，38人，约占40%；来自欧洲国家的，32人，约占33%；来自非洲国家的，16人，约占17%；来自北美洲国家的，4人，约占4%；来自南美洲国家的，4人，约占4%；来自大洋洲国家的，0人。本次调查对象主要来自亚洲和欧洲。

调查对象国籍分布

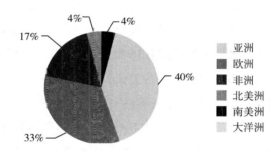

二、调查对象的中文学习情况

2.1 调查对象在中国停留的时间及调查对象学习汉语的时间

在中国停留的时间包括在中国学习、旅游、工作、生活等。在96名被调查者中，在中国停留6个月以下的有54人，约占56%；停留6—12个月的有22人，约占23%；停留时间1—2年的有9人，约占9%；停留时间2—3年的有4人，约占4%；停留3年以上的有7人，约占7%。可以看出，停留时间一年以下的人最多，约占到80%，这与本次的调查对象为初级班留学生有关。

调查对象中学习汉语6个月以下的有36人，约占38%；6—12个月的有28人，约占29%；1—2年的有14人，约占15%；2年以上的有16人，约占17%。可以看出，学习汉语时间在一年以下的人最多，占到近70%，这与调查对象停留中国的时间大致成正比。

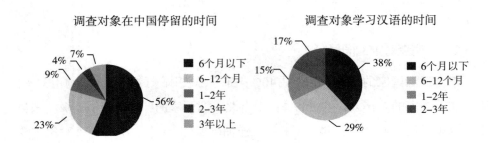

2.2　调查对象汉语水平的自我评价及调查对象汉语学习兴趣的自我评价

调查对象中认为自己汉语水平非常高的有2人，约占2%；汉语水平较高的有26人，约占27%；汉语水平一般的有22人，约占23%；汉语水平较差的有30人，约占31%；汉语水平非常差的有16人，约占17%。可以看出，认为自己汉语水平一般或差的人占大多数，约为71%。

调查对象中对学习汉语非常感兴趣的有42人，约占44%；较感兴趣的有42人，约占44%；一般的有10人，约占10%；不太感兴趣的有0人；完全没兴趣的有2人，约占2%。可以看出，汉语学习兴趣较高或非常高的人占绝大多数，约为88%。

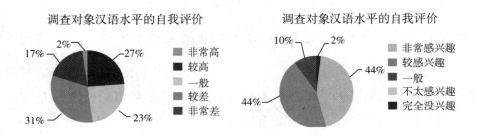

三、中华物质文化认知的调查结果

中华物质文化认知包括对中国饮食、中国名胜、中国传统乐器等的认知。

3.1　中国饮食

此项调查为多项选择，在被调查的96人中，知道并品尝过中国茶的有88人，约占92%；北京烤鸭的有88人，约占92%；饺子的有64人，约占67%；月饼的有40人，约占42%；烙饼的有30人，约占31%；馄饨的有22人，约占23%；粽子的有10人，约占10%。可以看出，调查对象对中国饮食中的茶和北京烤鸭认知度最高，这可能与被调查者生活在北京有关，对饺子也比较了解，但是对中国人非常熟悉的传统食品粽子认知度很低。

中国饮食

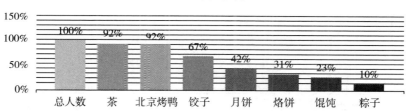

3.2　中国名胜

此项调查为多项选择，在被调查的96人中，知道长城的有96人，占100%；颐和园的有94人，约占98%；天安门的有94人，约占98%；故宫的有92人，约占96%；西安兵马俑的有74人，约占77%；敦煌的有20人，约占21%。可以看出，调查对象对北京的名胜古迹长城、颐和园、天安门、故宫的认知度非常高，对西安兵马俑的认知度也比较高，但是知道敦煌的人却不多。

中国名胜

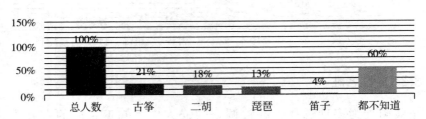

3.3 中国传统乐器

此项调查为多项选择，在被调查的96人中，知道古筝的有20人，约占21%；二胡的有18人，约占18%；琵琶的有12人，约占13%；笛子的有4人，约占4%；以上乐器都不知道的有58人，约占60%。可以看出，调查对象对中国传统乐器的整体认知程度不高，其中有超过一半的人完全不知道中国四大传统乐器。

中国传统乐器

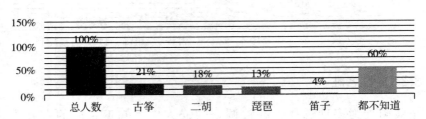

四、中华非物质文化认知的调查结果

中华非物质文化认知包括对中国传统节日、中国传统艺术、中国古代文学家、中国古代哲学家、中国现当代作家、中国古典名著等的认知。

4.1 中国传统节日

此项调查为多项选择，在被调查的96人中，知道国庆节的有84人，约占88%；春节的有78人，约占81%；中秋节的有70人，约占73%；端午节的有54人，约占56%；元宵节的有46人，约占48%；清明节的有18人，约占19%；重阳节的有12人，约占13%；七夕节的有10人，约占10%；以上节日都不知道的有4人，约占4%。可以看出，调查对象对中国传统节日中的国庆节、春节、中秋节、端午节认知程度高，对重阳节、七夕节的认知程度低，对中国传统节日的普遍认知度较高，完全不知道中国传统节日的人很少。

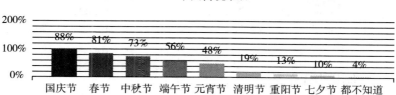

中国传统节日

4.2 中国古代文学家

此项调查为多项选择，在被调查的96人中，知道李白的有14人，约占15%；陶渊明的有14人，约占15%；屈原的有12人，约占13%；杜甫的有10人，约占10%；曹雪芹的有6人，约占6%；都不知道的有54人，约占56%。可以看出，调查对象对中国古代文学家的认知度比较低，甚至有半数以上的人完全不了解中国古代文学家。

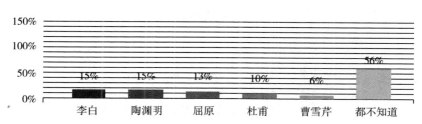

中国古代文学家

4.3 中国古代哲学家

此项调查为多项选择，在被调查的96人中，知道孔子的有76人，约占79%；老子的有32人，约占33%；孟子的有22人，约占23%；庄子的有12人，约占13%；都不知道的有18人，约占19%。可以看出，调查对象对中国古代哲学家的认知程度整体比对中国古代文学家的认知程度高，尤其对孔子的认知程度很高，超过2/3的人知道孔子。

中国古代哲学家

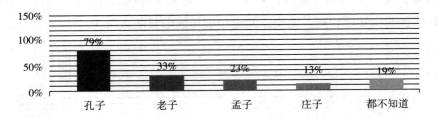

4.4 中国现当代作家

此项调查为多项选择，在被调查的96人中，知道现代作家鲁迅的有18人，约占19%；老舍的有14人，约占15%；张爱玲的有10人，约占10%；郭沫若的有8人，约占8%；巴金的有6人，约占6%；都不知道的有54人，约占56%。知道当代作家王蒙的有14人，约占15%；韩寒的有12人，约占13%；莫言的有8人，约占8%；贾平凹的有4人，约占4%；梁晓声的有4人，约占4%；都不知道的有58人，约占60%。可以看出，调查对象对中国现当代作家的认知程度很低，甚至有半数以上的人完全不了解中国现当代作家，其中认知程度略高一点的是鲁迅、老舍和王蒙、韩寒。

中国现代作家

中国当代作家

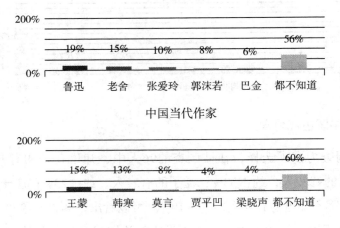

4.5 中国"四大名著"及中国古代经典作品

此项调查为多项选择，在被调查的96人中，知道《三国演义》的有32人，约占33%;《西游记》的有24人，约占25%;《红楼梦》的有20人，约占21%;《水浒》的有6人，约占6%；知道《论语》的有52人，约占54%;《易经》的有12人，约占13%;《三字经》的有4人，约占4%;《本草纲目》的有4人，约占4%；以上都不知道的有40人，约占42%。可以看出，调查对象对中国"四大名著"和中国古代经典作品的认知程度整体不高，"四大名著"中对《三国演义》和《西游记》认知略高，古代经典中对《论语》认知较高。

中国古代"四大名著"及中国古代经典作品

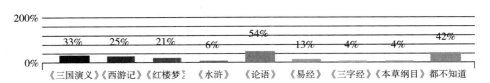

4.6 中华传统艺术文化

此次调查还采用了Likert 5级量表的形式，调查了留学生对中华传统艺术文化的认知程度和认知倾向，其中包括对中国的书法、功夫、中医、京剧、历法、生肖、传统服饰和中国歌的认知程度和认知倾向的调查，根据调查对象对被调查项目的喜好程度分为五级，最高级的得分是50分，最低分是10分，没有选择的视为0分。在被调查的96人中，功夫的平均得分约为40分，书法的平均得分约为39分，生肖的平均得分约为36分，中国歌的平均得分约为35分，传统服饰的平均得分约为31分，中医的平均得分约为29分，历法的平均得分约为29分，京剧的平均得分约为28分。可以看出，调查对象对中华传统艺术文化的整体认知程度较高，在所调查的八个项目中，对中国功夫、书法、生肖的认知倾向较高，对中国传统历法、京剧的认知倾向较低。

中华传统艺术文化

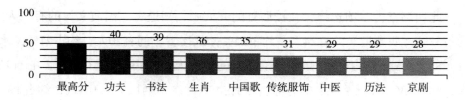

五、结论

通过本次对北京语言大学长期进修留学生中华传统文化的认知调查研究，可以初步得出以下几点结论：

1. 本次调查对象年轻，29岁以下的占到93%，他们在中国停留的时间及学习汉语的时间普遍不长，停留时间一年以下的近80%，学习汉语时间一年以下的为67%；但是绝大部分调查对象汉语学习的兴趣很高，非常感兴趣和较感兴趣的占到88%。如何利用留学生对汉语学习的高兴趣度，延长留学生的汉语学习时间，提升他们对中华文化的认知程度，是我们要思考的问题。

2. 本次调查对象的学历分布上，大学本科及研究生以上学历的占到61%，高中及本科以下学历的占到近40%。受教育程度的高低在一定程度上决定了文化认知需求的强弱，尤其是对思想精神及文学艺术领域的文化认知需求的强弱。从调查中看到，调查对象对中华文化要素的认知大部分还集中在饮食、名胜、节日、才艺等浅层文化方面，感官化、表层化、体验化、娱乐化特征明显，与调查对象的受教育程度及汉语学习时间等因素显现出一定的关联。

3. 本次调查对象认知程度较高的几项为中国饮食、中国名胜、中国传统节日，其中，对烤鸭、饺子、月饼的认知程度高，对粽子的认知程度低；对长城、颐和园、天安门的认知程度高，对敦煌的认知程度低；对国庆节、春节、中秋节认知程度高，对重阳节、七夕节认知程度低。可以看出，留学生对体验式浅层文化要素的认知有由近及远的特点：离自己近的，经历体验过的认知度高；离自己远的，没有经历体验过的认知度低。这提示我们思考在教学中如何均衡各文化要素，有效教学。

4．本次调查对象认知度低的几项主要为非物质文化要素，包括中国古代文学、中国现当代文学、中国古代经典作品以及中国传统乐器，甚至有40%—60%的人选择都不知道，对精神文学等深层中华文化要素的了解很不够。但是值得注意的是，在非物质文化要素中，对中国古代哲学家的认知较高，远高于对文学家的认知，而对古代哲学家中孔子的认知程度高达79%，与此相应的对中国古代经典作品中的《论语》的认知度也远高于其他作品。可以看出，文化要素的认知程度与文化要素本身的难易深浅程度并不一定直接相关，而是与文化的推广和传播工作有关。

1999—2013 年北京市来华留学教育情况研究 [①]

童小娥

摘　要　文章从来华留学生的数量、各类来华生的占比、院校分布、政府奖学金生的占比及院校分布等方面对1999—2013年间北京市来华留学生的教育情况进行了分析。通过分析，我们发现多变的国际形势、金融危机及国家政策的支持给我国来华留学教育带来了深刻的影响，北京市的来华留学教育面临着前所未有的机遇与挑战。

关键词　来华留学教育　政府奖学金　机遇与挑战

一、引言

来华留学教育是我国高等教育工作的重要组成部分，近十几年来，我国高等教育来华留学人数显著增长，作为国家首都、文化名城的北京市，其来华留学生教育情况如何？和我国另一国际化大都市——上海市及全国的来华留学生教育情况相比，北京市具有哪些优势，又面临着哪些挑战？

为了更好地呈现北京市在全国所处的地位和形势，更详尽地了解北京市来华留学生的教育情况，我们对1999–2013年共15个年度的全部来华留学生的统计资料[②]进行了分析。希望通过与上海市和全国的横向对比以及北京市15个年度段时间轴的纵向比对，发现北京市来华留学生教育所呈现

---

①　本课题为北京市教育委员会共建项目"世界城市建设与首都高校来华留学教育研究"资助项目。

②　资料均来自《来华留学生简明统计》（1999—2013）（教育部国际合作与交流司编），其中1999—2001年的年度数据由胡勇整理；2005—2007年的年度数据由张洪燕整理；2008—2010年的年度数据由王丽娟整理；2011—2013年的年度数据由郭睿整理，在此一并致谢。

出来的特点及教育政策、奖学金等隐藏的缺陷和不足，寻求和揭示影响北京市来华留学生教育发展的因素，清楚地认识北京市来华留学生教育所面临的机遇和挑战，为北京市来华留学生教育政策、发展规划的制定提供科学依据。

二、15年来北京市留学生教育情况分析

通过对《来华留学生简明统计》（1999—2013年）的相关数据进行客观分析，我们发现北京来华留学生教育呈现出以下特点。

2.1　北京市来华留学生数量增长呈下滑趋势

1999—2013年间全国来华留学生的数量由44 711名增加到了356 499名，除了2003年出现了负增长以外，其余各年均逐年增多。2002年和2004年增幅更是明显，年增长率分别为38.7%和42.6%。北京市这15年间的来华留学生数量除了2000、2002和2008年外，其余各年的年增长率均低于全国；而且年增长率也不太稳定，2003、2009和2013年均出现了负增长，尤其是2003年出现了高达17%的负增长。而上海市的来华留学生数量虽然年增长率也不稳定，但总人数均逐年增多。从在全国的占比来看，北京市这15年间所接收的来华留学生占全国之首，上海市位居第二。虽然北京市的来华留学生数量在全国的占比最高，但总的来说呈下滑趋势：1999年占比为39.9%，2013年又为21.7%。而上海市来华留学生数量的占比大致呈现先升后降，但总的来说有所上升的特点：1999年占比为2.5%，2013年占比为15.0%。虽然从绝对数量上看，这15年来，北京市来华留学生的数量每年都远远高于上海市来华留学生的数量，但从总体趋势来看，北京市和上海市来华留学生之间的差距正在逐渐缩小。1999年北京市的来华留学生数量为17 854人，上海市仅为5 576人；2013年北京市的来华生为77 416人，上海市为53 359人，差距已大大缩小。具体情况如表1所示：

表1　1999—2013年全国、北京、上海来华留学生变化情况对比

年份	全国		北京			上海		
	总人数	年增长率（%）	总人数	年增长率（%）	在全国的占比（%）	总人数	年增长率（%）	在全国的占比（%）
1999	44711	–	17854	–	39.9	5576	–	12.5
2000	52150	16.6	21635	21.2	41.5	6404	14.8	12.3
2001	61869	18.6	23166	7.0	37.4	9117	42.4	14.7
2002	85829	38.7	35361	52.5	41.2	13303	45.9	15.5
2003	77715	–9.5	29332	–17.0	37.7	13858	4.2	17.8
2004	110844	42.6	37041	26.3	33.4	22197	60.2	20.0
2005	141087	27.3	43329	17.0	30.7	26055	17.4	18.5
2006	162695	15.3	46529	7.4	28.6	31568	21.2	19.4
2007	195503	20.2	54906	18.0	28.1	34809	10.3	17.8
2008	223499	14.3	66316	20.8	29.7	36738	5.5	16.4
2009	238184	6.6	62786	–5.3	26.4	38465	4.7	16.1
2010	265090	11.3	66142	5.3	25.0	42923	11.6	16.2
2011	292611	10.4	72171	9.1	24.7	47403	10.4	16.2
2012	328330	12.2	77706	7.7	23.7	50557	6.7	15.4
2013	356499	8.6	77416	–0.4	21.7	53359	5.6	15.0

　　从来华生的具体类别来看，这15年间北京市来华学历生的增长不太稳定，除了2000、2002、2003和2007年的年增长率高于全国外，其余各年的年增长率均低于全国。从全国同类生占比来看，北京和上海均呈现先略有上升后逐渐下降的特点，但北京市的下降幅度远远高于上海市：北京1999年在全国同类生中的占比为37.3%，2013年降为21.6%；而上海1999年的占比为14.5%，2013年降为11.1%。具体情况如表2所示：

表2　1999—2013年全国、北京、上海来华学历生变化情况对比

年份	全国		北京			上海		
	学历生总数	增长率（%）	学历生总数	增长率（%）	全国同类生占比（%）	学历生总数	增长率（%）	全国同类生占比（%）
1999	11479	–	4284	–	37.3	1669	–	14.5
2000	13703	19.4	5119	19.5	37.4	1936	16.0	14.1
2001	16650	21.5	5762	12.5	34.6	3206	65.6	19.3
2002	21055	26.5	8022	39.3	38.1	3226	0.6	15.3
2003	24616	16.9	9614	19.8	39.1	4018	24.6	16.3
2004	31616	28.4	10224	6.3	32.3	5181	28.9	16.4
2005	44851	41.9	13089	28.0	29.2	6310	21.8	14.1
2006	54859	22.3	14550	11.0	26.5	7941	25.8	14.5
2007	68213	24.3	18548	27.7	27.2	8966	12.9	13.1
2008	80005	17.3	21338	15.0	26.7	10606	18.3	13.3
2009	93450	16.8	23658	10.9	25.3	12117	14.2	13.0
2010	107432	15.0	25602	8.2	23.0	13659	12.7	12.7
2011	118837	10.6	27153	6.1	22.9	14611	7.0	12.3
2012	133509	12.3	29154	7.4	21.8	15438	5.7	11.6
2013	147890	10.8	31866	9.3	21.6	16358	6.0	11.1

　　从来华非学历生的数量变化来看，北京不太稳定，年增长率时高时低，其中2003年、2009年和2013年分别出现了负增长，尤其是2003年出现了高达27.9%的负增长。其余各年北京市非学历来华生的数量虽然逐年增多，但和全国相比，除了2000年、2002年、2008年及2011年这四年的年增长率高于全国外，其余各年的年增长率均低于全国。并且全国和上海市这15年间除了2003年出现了负增长外，其余各年的数量均逐年增加，尤其是2002年和2004年，增幅尤为明显：全国的年增长率分别为43.3%和49.2%；上海市的年增长率分别为70.5%和72.9%。从在全国同类生中的占比来看，北京市呈明显的下滑趋势，1999年占比为40.8%，2013仅为21.8%，下滑了近一半。而上海市在全国同类生中的占比虽然升中有降，但总的来说有所上升，1999年占比仅为11.8%，2013年占比为17.7%，大大缩小了与北京的差距。具体情况如表3所示：

表3 1999—2013年全国、北京、上海来华非学历生变化情况对比

年份	全国		北京			上海		
	非学历生总数	增长率（%）	非学历生总数	增长率（%）	全国同类生（%）	非学历生总数	增长率（%）	全国同类生占比（%）
1999	33232	–	13570	–	40.8	3912	–	11.8
2000	38447	15.7	16516	21.7	43.0	4468	14.2	11.6
2001	45219	17.6	17406	5.4	38.5	5911	32.3	13.1
2002	64774	43.3	27339	57.1	42.2	10077	70.5	15.6
2003	53099	–18.0	19718	–27.9	37.1	9840	–2.4	18.5
2004	79228	49.2	26817	36.0	33.8	17016	72.9	21.5
2005	96236	21.5	30240	12.8	31.4	19745	16.0	20.5
2006	107836	12.1	31999	5.8	29.7	23627	19.7	21.9
2007	127290	18.0	36358	13.6	28.6	25843	9.4	20.3
2008	143494	12.7	44978	23.7	31.4	26132	1.1	18.2
2009	144734	0.9	39118	–13.0	27.0	26348	0.8	18.2
2010	157658	8.9	40540	3.6	25.7	29264	11.1	18.6
2011	173774	10.2	45018	11.0	25.9	32792	12.1	18.9
2012	194821	12.1	48552	7.9	24.9	35119	7.1	18.0
2013	208609	7.1	45550	–6.2	21.8	37001	5.4	17.7

2.2 北京市来华留学生学生类别上非学历生所占比例较高

总的来说，学历生递增幅度高于非学历生，学历生的占比逐渐加大，非学历生的占比逐渐减少。学历层次上呈现出本科教育发展较快，研究生教育规模相对较小的特点；非学历生中，普进和短期生占绝对优势，高进生占比极少。①

1999年，北京市来华学历生共4 284名，在北京来华生中的占比约为24.0%；非学历生为13 570名，在北京来华生中的占比约为76.0%。2013年北

---

① 普进，指普通进修生，具有大学二年以上学历的来华进修生。短期生指学习期限少于一个学期的来华留学生。高进生指具有硕士及以上学历学位、就某一专题来华进修的留学生。

京市来华学历生增加至31 866名，约占北京来华生总数的41.2%；非学历生为45 550名，约占北京来华生总数的58.8%。学历生和非学历生的占比差距正逐步缩小。

　　从学历层次上看，北京市1999—2013年期间除了博研和专科生个别年度出现了负增长外，其他各类学历生的数量都在逐年增加。具体情况如表4所示：

表4　1999—2013年北京市各类来华学历生的数量及占比变化情况

年份	本科			硕研			博研			专科		
	数量	占比（%）	年增长率（%）	数量	占比（%）	年增长率（%）	数量	占比（%）	年增长率（%）	数量	占比（%）	增长率（%）
1999	3114	72.7	–	764	17.8	–	399	9.3	–	7	0.2	–
2000	3960	77.4	27.2	764	14.9	0	381	7.4	−4.5	14	0.3	100
2001	4167	72.3	5.2	830	14.4	8.6	506	8.8	32.8	257	4.5	173.5
2002	6143	76.6	47.4	998	12.4	20.2	538	6.7	6.3	343	4.3	33.5
2003	7605	79.1	23.8	1255	13.1	25.9	621	6.5	15.4	132	1.4	−61.5
2004	8175	79.9	7.5	1274	12.5	1.4	756	7.4	21.7	19	0.2	−85.6
2005	10471	80.0	28.1	1667	12.7	30.8	891	6.8	17.9	60	0.5	215.8
2006	11383	78.3	8.7	2011	13.8	20.6	993	6.8	11.4	143	1.0	138.3
2007	14769	79.6	29.7	2418	13.0	20.2	1218	6.6	22.7	143	0.8	0.0
2008	16776	78.6	13.6	3038	14.2	25.6	1390	6.5	14.1	134	0.6	−6.3
2009	18369	77.6	9.5	3586	15.2	18.0	1559	6.6	12.2	154	0.7	14.9
2010	19017	74.3	3.5	4569	17.8	27.4	1828	7.1	17.3	188	0.7	22.1
2011	19611	72.2	3.1	5334	19.6	16.7	2027	7.5	10.9	181	0.7	−3.7
2012	20256	69.5	3.3	6270	21.5	17.5	2395	8.2	18.2	233	0.8	28.7
2013	21796	68.4	7.6	7045	22.1	12.4	2774	8.7	15.8	251	0.8	7.7

由上表可知，本科生在学历生中占绝对优势，超过了学历生总数的三分之二。研究生的规模特别是博士研究生的规模相对来说比较小。

从非学历生的情况来看，北京市这15年间各类非学历生均出现过负增长的情况，其中，短期生在2003年和2009年分别出现了高达61.6%和33.5%的负增长，起伏变化相对来说比较大。具体情况如表5所示：

表5　1999—2013年北京市各类来华非学历生的数量及占比变化情况

年份	普进			高进			短期		
	数量	占比（%）	年增长率（%）	数量	占比（%）	年增长率（%）	数量	占比（%）	年增长率（%）
1999	5975	44.0	–	239	1.8	–	7356	54.2	–
2000	7678	46.5	28.5	269	1.6	12.6	8569	51.9	16.5
2001	7883	53.5	2.7	214	1.2	−20.5	9309	44.8	8.6
2002	14902	54.5	89.0	198	0.7	−7.5	12239	44.8	31.5
2003	14696	74.5	−1.4	316	1.6	59.6	4706	23.9	−61.6
2004	12433	46.4	−15.4	283	1.0	−10.4	14101	52.6	199.6
2005	14472	47.9	16.4	365	1.2	29.0	15403	50.9	9.2
2006	17026	53.2	17.6	373	1.2	2.2	14600	45.6	−5.2
2007	18579	51.1	9.1	389	1.1	4.3	17390	47.8	19.1
2008	26619	44.9	8.6	343	0.8	−11.8	24459	40.1	3.6
2009	22497	57.5	−15.5	362	0.9	5.5	16259	41.6	−33.5
2010	22409	55.3	−0.4	383	0.9	5.8	17748	43.8	9.2
2011	24504	54.5	9.3	373	0.8	−2.6	20141	44.7	13.5
2012	25495	52.5	4.0	412	0.9	10.5	22645	46.6	12.4
2013	24086	52.8	−5.5	620	1.4	50.5	20844	45.8	−8.0

2.3 接受留学生的院校增多了，但学生分布比较集中

1999—2013年北京市来华留学生分布的院校逐年增多，由1999年的50所增加到2013年的75所。其中年接受量超过千人的院校数量也呈增多趋势，1999年只有3所，2013年为16所。但总的来看学生的分布比较集中，不太均衡。其中，年接受量超过千人的院校，其来华生在北京来华生总数中的占比除了1999—2001年这3年超过50%以外，其余各年均超过了70%，有些年度甚至高达80%。具体情况如图1所示

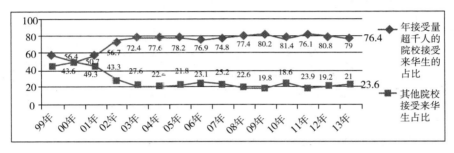

图1 1999—2013年年接受量超千人的院校接受来华生的占比（%）变化情况

2.4 北京市政府奖学金生在全国的占比呈下降趋势

北京市政府奖学金生的增长幅度低于全国；在类别分布上呈现出学历奖学金生的占比逐渐高于非学历奖学金生的特点。

北京政府奖学金生1999年在全国的占比约为40.0%，2013年减少到20.4%。从年增长率上看，除了2004年和2005年高于全国外，其余各年均低于全国。从类别分布上看，全国是学历奖学金生的占比高于非学历奖学金生，而北京1999—2002年和2004—2005年都是非学历生的占比高于学历生的占比，其余各年学历生逐渐增多，其占比超过非学历生。具体情况如下面图2、图3和图4所示：

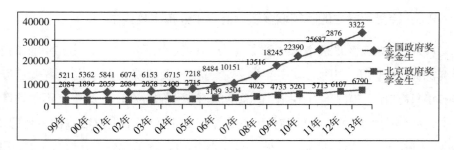

图2 1999—2013年北京、全国政府奖学金生数量变化情况对比

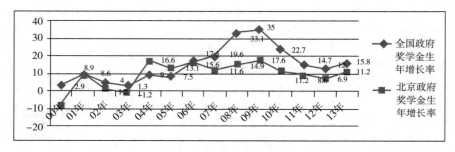

图3 1999—2013年北京、全国政府奖学金生年增长率（%）变化情况对比

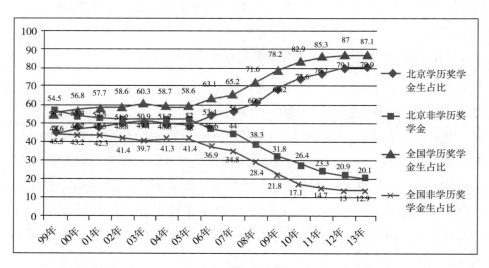

图4 1999—2013年北京、全国各类奖学金生占比（%）变化情况

2.5　接收北京市政府奖学金留学生的院校较多

北京市政府奖学金留学生的院校分布比较广，接受政府奖学金生的院校占比远远高于全国。

1999—2013年全国政府奖学金生分布最多的院校为北京市和上海市，北京市政府奖学金生分布的院校每年均超过了20所，上海市每年均超过了10所，且都有逐年增多的趋势。北京市接收政府奖学金生数量排名前十的院校共有6所，分别是北京语言大学、北京大学、中国人民大学、北京师范大学、清华大学和北京科技大学。

从政府奖学金生的院校分布特点来看，北京市政府奖学金生分布的院校相对来说覆盖面比较广，接受政府奖学金生的院校占比总的来说远远高于全国。北京1999年接受来华生的院校有48所，其中接受政府奖学金生的院校有25所，约占院校总数的52.1%；2013年接受来华生的院校有73所，其中接受政府奖学金生的院校有39所，其占比约为53.4%。而全国1999年接受来华生的院校共有270所，其中接受政府奖学金生的院校有89所，约占院校总数的33.0%；2013年接受来华生的院校有672所，其中接受政府奖学金生的院校有217所，其占比约为32.3%。具体情况如下图5所示：

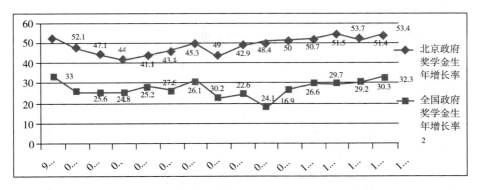

图5　1999—2013年北京、全国政府奖学金生的院校数占比（％）情况对比

三、北京来华留学教育面临的机遇和挑战

多变的国际形势、金融危机及国家政策的支持给我国来华留学教育带来了深刻的影响，北京市来华留学教育也面临前所未有的机遇与挑战。

3.1 金融危机对北京市的来华留学教育产生了较为明显的负面影响，但同时也为北京市的来华留学工作提供了难得的发展机遇

虽然2008年的次贷危机对北京市的来华留学教育带来了较为明显的负面影响，来华留学生的数量2009年出现了5.3%的负增长。但从2009年至今，我国经济快速复苏，带动世界经济增长，我国在世界格局演变中地位增强，已成为世界第二大经济体，来华留学的潜在价值越来越被认可，为北京市的来华留学教育工作提供了有利条件。另外，在不利的经济形势下，各类来华留学奖学金受到了更多的关注，尤其是中国政府奖学金的作用得到了凸显。而北京市的中国政府奖学金生一直位居全国首位，在经济逆势下更具竞争力的中国政府奖学金为北京市的留学教育提供了难得的发展机遇。

3.2 全球汉语热持续升温，多个国家采取措施鼓励留学中国，为北京市的来华留学教育提供了良好的发展机遇

随着中国经济持续快速增长，中国在国际上的影响力不断增强，世界各地的汉语热持续升温，学习汉语的人数不断增加。很多国家采取措施鼓励留学中国，鼓励学习汉语。如泰国教育部制定了一份促进泰国汉语教学的五年战略规划《泰国促进汉语教学，提高国家竞争力战略规划》（佛历2549—2553年，公元2006—2010年），对汉语教学政策、教学大纲、教材教具、提高教师能力等方面提出了战略建议。[1]澳大利亚政府2008年公布了"国家学校亚洲语言学习计划"（NALSSP, National Asia Languages and studies in Schools Program），该计划2009年开始实施，计划对四种亚洲语言（汉语、印尼语、日语、韩语）进行补助，来推广和加强中小学亚洲语言教学[2]。这些都为拓展北京市的来华留学教育提供了良好的发展机遇。

---

[1] 参见吴应辉、龙伟华、冯忠芳、潘素英（2009：39）

[2] 参见吴坚立（2009：9）

3.3　中国政府的重视,《国家中长期教育改革和发展规划纲要（2010—2020年）》、《留学中国计划》的实施为北京来华留学生教育创造了良好的条件

2010年7月,《国家中长期教育改革和发展规划纲要（2010-2020年）》（以下简称《纲要》）发布实施。《纲要》在"提高交流合作水平"部分提出"进一步扩大外国留学生规模。增加中国政府奖学金数量，重点资助发展中国家学生，优化来华留学人员结构。实施来华留学预备教育，增加高等学校外语授课的学科专业，不断提高来华留学教育质量"，对北京市来华留学生教育的发展具有重要的指导作用。同时，为加强中外交流，增进世界各国人民对中国的了解，提高我国高等教育的国际声誉，推动来华留学事业更快更好地发展，教育部2010年印发了《留学中国计划》，为推动北京市的来华留学教育创造了良好的条件。

3.4　北京市政府的战略目标和举措为北京来华留学教育的发展提供了契机

北京市政府立足世界城市建设，实施"人文北京、科技北京、绿色北京"的战略目标，特别是"一带一路"倡议、京津冀协同发展、长江经济带三大战略，部署筹办2022年北京冬奥会，推动京津冀全面创新改革试验区建设，推进北京服务业扩大开放综合试点等，有利于北京更好地落实城市战略定位，提升北京在全球资源配置中的地位和作用，为首都高校来华留学教育的发展提供了契机。但北京自身发展中还面临着一些突出矛盾和困难，特别是人口资源环境矛盾突出，出现了人口过多、交通拥堵、房价高涨、环境污染等"大城市病"，对北京市来华教育工作的发展又带来了挑战。

参考文献

［1］教育部国际合作与交流司《来华留学生简明统计（1999—2013年）》。

［2］刘宝存、张继桥（2018）改革开放四十年来华留学教育政策的演进与走向,《西北师大学报（社会科学版）》第6期。

［3］吴坚立（2009）2009年澳大利亚汉语教学发展形势,《世界汉语教学学会通讯

（试刊）》。

[4] 吴应辉、龙伟华、冯忠芳、潘素英（2009）泰国促进汉语教学，提高国家竞争力战略规划，《国际汉语教育》第1辑。

[5] 中国高等教育学会外国留学生教育管理分会官方网站"学会会议"（网址：http://www.cafsa.org.cn/ conference/91.html）。

预科性质汉语进修教学师资培养之管见

赵 丹

摘 要 留学生在正式进入本科学习之前所接受的预科性质汉语进修教学应遵循通用汉语、专业汉语、基础专业理论知识三者相结合的"汉语+专业学科"模式,为满足这一模式要求,我们应从多角度入手培养"会教汉语的专业老师"。

关键词 汉语 预科教学 教师培养

在汉语水平、生活背景、教育背景等方面,来华接受本科教育的留学生都与我国本土大学新生具有诸多明显差异,因此,留学生在正式进入本科学习之前所接受的汉语预科教育就显得十分必要。预科教学阶段是起着"承前启后"作用的一个重要过渡阶段,学生应在这一阶段为进入本科学习做好语言上、知识上、心理上等多方面的准备。当然,并不是所有接收留学生本科生的院校都具备进行预科教学的资质和能力,但是所有接收留学生本科生的教学单位都需要面对预科性质汉语进修教学的问题,因此,这里我们不做过多的区分,统一采用预科教学的说法进行讨论。

一、预科教学存在的主要问题

我国教育部于2009年3月19日下发《教育部关于对中国政府奖学金本科来华留学生开展预科教育的通知》(以下简称"通知"),规定自2010年9月1日起,所有中国政府奖学金本科来华留学生新生在进入专业学习前均需接受预科教育。并指出:"预科教育课程必须包括语言类、文化类、专业知识类和语言实践类。"①相应地，留学生预科教学主要设置基础汉语、专业汉语和专业知识三类课程。基础汉语课旨在培养和提高留学生运用汉语进行交际的能力；专业汉语课主要帮助学生理解和掌握专业词汇及语言表达，也就是从语言的角度提高学生的专业素养；专业知识课则主要是为了帮助解决留学生中学阶段相关专业积累不足、专业基础薄弱的问题，以尽可能地减少由于教育背景的差异而造成的专业学习困难，从而帮助学生以更接近中国学生的状态顺利过渡到本科阶段的专业学习。

综上可知，留学生的预科教学主要遵循一种通用汉语、专业汉语、专业知识三者相结合的"汉语+专业学科"模式。这样的模式合情合理，本身无可厚非，但是在实际操作中却存在许多问题。首先，预科教学时长一般为一年，除去各种节假日，实际的有效教学时长在九个月左右，在这么短的时间内，学生要通过新HSK四级或六级考试，还要做好专业学习的准备，无疑对老师和学生都是一个巨大的挑战。其次，尽管"通知"中有"预科教育第一学年不得少于1120学时，第二学年不得少于960学时"②的规定，但对于学生来说，仍然是"时间短、任务重"，因此为了完成通过新HSK四级或六级这个硬指标，学生往往会选择暂时放弃专业汉语和专业知识两类课程，把精力集中放在基础汉语上，但是日后的本科学习中，专业汉语和专业知识的影响显然是大于基础汉语的。最后，"汉语+专业学科"的教学模式对于师资的要求显然是很高的，别的不说，单说专业汉语这一类课程，就要求老师应该同时具备汉语第二语言教学及学科专业两方面的知识及能力，而目前我们的师资队伍中能够达到这一要求的显然十分稀少，我们的师资力量显然是十分薄弱的，一些努力想要达到这一要求的老师也往往感到力不从心。除了这几点以外，我们的预科教学还存在许多其他问题，而所有问题都最终导致预科教学效果不理想，很多留学生在认真完成预科学习之后仍然无法顺利进行本科专业学习，仍然存在学术语境下汉语使用困难的问题。

---

① 国家留学基金委. 中国教育部关于对中国政府奖学金本科来华留学生开展预科教育的通知［EB/OL］.http：//www.csc.edu.cn/laihua.

② 国家留学基金委. 中国教育部关于对中国政府奖学金本科来华留学生开展预科教育的通知［EB/OL］.http：//www.csc.edu.cn/laihua.

二、预科教学师资要求

教学是一个多和因素综合作用的过程，造成上述诸多问题的原因当然是多方面的，而其中一个很重要的原因就是师资问题。"汉语+专业学科"的预科教学模式从语言和专业两个方面要求教师能力。基础汉语课需要的是具有汉语第二语言教学能力的教师，这是相对来说要求最低的一个部分。专业汉语课对教师的要求则更高一些，要求教师除了具备汉语第二语言教学能力，还需要具有一定的专业知识背景和专业知识积累，只有这样才能从根本上解释清楚专业词汇及表达的含义，才能真正地驾驭课堂。专业知识课对教师的要求与专业汉语课对教师的要求类似，但更倾向于对教师专业素养的要求，同时更强调教师的跨文化交际能力及跨文化教学能力，因为留学生的教育背景与专业教师们更为熟悉的中国学生相差很多，教师必须根据留学生的既有专业水平进行更有针对性的教学，必须"因材施教"。

总之，我们的预科教学在很大程度上呼唤的是"会教汉语的专业老师"，即具有汉语基础、专业知识、人文素养、汉语第二语言教学能力、跨文化交际能力等多方面知识及技能的跨学科综合性教师人才。

三、预科教学师资培养

预科教学对教师的要求显然很高，需要教师具有汉语教学技能和专业知识两方面的能力，想要达到这样的目标并不容易，我们不妨从三个角度入手尝试：

第一，培养和提高专业教师的汉语第二语言教学能力及跨文化教学能力。专业教师具有良好的专业素养，但大多缺乏教授留学生的跨文化教学经验，因此可以通过一系列针对提高汉语第二语言教学能力的培训来弥补专业教师在汉语第二语言教学及跨文化教学方面的不足。这样做的好处是用时较短，比较容易操作，但是任何一项专业技能的形成都要有一定时长积累和一系列成体系综合训练的支撑，汉语第二语言教学能力及跨文化教学能力也不例外，况且既有观念和习惯的转变很难通过短时间的培训来完成，再加上课程进度、工作压力、专职与否等因素的影响，接受过训练的专业教师是否愿意在实际教学中放弃以往更为熟悉的教学习惯进行更有针对性的教学设计是影响师资培养目标实现与否的一个重要因素。

第二，拓展汉语教师专业学科知识，加强汉语教师跨学科背景。专职汉语教师具有很好的汉语第二语言教学能力和丰富的跨文化交际经验，他们所缺少的是汉语之外其他学科的专业知识，特别是金融、经贸、医学、理工等专业性很强的学科知识，对于大多是文史哲专业出身的汉语教师来说比较陌生，因此，同样可以通过培训、实习体验、进修等方式来加强汉语教师的跨学科背景。这样做同样有用时短、操作易的优点，但同时也存在对专业知识掌握不到位、不够深入的问题。

第三，从源头上培养适应"汉语+专业学科"这一模式的教师人才。既然对已经具备较为完善的学科理论框架的教师进行改造比较困难，那么何不为尚处在学习阶段的未来教师们在学科理论框架形成之初就打下"汉语+专业学科"的双重基础呢？可以从汉语国际教育本科专业开始，按照"汉语+专业学科"的模式要求来培养学生，让学生同时学习汉语国际教育和其他学科专业两方面的知识和技能，培养两方面的能力，为预科教学储备师资。当然，这样做对于汉语国际教育专业的教师和学生来说是个不小的挑战，无疑会增加专业培养的难度以及学生的学习负担、学习压力，是个费时费力的办法，但从长远角度来说，其最终结果却应该是最贴近预科教学师资要求的。

这三个角度，前两个角度是在既有基础上对教师进行改造和提升，而第三个角度从某种程度意义上来说则是从根本上解决问题，但要实现学生"汉语+专业学科"两种理论框架的建构需要培养方案、教师配置、学校制度等多层面多部门的配合，实现起来仍有非常多的困难和问题，因此，还需要我们进行进一步的探索和研究，相信终将会找到合理解决问题的方案。

参考文献

［1］李　泉（2016）试论汉语预科教育若干问题，《国际汉语教学研究》第3期

［2］王添淼（2015）国际汉语教师专业发展现状及其对策，《东北师大学报（哲学社会科学版）》第2期

汉语国际教育课堂的跨文化教学设计

李东芳

摘　要　汉语国际教育对于消除文化偏见，促进不同文化的对话，具有责无旁贷的责任。汉语国际教育的课堂教学要培养留学生的跨文化交际能力。结合汉语作为第二语言教学这一学科的特点，汉语教师应该有个相对清晰的角色转型，向"反思型教师"和"转换型知识分子"靠拢，具有文化解释能力，课堂教学中要使学生参与到文化学习的过程中，去描述，去解释，去分析，去比较，从而实现留学生学习汉语过程中的多重认知需求。从而将语言学习目标和文化学习目标叠加，教师通过"意义的协商"促进语言能力的发展。

跨文化维度下的语言教学应该引入跨文化交际能力培养目标。跨文化维度下的语言教学法，更要补充如何使用语言知识；知道如何对比和比较，如何进行分析，最后如何建构一种相对客观的跨文化意识。特别是中高级汉语教学中，培养跨文化交际能力和跨文化意识其实具有很强的可操作性，跨文化教学设计是一个有效促进语言学习的教学环节。

关键词　国际理解教育　跨文化交际　课堂练习　教学设计

一、跨文化交际能力培养的定位

跨文化交际能力培养作为全球公民教育的有机组成部分，在国外语言学界已经受到高度重视。比如Byram（1997）指出，在欧洲，语言教学和跨文化教学是社会责任的一部分。跨文化和国际视角的互动，使得跨文化学习成为欧洲公民教育的重要组成部分。

作为国家公共传播的重要途径，对于汉语国际教育来说，跨文化交际培养中留学生既是Media和story-teller，也是媒介和传播者，是中国文化的诠释者和翻译者。来华留学生具有资源意义，其中一个重要方面是，他们能够帮助讲好中国故事 。中国语言文化的国际传播有许多途径，而人的传播最为重要。所以，要格外重视来华留学生这一特殊的"说书人"群体。

国内学界也已经提出汉语国际教育的培养目标是与世界公民教育的目标相契合的。比如"培养留学生的目标是什么？大规模的留学生来华学习，国家应当有国际学生的培养目标。而这一目标的制定，需要在实践中摸索，需要将实践探索不断进行理论总结。就以往我国的培养实践及当代国际人才培养目标来看，培养知华友华的有一定专业水平的世界公民，这个提法，或许具有参考意义。"而"世界公民是指具有国际公德，国际活动能力，能够为人类服务的人。世界公民教育，是世界一体化、文化多元化的时代要求，很多国家都在教育目标中有类似的表述，而且这一提法也是切合留学生身份及其未来发展的。"①

培养跨文化意识和跨文化交际能力，是对外汉语教学的培养目标之一。其重要性在对外汉语教学界早已达成基本共识。比如学界在八、九十年代有张占一、周思源等先生提出过"知识文化"与"交际文化"的讨论。再比如杨金成（2006），介绍了对外汉语教学培养目标的过程，引证了程棠、李杨、李世之、崔永华等各位专家的观点，指出跨文化交际能力在对外汉语教学中的重要性。郭风岚在《对外汉语教学目标的定位、分层与描述》中，引用施家炜（2000）的观点说："对跨文化交际意识的培养与增强是第二语言习得过程中一项应贯穿始终的紧迫的重要任务，它对于促进语言习得进程，提高学习者的语言运用与生成能力有不可忽视的作用"，进而得出结论："将培养跨文化交际能力明确作为对外汉语教学的培养目标，始终围绕这一中心是必须的，它不仅可以使我们倡导的对外汉语教学坚持语言—语用—文化三位一体的原则得到切实贯彻，而且还可以不断强化教师在进行具体汉语教学任务实施过程中的跨文化教学意识，减少自身在教学中出现的跨文化交际失误。"②

有的学者是从文化教学的角度指出跨文化交际能力培养的重要意义以及

---

① 李宇明：《转变来华留学生教育的观念》，《社会科学报》2016年8月23日。
② 郭风岚：《对外汉语教学目标的定位、分层与描述》《汉语学习》，2007年第5期。

内容。比如储诚志（2016）认为："就目前国际汉语教学的一般情况而言，其中的文化教学应该以培养学生的跨文化交际能力为中心。"储教授将跨文化交际的能力和态度区分为"通、容，融，同"四个层次，特别指出文化教学的目标应该将通常认为的"文化认可"调整为"文化融通"。在内容选择方面，主张紧密结合学生语言学习与能力发展的基本阶段来选择确定文化教学的内容，从普通、日常交际和生活文化出发，从当代出发，"由当前及于从前"，同时兼顾学生的特别兴趣。

并且从第二语言习得的动机角度来看，外国留学生学习汉语的需求越来越倾向于跨文化交际能力的培养目标。他们对中国文化，中国人的生活感到好奇，想要进行探究和了解 是很多来华留学生学习汉语的动机。比如郑家平对2008—2009学年度140名来华留学生汉语学习需求的问卷调查和相关访谈结果显示[①]，21%的汉语学习者，学习汉语的初始动机是了解和学习中国文化，部分学习者往往从事与文化和学术相关的工作或研究。而对更多的学习者来说，他们不仅对中国传统文化感兴趣，而且对中国当代的政治经济，时事和文化现象感兴趣，比如中国的餐桌文化，中国人的家庭观念，中国的砍价文化等等。

总之，在对外汉语教学中，我们既要摒弃狭隘的民族主义，同时也摒弃潜在的文化自卑感，承认和接纳文化的多元性，承认文化之间的平等和相互影响，打破西方文明作为强势文化在思维方式和话语方面的垄断地位。同时要引导和帮助学生走出狭隘的"文化封闭"（cultural encapsulation），使来自不同文化背景，不同种族和不同宗教信仰，不同国家和地区的人们之间相互理解和相互宽容，消除由于国家、文化带来的心理隔阂。

二、汉语教师的跨文化立场

美国语言教育家库玛总结了当前教育界对于语言教师的三种认识：（1）教师是被动型的技术工人；（2）教师是反思型的实践者；（3）教师是转换型

[①] 郑家平：《浅谈初级汉语综合课教学中的文化因素》，《对外汉语综合课课堂教学研究》，北京语言大学出版社，2010年。

的知识分子。①

教师是反思型的实践者，这种理念主要来源于美国教育家杜威的反思型教学理论。杜威认为，教师不应该只是现成知识的被动型传播者，还应该被视为问题的解决者，教师应该具有"对过去进行批判性，想象性思索，展开因果联想，发掘探索性原则，进行任务分析的能力，也应具备展望未来，进行前瞻性规划的能力"，②因此，这种认知强调教师的创造性和艺术性，强调教师的批判性思维。它的最大贡献在于提出教师要习惯于自身的自我观察，自我评价和反思自身的课堂教学，摆脱教师对于教学理论权威的依赖。

还有第三种角色类型是所谓"转换型的知识分子"，库玛对其教学特点进行了详细描述："教学应该以探索为导向——教师培养并发展研究型技能，在课堂内外帮助自己以及学生去探索所提出的各种有关生活的问题；教学应该强调社会情景——教师意识到社会政治的背景以及形成这一背景的权力维度；教学应该立足塑造世界——教师们认识到恰当的知识是特定环境中师生互动的产物，他们积极发展这种知识；教学应该重视课堂即时发挥的艺术——教师们认识到课堂教学具有不确定性和独特性，因此能够也愿意临时性调整课堂教学计划以及相关的教学步骤；教学应该致力于培养学生的情景参与热情——教师们懂得根据学生们的言谈，爱好以及经验来定位每一堂课，鼓励学生更多地参与课堂讨论；教学应该通过批判性的自我反思和社会反思以获得进一步发展；教学应该重视民主化的自主教育——教师们思考如何帮助自身及学生们获得自主教育的权力。教学应强化对于多元化社会形态意识的敏感性；教学应该强调行动；教学应该关爱人的情感变化。"③

也就是说，转换型知识分子意味着探索，重视课堂发挥的灵活性，重视与学生的互动，重视可行性和包括自身在内的人的情感部分。汉语教师作为转换型知识分子的定位，使得汉语教师更加能够自主、从容地驾驭跨文化的

① 库玛著：《超越教学法——语言教学的宏观策略》，陶健敏译，北京大学出版社，2013年，第3页。
② 库玛著：《超越教学法——语言教学的宏观策略》，陶健敏译，北京大学出版社，2013年，第5页。
③ 库玛著：《超越教学法——语言教学的宏观策略》，陶健敏译，北京大学出版社，2013年，第8-9页。

课堂，从而具有一种文化解释能力。在课堂教学中使学生参与到文化学习的过程中，去描述，去解释，去分析，去比较。从而将语言学习目标和文化学习目标叠加，教师通过与学生进行"有意义的协商"而促进语言能力和跨文化能力的发展。

汉语教师能够将中国现实与自己国家的文化现象进行对比和解读，并且——让学生具有发现和提问的能力（用中文怎么去提问；并且有能力获得有关中国文化的知识；有能力去动手操作，比如访问调查法）

——教师应该是"媒介"角色，引导留学生成为媒介,思考和得出相对客观的结论。

——引入批判性思维，让学生学会反思：比如：为什么我会这样看中国？为什么我会对这个问题比较感兴趣？评价一个文化现象，应该秉持什么样的标准和尺度？为什么我会界定这些是"好"的行为？这些是"坏"的行为？我看待问题的角度是谁赋予的？有没有"模式化的成见"？

——跨文化交际能力的培养不是教一个外国人变成一个中国人，不是使他变成一个native speaker；而是让他成为一个cross—cultural speaker。

再者，从认知心理学理论和建构主义学习理论来看：学生不是被动的知识接受者，而是积极的信息加工者。布鲁纳提出了发现学习理论，认为教师应当通过指导"发现"，引导学生主动探索进而解决问题，从而得出自己的评价。建构主义学习理论也强调以学生为中心，提出并强调"支架式教学"，通过支架（教师的帮助）把管理调控学习的任务逐渐由教师转移给学生自己，最后撤去支架。

那么，汉语教师应该致力于培养留学生的哪些跨文化能力呢？在跨文化研究中，对于跨文化交际能力的核心要素有一定的共识:Lustig和Koester（2007）认为："跨文化能力需要足够的知识，合适的动机以及训练有素的行动。这些要素中的任何一个都不足以独立获得跨文化能力。"毕继万（2005）认为：跨文化交际能力是在跨文化交际环境中必备的由语言交际能力，非语言交际能力，语言规则和交际规则转化能力以及文化适应能力所组成的综合能力。

Byram在1997年，将在欧洲语言共同框架接受的，由他本人于1995年提

271

出的跨文化交际能力包含的四要素的基础上，又补充了一个要素，综合起来就是：（1）知识：了解自己和对方所在的文化群体的习俗，产品以及社会交往的一般程序等方面的知识。（2）态度：具有好奇心和开放意识，悬置对自己文化的深信不疑和对其他文化的不信任。（3）解释和关联的技能：能够解释其他文化的文献和事件，并能够联系自己文化的文献进行解释的能力。（4）发现和交往的技能:指能够获得有关一种文化及其习俗的新知识的能力，以及在实际交往中运用知识，态度和技能的能力。（5）批判性的文化意识：指的是对自己文化和其他文化的明确标准、视角、习惯和产品的批判性评价能力。

毕继万认为：跨文化交际能力包括：语言交际能力，文化适应能力，规则转化能力，语言规则，非语言交际能力。文秋芳（2004）认为：跨文化交际能力包括交际能力和跨文化能力两个部分。交际能力包括语言能力，语用能力和变通能力；跨文化能力包括对于文化差异的敏感，对于文化差异的容忍以及处理文化差异的灵活性。

三、如何进行跨文化教学设计

跨文化交际能力的教学目标可以概括为让留学生了解汉语语言与文化的关系，增强文化意识；了解中国文化产品特点和重要的文明成就；理解中国文化行为和习俗，培养得体的交际能力；理解中国文化的价值观和态度；理解中国文化与自身文化的异同，培养跨文化意识；培养对不同文化开放，尊重和移情的态度；培养文化学习的能力。

笔者认为，跨文化交际能力培养（简称跨文化教学）其实是一种操作性很强的程序性知识。假设一篇课文可以设计出合适的跨文化教学活动，那么说明这篇课文的跨文化交际能力培养维度是恰切的，或者说维度较高。反之，则较低。

跨文化教学操作程序	详细说明
描述文化	你描述一下，发生了什么事情？你能概括这些文化现象和文化行为有什么特点吗？
参与文化	中国人是怎么做的？ 中国人在什么情况下这样说？这样做？ 这种行为的得体和礼貌方式是什么？
解释文化	你知道你使用的这个词语的文化含义是什么？ 你知道这种行为的文化含义是什么？ 你怎么样解释这种文化现象的原因？ 这种现象或习俗表现了什么文化观念？
比较文化	在这样的情况下，你会说什么和怎样做？
有意义的协商	你通过调查研究发现了什么？（包括对自己本国文化的反思） （注：让学生获得一种新的能力，而非生硬改变其身份认同）

试以《成功之路·提高篇》（上）中《谁是最辛苦的人》为例，来描述一下该课的跨文化教学的课堂设计，其程序如下：

第一步 理解课文：（1）最辛苦的人是谁？（2）小学生的作业多不多？（3）中国的小学要不要分好的小学和不好的小学？你们国家的情况是什么样的？（4）这个叫"兵兵"的小学生几点起床？上学的路程大约需要多长时间？（5）小学生每天上几节课？课堂纪律有什么规定？（6）国家规定了小学生的作业，但是各个学校是怎么做的？（7）小学生辛苦的学习目的是什么？（8）在中国，小学升中学，怎么升？（9）兵兵报了哪些辅导班？（10）假期里，小学生们可以玩儿了吗？为什么？

第二步 描述：制作思维导图：课文一共有几段？说明了几个问题？

第三步 总结：这篇课文中描述了中国小学生的哪些问题？揭示了中国教育存在哪些问题？作者的态度是什么样的？

第四步 参与调查：调查一位北京的小学生和家长，并回答以下问题：他是几年级的？几点放学？为什么要上那些兴趣班？他感觉辛苦不辛苦？在哪个小学上学？写作业需要多长时间?住得远不远？上了哪些兴趣班？每天几点起床?为什么要上那些兴趣班？书包有多重？他感觉辛苦不辛苦？

第五步 解释和比较：和你们国家的小学教育比较一下，你发现了什么？

第六步　有意义的协商：什么原因造成这种局面？有没有什么方法改变它？

最终，达成的效果是学生们通过调查，访谈，对于中国小学教育有了亲身的体验和近距离的了解。

从以上例子可见，跨文化活动设计使得汉语教学能够从课堂内延伸到课堂外，从探究式教学角度来说，可以满足学生的多种认知需求，从而实现语言教学为主，而文化和语用、社会情感、全球公民意识、学习者的自我认知一举多得的教学效果。

那么，是否每篇课文都可以进行跨文化教学活动设计呢？非也。举例来说，《一个北京家庭的一天》，其中妇女地位和三代同堂的家庭模式是可以进行跨文化比较分析的两个文化点。而《父亲的实验》一课，文化对比点不太明晰，相对而言，开设跨文化教学活动比较困难。

试以《成功之路 提高篇》（北京语言大学出版社，2008年版）为例，列举一下部分课文的文化内容呈现方式：

课文内容	跨文化元素	跨文化教学活动设计的维度
一个北京家庭的一天	中国女性地位以及家庭伦理	高
父亲的实验	不明确（如何应对挫折）	低
熊猫爸爸–潘文石	名人的成功之路； 爱护动物； 事业与家庭关系	中
谁是最辛苦的人	中国小学教育	高
答案	中国教育	低
雪化了，就有路了	人际关系	中
给儿子起名	中国传统	高
我叫姚明	个人与集体的关系	高
快乐是什么	"快乐是付出"的价值观	中

从这几篇课文的话题选择可以看出其跨文化元素倾向，使得教师在跨文化活动设计中，有的很容易设计出一个完整的跨文化任务；有的则相对困难。笔者认为，教材的话题选择应该考虑跨文化元素，并且评价一本教材的适用性和优劣，也应该除了语言要素以外，将跨文化维度纳入教材的评价之中。

参考文献

［1］李宇明（2016）《转变来华留学生教育的观念》,《社会科学报》8月23日。

［2］郭风岚（2007）《对外汉语教学目标的定位、分层与描述》《汉语学习》第5期。

［3］郑家平（2010）《浅谈初级汉语综合课教学中的文化因素》,《对外汉语综合课课堂教学研究》, 北京语言大学出版社。

［4］[美]库玛（2013）《超越教学法——语言教学的宏观策略》, 陶健敏译, 北京大学出版社。

图书在版编目（CIP）数据

汉语进修教育研究. 第三辑 / 邢红兵，牟世荣主编. —北京：
中国书籍出版社，2019.6
ISBN 978-7-5068-7286-7

Ⅰ.①汉… Ⅱ.①邢… ②牟… Ⅲ.①汉语—对外汉
语教学—教学研究—文集 Ⅳ.①H195.3-53

中国版本图书馆CIP数据核字（2019）第081878号

汉语进修教育研究. 第三辑

邢红兵　牟世荣　主编

责任编辑	王星舒	
责任印制	孙马飞　马　芝	
装帧设计	中尚图	
出版发行	中国书籍出版社	
地　　址	北京市丰台区三路居路 97 号（邮编：100073）	
电　　话	（010）52257143（总编室）（010）52257140（发行部）	
电子邮箱	chinabp@vip.sina.com	
经　　销	全国新华书店	
印　　刷	河北盛世彩捷印刷有限公司	
开　　本	710 毫米 × 1000 毫米　1/16	
字　　数	276 千字	
印　　张	18	
版　　次	2019 年 7 月第 1 版　2019 年 7 月第 1 次印刷	
书　　号	ISBN 978-7-5068-7286-7	
定　　价	68.00 元